IMUNIDADE, MEMÓRIA, TRAUMA

Blucher

IMUNIDADE, MEMÓRIA, TRAUMA

*Contribuições da neuropsicanálise,
aportes da psicossomática psicanalítica*

Organizadoras

Eliana Riberti Nazareth

Victoria Regina Béjar

Imunidade, memória, trauma: contribuições da neuropsicanálise, aportes da psicossomática psicanalítica
© 2020 Eliana Riberti Nazareth e Victoria Regina Béjar (organizadoras)
Editora Edgard Blücher Ltda.

Imagem da capa: iStockphoto

O capítulo "Dor e masoquismo na clínica" é tradução de Aisenstein, M. (2000). Douloureuse énigme, énigme de la douleur, In J. André (dir.), *L'énigme du masochisme* © PUF/Humensis, 2000

O capítulo "O id consciente" é tradução de Solms, M. (2013). The Conscious Id, *Neuropsychoanalysis*, 15:1, 5-19 © The International Neuropsychoanalysis Society, reprinted by permission of Taylor & Francis Ltd, http://www.tandfonline.com on behalf of The International Neuropsychoanalysis Society

Publisher Edgard Blücher
Editor Eduardo Blücher
Coordenação editorial Bonie Santos
Produção editorial Isabel Silva e Luana Negraes
Preparação de texto Cátia de Almeida
Diagramação Negrito Produção Editorial
Revisão de texto MPMB
Capa Leandro Cunha

Blucher

Rua Pedroso Alvarenga, 1245, 4º andar
04531-934 – São Paulo – SP – Brasil
Tel.: 55 11 3078-5366
contato@blucher.com.br
www.blucher.com.br

Segundo o Novo Acordo Ortográfico, conforme 5. ed. do *Vocabulário Ortográfico da Língua Portuguesa*, Academia Brasileira de Letras, março de 2009.

É proibida a reprodução total ou parcial por quaisquer meios sem autorização escrita da editora.

Todos os direitos reservados pela Editora Edgard Blücher Ltda.

Dados Internacionais de Catalogação na Publicação (CIP)
Angélica Ilacqua CRB-8/7057

Imunidade, memória, trauma: contribuições da neuropsicanálise, aportes da psicossomática psicanalítica / organização de Eliana Riberti Nazareth, Victoria Regina Béjar. – 1. ed. – São Paulo : Blucher, 2020.
336 p.

Bibliografia
ISBN 978-65-5506-031-7 (impresso)
ISBN 978-65-5506-034-8 (eletrônico)

1. Psicanálise. I. Título. II. Nazareth, Eliana Riberti. III. Béjar, Victoria Regina.

20-0440   CDD 150.195

Índices para catálogo sistemático:
1. Psicanálise

Conteúdo

Apresentação	7
Prefácio	9
Plinio Montagna	
Dor e masoquismo na clínica	19
Marilia Aisenstein	
O id consciente	41
Mark Solms	
Repetição e transferência	87
Ana Maria Andrade Azevedo	
Processo psicanalítico: estrangeiro e exílio	103
Antonio Sapienza	
Neuropsicanálise: articulação necessária e fértil	121
Maria Beatriz Simões Rouco	

Trauma e desorganização progressiva: um câncer como
disparador do encontro consigo mesmo — 149
Cândida Sé Holovko e Eliana Rache

Dor severa e seviciante: vivência de uma adolescente com dor
psíquica e corporal — 175
Diva Aparecida Cilurzo Neto

Trauma – Memória – Somatização — 199
Eliana Riberti Nazareth

Simbolização e imunidade — 219
Ilana Granatovicz Reuben

Imunidade, ego corporal e *self* — 231
Marlene Rozenberg

Para um lugar no espaço transicional: um exercício de
diálogo intertextual — 251
Milton Della Nina e João Augusto Frayze-Pereira

Dor psíquica, dor corporal: de onde vem e para onde vai
a dor? — 283
Victoria Regina Béjar

O corpo sensível e a lógica da vida: neuropsicanálise — 303
Yusaku Soussumi

Sobre os autores — 327

Apresentação

Este livro reúne os trabalhos apresentados na 1ª Jornada Imunidade – Memória – Trauma da Sociedade Brasileira de Psicanálise de São Paulo (SBPSP), realizada nos dias 27 e 28 de abril de 2018. Nele também incluímos trabalhos de Mark Solms e Marilia Aisenstein, convidados estrangeiros especiais, profundos conhecedores dos meandros da neuropsicanálise e da psicossomática psicanalítica e das suas aplicações na clínica analítica contemporânea.

O título da jornada revela um dos principais objetivos das organizadoras: aumentar o contato dos psicanalistas com as concepções teórico-clínicas da neuropsicanálise e da psicossomática psicanalítica, ainda pouco conhecidas entre nós.

Esses aportes são imprescindíveis para a compreensão dos funcionamentos psíquicos primitivos que, devido a traumas precoces insuficientemente representados ou simbolizados (ou impossíveis de representar/simbolizar), expressam-se no corpo por meio da dor física, do déficit de imunidade, de doenças autoimunes etc.

Esperamos que os artigos aqui reproduzidos, de importantes autores estudiosos do tema, possam ir ao encontro das inquietações de todos os profissionais de saúde que têm seu interesse despertado pelo funcionamento mais amplo do aparelho psíquico e de suas expressões corporais e que se veem, não raro, surpresos e assombrados diante de indivíduos que sofrem sem ter outra forma de se expressar a não ser pelo próprio corpo.

Boa leitura!

Eliana Riberti Nazareth
Victoria Regina Béjar

Prefácio

Plinio Montagna

Foi com grande satisfação que recebi o convite de Eliana Riberti Nazareth e Victoria Regina Béjar para prefaciar este livro tão oportunamente nascido. Trata-se de uma obra necessária para o tempo atual da psicanálise, do movimento psicanalítico em nosso meio, sendo de grande valia para a discussão das relações entre mente e corpo. As indagações e pesquisas psicanalíticas acerca do não representado e não representável implicam a busca por ir além da própria mente e pesquisar, em suas relações com o corpo, as representações recíprocas do corpo na mente, e vice-versa. Em ambos os casos, os limites da representabilidade estão em pauta.

As dimensões física e mental da existência humana, de nossa estrutura, formas pelas quais se exprime o indivíduo, incitam questões de (in)dissociabilidade, (super)posição, (de)limitações e convivência, forçosamente presentes na busca por autoconhecimento de nossa espécie. É aos limites dessa confluência que concerne o núcleo desta publicação, tão bem trabalhada pelas organizadoras.

Na Sociedade Brasileira de Psicanálise de São Paulo (SBPSP), em diversas instâncias e por diferentes meios, Nazareth e Béjar têm se dedicado, cada uma a seu modo, ao desenvolvimento do saber e à divulgação da importância das relações entre mente e corpo e do universo psicossomático na psicanálise. Por exemplo, Nazareth coordena, com outros colegas, o grupo de estudos sobre relações entre mente e corpo, enquanto Béjar lidera o grupo de estudos sobre dor, ambos já com vários anos de atividade constante e plenos de vitalidade.

Conscientes da importância de suas atividades e pesquisas, com trabalhos profícuos e livros publicados, Nazareth e Béjar aceitaram o desafio de estruturar um simpósio sobre mente e corpo na SBPSP, em 2018. Dessa preciosa reunião, nasceu o trabalho conjunto de organização da presente obra.

O livro costura aproximações que se complementam na abordagem de temas do horizonte psicanalítico que podem se beneficiar, e muito, de aportes de outras áreas. Fica claro qual é o *embodiment* do objeto de nosso fazer, ou seja, que nossa prática não se dá numa mente pairando no vazio, mas sim encarnada no corpo humano. Se a psicanálise recebeu e recebe, por um lado, aportes da filosofia, história, sociologia, antropologia e literatura, por outro lado está vinculada ao progresso do conhecimento das ciências do corpo humano. Assim esperava Sigmund Freud, como não cansa de assinalar Mark Solms.

As contribuições apresentadas aqui resultam em subsídios relevantes não só para o universo teórico da psicanálise como também repercute em sua prática, como fica patente em alguns capítulos. Em outros, a expansão do trabalho psicanalítico na direção dos fenômenos localizados no soma é cuidadosamente tratada com base no interior do universo psicanalítico propriamente dito.

No mencionado simpósio, tivemos a participação de convidados estrangeiros como Mark Solms, o autor mais influente na área da neuropsicanálise, com publicações como *The Feeling Id* e *The*

Neuropsychology of Dreams, e Marilia Aisenstein, uma das referências em relações entre mente e corpo por sua atuação na Escola de Psicossomática Psicanalítica de Paris (França), da qual já foi presidente, e participante ativa na Associação Psicanalítica Internacional. Ambos dialogaram com psicanalistas da SBPSP cujos textos estão presentes neste livro.

Todos os autores convidados a participar desta obra são psicanalistas da SBPSP e desempenham atividade clínica.

O capítulo de Mark Solms, parcialmente reproduzido aqui e intitulado "O id consciente", demarca um esplêndido trabalho de um psicanalista que, guardando todo o respeito e paixão pelo objeto psicanalítico e pela obra de Freud, não se furta a ir adiante, não se acovarda com eventuais novas possibilidades que colocam em xeque axiomas anteriores. Assim, com o atual desenvolvimento da neurociência, não se furta a trazer conclusões que divergem de Freud com relação às esferas do consciente e inconsciente, buscando utilizar suas descobertas a favor de uma compreensão nova e de uma prática clínica que as incorpora, alicerçadas nas relações entre corpo e mente. Mais especificamente, apoia-se no que se sabe hoje de funções de estruturas cerebrais, desconhecidas antes da década de 1950. Com raciocínio neurofisiológico e clínico convincentes, propõe o id como consciente, a rigor, como a sede da consciência. São múltiplas as implicações dessa inversão.

Como membro de nossa sociedade, é interessante lembrar os trabalhos de Isaías Melsohn, que, por vias completamente diversas, chegou à conclusão de que o afeto é primário da consciência e questionava o conceito de inconsciente como formulado por Freud. Solms também traz, de fato, do ponto de vista das neurociências, a informação do afeto como elemento base e vital para o que se entende como consciência, mas mostra, de seu ponto de vista, o ego como o local do inconsciente.

Marilia Aisenstein contribuiu com um elegante artigo chamado "Dor e masoquismo na clínica". Sua contribuição mais destacada tem sido aquela relacionada ao masoquismo e a suas relações com prazer e dor psíquicos e somáticos. Com densa fundamentação na obra freudiana, a autora tem percorrido o tema ao longo de muitos anos, apresentando colaboração original e relevante. Salienta uma dimensão masoquista da existência, ligada à pulsão de morte, como auxiliar à possibilidade de se tolerar o sofrimento, pois, como tolerá-lo se não é intrinsecamente ligado à libido, portanto, erotizado? Argumenta que é com base no reconhecimento clínico dessa dimensão que se torna possível fundamentar a validade do conceito de pulsão de morte. Seu texto inclui a presença, como sempre, de ilustração clínica, que nos abre as portas para uma imersão mais vivencial nos desenvolvimentos engendrados.

Antonio Sapienza, um dos mais destacados e influentes pensadores da psicanálise de São Paulo e do Brasil, foi escolhido pelas autoras para dialogar com os convidados estrangeiros no já referido simpósio de 2018. Em seu capítulo, parte da alternância dinâmica entre somático e psicótico na personalidade que se descortina em uma análise, já que é inevitável e perene o conflito entre partes psicóticas e não psicóticas da personalidade. Aponta a necessidade de trazer à consciência o que chama de "foco nuclear subterrâneo" das partes psicóticas, de características conexas a experiências de natureza traumática. Tais experiências marcam a vida humana enquanto cesuras, desde o nascimento até a morte. Em apreensão aguda dos fenômenos relacionados ao desastre mental primitivo, o autor elabora condições para que o trabalho de luto seja possível, apresentando recomendações aos analistas que navegam por essas águas. Utiliza como instrumento uma alta elaboração literária que inclui o modo pelo qual Dante Alighieri estabelece relações poéticas singularizadas que retratam vicissitudes da natureza humana.

Psicanalista brasileira de reconhecimento internacional, Ana Maria Andrade Azevedo, em "Repetição e transferência", traz à reflexão a relação entre a teoria da transferência e o fenômeno da compulsão. Formula hipóteses e apresenta *insights* oriundos de aproximações e sínteses que faz de investigações neurobiológicas com as psicanalíticas atuais. Utiliza informações também advindas da neurociência para apontar que a memória e a percepção não são espelhos fiéis do passado e do presente; a primeira recontextualiza a experiência e a segunda refina categorias já instaladas na primeira. Articulando esses conhecimentos, levanta a hipótese da busca por recategorização de elementos não representados como uma das funções da compulsão à repetição. Ao abrir a discussão das correlações apontadas, mostra como esses elementos, percepção e memória, e as versões supostamente objetivas de fatos reais são hoje em dia ultrapassados pela ciência, sendo necessária a reconsideração específica deles e, a partir disso, destacando a necessidade, por exemplo, de se posicionar apuradamente a respeito de conceitos como *Nachträglichkeit*.

Inter-relacionando contribuições significativas de autores como André Green, Wilfred Bion, Jean Laplanche, Daniel Widlöcher, Jean-Luc Donnet, Serge Viderman, Gerard Edelman e Yusaku Soussumi, constrói um sólido posicionamento enfatizando a necessidade de discussão do uso, na clínica, da transferência. Conclui que sofre efeitos da ilusão, das fantasias, das projeções e introjeções, da condensação e do deslocamento, tanto do analisando como do analista. A autora, então, questiona como devemos diferenciar a transferência de um sintoma, de uma associação livre, de uma resistência ou de qualquer outro mecanismo de defesa. Aproximando o fenômeno da transferência daquele do sonho, recontextualização criativa de elementos de memória, indaga sobre a oportunidade de interpretá-la constantemente, ou se sua experiência pode ser ressignificadora. Aponta, assim, a diferença entre interpretar a transferência e trabalhar na transferência, sendo que essa condição, a rigor, constitui o campo que engloba analista e analisando e no qual o processo psicanalítico se desenrola. Mostra que o contexto em que surgiram as conceituações de transferência e de sua interpretação não existe mais, dando a entender a necessidade de reconsideração dessas questões.

Yusaku Soussumi, pioneiro e referência da neuropsicanálise no Brasil, com reconhecida inserção internacional, posiciona-se em regiões de fronteiras entre campos de conhecimentos, buscando um saber que transcende qualquer um deles, articulado no que configura como seus paradigmas metamórficos. Explica com didatismo as relações de autorregulação e evolução dos organismos vivos, com consequente evolução e adaptação necessárias à sobrevivência. Seu texto é "densamente perspicaz", mimetizando uma "perspicácia densa" das respostas dos seres humanos às demandas do ambiente com base em nossos sensores afetivos pertencentes a uma consciência corporal. Dessa consciência emerge a consciência psíquica, de ser consciente, que vai se tornar, de certo modo surpreendente, inconsciente. O texto caminha discutindo questões de consciência e inconsciência ligadas a sua natureza e evolução, abordando a inteligência do corpo, voltada para a preservação da experiência da vida, e o trauma, emergente no limite das pressões às quais o organismo não dá conta de responder. Entre outros aspectos, Soussumi também discorre, com uma coerente argumentação, sobre o psiquismo humano como o ápice da capacidade de autorregulação corporal, enunciando consequências desse fenômeno.

Em seu texto, Eliana Riberti Nazareth apresenta uma instigante abordagem da somatização em diferentes gradações, como trauma e luto, ocorrências ligadas de algum modo à perda objetal. Apontando seus efeitos desorganizadores no psiquismo, coteja-os nessas diferentes circunstâncias. Com estilo leve e elegante, aborda o tema tão caro à escola psicossomática de Paris, em um esclarecedor diálogo com diversos autores, enfatizando a retirada do objeto, o qual passa a ser o corpo no distúrbio psicossomático, com desintrincamento pulsional. Percorre com fineza e cuidado um campo de reflexões baseadas em experiência e teoria acerca da clínica, ilustrando os labirintos percorridos com uma paciente específica, contando com o fio de Ariadne da contratransferência.

Victoria Regina Béjar, em "Dor psíquica, dor corporal: de onde vem e para onde vai a dor?", pondera, com base em sua experiência clínica, sobre o funcionamento psíquico de pacientes afetados por dor corporal crônica. Discorre sobre a dor como entendida por Freud, ressaltando o masoquismo da doença presente nas desorganizações da estrutura somatopsíquica; discute ainda sua rica vivência atendendo pacientes com fibromialgia e a busca por construções compatíveis com suas abordagens clínicas. Ressalta a importância de sua interação com Aisenstein e os desenvolvimentos dela sobre o masoquismo erógeno primário, que incluem a observação da dor como portadora da "dupla valia do prazer e seu mais além". Relata ainda sua experiência pessoal com o conjunto de ideias da Escola de Psicossomática Psicanalítica de Paris, destacando também as de Claude Smadja. Trabalha paradoxos da sobrevivência psíquica às custas da patologia somática, discutindo estratégias do ego para lidar com a dor psíquica. Seu texto é extremamente consistente e didático, o que permite ao leitor percorrer as somatizações à luz de sua larga experiência pessoal, ancorada nas concepções francesas que incluem o "trabalho de somatização".

Milton Della Nina e João Augusto Frayze-Pereira apresentam um trabalho a quatro mãos, resultado do diálogo que ambos os autores vêm travando, de certo modo cultivando, nos últimos anos na SBPSP. Psicanalistas com ampla experiência universitária, Della

Nina na Escola Paulista de Medicina da Universidade Federal do Estado de São Paulo (Unifesp), e na coordenação do grupo sobre relações entre mente e corpo da SBPSP, e Frayze-Pereira, livre--docente do Instituto de Psicologia da Universidade de São Paulo (USP), com pós-doutorado na École des Hautes Études en Sciences Sociales (EHESS), em Paris, professor experiente do Euro-Latin American Psychosomatics School (Eulaps), em Moscou (Rússia), brindam o leitor com um rico capítulo centrado na transicionalidade. A conversação intertextual específica é oriunda de apresentação conjunta anterior na SBPSP. O trabalho de Della Nina e o comentário de Frayze-Pereira dão origem ao referido texto. O primeiro considera questões clínicas relacionadas a compulsão, campo representacional e dimensões da corporalidade relacionadas. Constrói complexa reflexão buscando relações de compreensibilidade relacionadas à compulsividade de repetição; Frayze-Pereira, por sua vez, propõe-se, como diz, a "explicitar essa complexidade que é, ao mesmo tempo, psicanalítica e filosófica". Se Della Nina tem nítida inserção winnicottiana, Frayze-Pereira considera o lugar do analista à luz dos exemplos clínicos apresentados e aproxima o leitor da filosofia de Maurice Merleau-Ponty ao abordar a corporeidade e a presença do analista no próprio encetamento da mutualidade reflexiva da existência da dupla.

Cândida Sé Holovko e Eliana Rache, ambas com familiaridade e inserção na Escola de Psicossomática Psicanalítica de Paris, também apresentam um trabalho a quatro mãos. No capítulo "Trauma e desorganização progressiva: um câncer como disparador do encontro consigo mesmo", partem de uma narrativa publicada por Fritz Angst (1944-1976), que escreve sob o pseudônimo Fritz Zorn (Fritz Raivoso, em tradução livre), após o diagnóstico de um câncer que o acometeu. Ele critica seu entorno, sua criação, dizendo que foi educado para a morte. Ainda que considerado por outros uma pessoa de sucesso, sentia que sua vida não valia nada, uma vida não vivida, sofrendo de depressão severa. Com esse pano de fundo, as autoras apresentam temas caros à Escola de Psicossomática Psicanalítica de Paris, como narcisismo, trauma fundamental, desorganização progressiva, regressão somática, desintrincação pulsional, ou seja, elementos em pauta na relação entre mente e corpo e nas vicissitudes do acontecimento psicossomático.

Marlene Rozenberg, com seu sólido manejo do referencial fundamentalmente winnicottiano, desenvolve um texto que delineia a integração psicossomática como um dos aspectos da maturação. Parte de situação clínica na qual descreve o trabalho com um paciente que apresentava manifestações somáticas recorrentes, incluindo o desenvolvimento de doença autoimune. A dinâmica envolvida conduz a autora a assinalar que "sua semântica afetiva é o intestino". Rozenberg articula e desenvolve reflexões acerca dos conceitos de ego corporal, *self* e imunidade – esta observada também do ponto de vista psicossomático –, auxiliada por sua apropriação de subsídios oriundos, além de Winnicott, Freud, Green e outros. Seu trabalho denota a busca por uma fina sintonia entre seu fazer clínico e a base teórica que o sustenta.

Maria Beatriz Simões Rouco já transitou por vários grupos de estudo ligados à relação entre mente e corpo na SBPSP. Mestre pelo Instituto de Psicologia da USP, ex-professora de teoria e técnicas psicoterápicas da Pontifícia Universidade Católica de São Paulo (PUC-SP), apresenta inicialmente uma reflexão acerca do modelo de mente proposto por Freud e também por Winnicott, destacando seus assentamentos nos conhecimentos científicos da época relacionados a física, química, neurologia e pediatria. Propõe a criação das teorias como uma fecunda transdisciplinaridade, atentando para o fato de a neuropsicanálise favorecer de modo instigante um diálogo, no presente, com as neurociências. Discute questões que a neuropsicanálise tem abordado, como a do id consciente, enfatizando a importância do diálogo transdisciplinar e da experiência clínica psicanalítica. A partir daí, elabora questões acerca da emergência da mente, da consciência emocional e reflexiva e do conceito de pessoa.

Ilana Granatovicz Reuben, participante do grupo de estudos sobre condições *borderline* da SBPSP, tem se proposto a considerar, com base em sua formação psiquiátrica e psicanalítica, a percepção do indivíduo em sua totalidade mente e corpo. Em "Simbolização e imunidade", busca explicitar a utilização de recursos que o analista dispõe em seu fazer clínico para recuperar uma rede simbólica que chama de defeituosa ou inexistente. Ilustra sua proposição por meio de descrição de trabalho com um paciente que procura análise em um momento de "falência pessoal".

Esse conjunto das contribuições compõe uma obra investigativa polifônica, com elementos densos e efetivamente capazes de capturar o interesse do leitor para o universo de sua proposta.

Dor e masoquismo na clínica[1]

Marilia Aisenstein
Tradução: Tania Mara Zalcberg

Eu, Imazato Masukichi, vou me suicidar.

Sei que minha esposa, Imazato Murako, tem um amante. E sei também que ela deseja esposá-lo. Como eu a amo suficientemente para me sacrificar, é com alegria e por livre vontade que eu me suicido a fim de garantir sua felicidade.

As pessoas poderiam pensar que minha morte é um assassinato e que ela me matou. Isso a faria sofrer; o que é o oposto da minha vontade. Por isso escrevo este testamento, para dissipar qualquer suspeita do gênero.

Afirmo morrer administrando, eu mesmo, um produto tóxico. Peço vivamente que ninguém tenha dúvida alguma.

---

1 A versão original deste texto foi publicada no livro *L'énigme du masochisme* (organizado por Jacques André, 2. ed., Paris, PUF, 2001). Uma versão anterior em português foi publicada na *Revista de Psicanálise de Porto Alegre* (SPPA), v. 11, n. 1, abr. 2004, com tradução de Tania Mara Zalcberg.

Acreditariam talvez, visto o caráter não usual, incomum e singular do meu suicídio, que eu, apesar de tudo o que acabei de escrever, tenha sido efetivamente assassinado. Isso me preocupa e por isso acrescentarei algumas explicações.

Se meu suicídio aspira garantir a felicidade da minha esposa, ele é sujeito a uma condição que deverá ser imperativamente preenchida.

Do que se trata? Sem dúvida morrerei pela absorção de um veneno administrado por mim mesmo. Mas quero que seja um veneno cujo efeito envolva certo grau de sofrimento. É preciso que, após a absorção, a morte não ocorra de imediato, mas depois de duas ou três horas de torturantes dores. Eu quero expressamente que, durante todo o período de meu sofrimento, até minha morte, Murako fique sentada imóvel na minha frente e não saia da minha vista. Não é necessário que ela contribua para meu suicídio; mas exijo que ela me veja morrendo até o final.

Quando me imagino morrendo, enfrentando terríveis dores com o olhar fixo de minha esposa, sinto que não existe morte mais prazerosa. Morrer nessas condições é aos meus olhos o maior gozo da vida. Minha esposa me deu seu consentimento e jurou respeitar esta cláusula.

Julho 1953

Imazato Masukichi

Junichiro Tanizaki (1998)[2]

---

2 As citações deste capítulo foram traduzidas por Tania Mara Zalcberg a partir das citações de edições francesas utilizadas pela autora [N.E.].

A carta reproduzida na epígrafe deste capítulo é um fragmento de "Chronique inhumaine" (1998), romance do escritor japonês Junichiro Tanizaki. Nas páginas seguintes, o autor reconstitui a história de Masukichi, que vemos ferido, perdido, deambulando pelos escombros de Hiroshima (Japão). Ele reencontra finalmente sua jovem esposa e descobre que perdeu sua potência sexual. Isso lança uma luz um pouco diferente no gozo procurado por meio de sofrimentos mortais que o personagem se inflige e exige compartilhar com a esposa. A obra de Tanizaki foi um escândalo à época, porque ilustra todos os tipos de desejos nos quais vemos, frequentemente, a procura voluntária por dores requintadas causadas sempre por vítimas donas do próprio martírio.

O masoquismo é enigmático. Sua existência coloca uma questão para a teoria psicanalítica que Sigmund Freud (1992[1924]) qualificou de vital: "Se o prazer e o desprazer podem se confundir e coincidir, o que acontece com o princípio de prazer?".

Aqui reside o problema econômico do masoquismo, e o texto príncipes de 1924 só consegue enfrentá-lo ao deslocar a problemática da relação peculiar entre prazer e dor a um reexame radical de toda a teoria psicanalítica esboçada até então. Pode parecer inconcebível que Freud, que trabalha com o tema da sexualidade, do qual o masoquismo faz parte, como já tinha sido assinalado em "Três ensaios sobre a teoria da sexualidade" (2014[1905]), tenha percebido somente em 1924 que definir o princípio do prazer unicamente do ponto de vista econômico torna o masoquismo ininteligível.

Para simplificar um pouco as coisas: podemos efetivamente nos surpreender ao pensar que o prazer é estritamente assimilado à descarga. Opor o prazer ao desprazer, isto é, tensão, retenção, excitação, implica negar, por consequência, que possa *existir prazer na retenção da excitação*.

A releitura *a posteriori* de "As pulsões e seus destinos", escrito em 1915 (parte de "Metapsicologia", 2005[1915]), demonstra que nada antes de 1920 consegue esclarecer o masoquismo como fato clínico. Foi preciso esperar a concepção de "Além do princípio do prazer" (2002[1920]) para que "o problema" do masoquismo fosse, enfim, colocado de maneira heurística.

A palavra "enigma" vem do grego, o que implica em primeiro lugar a ideia de desvio. A acepção "obscura", "misteriosa", é um deslize semântico posterior. Para o enigma do masoquismo, o desvio necessário passa por uma revisão da primeira teoria das pulsões que permite pensar a questão da autodestrutividade. A segunda oposição pulsional reúne, sob a forma de libido, pulsões sexuais e pulsões de conservação, face a uma pulsão de morte – força de desligamento, como foi definido em "Esboço de psicanálise" (2010[1940]).

Essa segunda teoria das pulsões traz consigo concepções mais ricas e complexas oriundas da segunda tópica, mas, sobretudo, formula algumas questões de modo diferente: se o princípio de prazer – até aqui considerado como guardião da vida psíquica – confunde-se com o desprazer, o desprazer pode se tornar a finalidade da vida. Freud se pergunta qual seria o guardião de nossa vida psíquica. A resposta se encontra nas doze páginas do artigo de 1924 e passa pelo reconhecimento de um masoquismo erógeno originário, cuja existência tinha sido recusada até então.

A partir desse momento, o masoquismo erógeno se torna guardião e fiador da vida, na medida em que é o testemunho e o vestígio da fusão das duas pulsões: libido, por um lado, e pulsão de morte, por outro. Assim, nasce a noção fundamental de intrincação pulsional. Se a oposição entre sexualidade e conservação é substituída pelo acoplamento pulsional – libido e pulsão de morte –, devemos conceber que, para evitar a colusão e permitir a aparição do desejo, algo deve se opor à libido, ou seja, ligação desenfreada: um princípio de desligamento que permita a elaboração de uma via mais longa que pode sustentar a espera. No entanto, essa via longa é impensável se não podemos imaginar um investimento masoquista do desprazer, isto é, uma dimensão masoquista da existência que permite o investimento alucinatório do prazer.

Por que não se matar na primeira decepção? Por que amar, sofrer de amor? Por quê? Porque a intrincação das duas pulsões antagonistas se faz com base e em função de um masoquismo erógeno primário, em que posteriormente vão se apoiar as outras formas de masoquismo: feminino, moral, secundário. Este último, o masoquismo secundário, é a reversão do sadismo sobre o próprio sujeito, aquele que Freud tinha descrito no texto de 1915 como o único "masoquismo".

Para o estudo das diferentes figuras do masoquismo e de seus enigmas, remeto o leitor a dois autores muito diferentes. Um deles é Gilles Deleuze (2007), cujo aporte fundamental é o de ter sabido demostrar que o masoquismo não é nem antônimo nem complemento do sadismo e que a entidade "sadomasoquismo" inventada por Richard von Krafft-Ebing (2012[1886]) coloca problemas complexos. Não tem reversão, mas uma dupla produção paradoxal. O parceiro sádico do masoquista faz parte integrante do cenário masoquista; ele foi educado para isso, aceita as regras e não pode ser pensando unicamente como sádico perverso. Não concordo com todos os pontos da crítica que Deleuze faz aos textos freudianos, mas ele coloca as verdadeiras questões.

O outro autor ao qual remeto o leitor é Benno Rosenberg (1999), que produziu notável monografia e artigos. Sua tese central se apoia na hipótese de um masoquismo originário que se liga à destrutividade e que se torna sadismo quando projetado para fora. Essa concepção permite, a meu ver, evitar o perigo de uma visão genética, como a de Melanie Klein. Ela propõe a projeção primária como fundamento dos mecanismos posteriores de negação. O sadismo introjetado se torna autossadismo que, assim, engendra a culpabilidade. A diferenciação entre masoquismo moral e sentimento de culpa se anuncia na dinâmica eu-supereu.

Guardião da vida, o masoquismo não é assim unicamente por se ligar primordialmente à destrutividade, mas também porque se constitui secundariamente como uma "tentativa de cura". Isso explica os esboços do masoquismo perverso na psicose fria, nos quais as condutas autodestrutivas e automutilantes podem, por seus próprios excessos, ser vistos como paliativos à deficiência do núcleo masoquista inicial.

Uma teoria tão original e inovadora da constituição do psiquismo, fundada em um núcleo masoquista originário e organizador da satisfação-alucinação do desejo e da temporalidade, não pode deixar de lançar certa luz sobre esses dois destinos pulsionais: a somatização e a passagem ao ato perverso. Temos de concluir que essas duas vias ou saídas seriam um desafio ao que Rosenberg (1999) denominou "dimensão masoquista da existência"?

Com base no reconhecimento clínico dessa "dimensão masoquista" podemos ainda fundamentar a validade do conceito de pulsão de morte. O eu primário se desenvolve a partir do narcisismo inicial graças a um desvio por reversão de uma parte da pulsão de morte, assim captada para se aliar à libido contra os ataques da pulsão de morte. Trata-se de utilizar a própria essência da pulsão de morte e sua especificidade invertendo seu destino. Esse desvio assume um valor existencial e fundamenta o valor da força de ligação, que decorre da negação.

Estou totalmente de acordo com Rosenberg (1999) ao pensar a necessidade dessa dimensão masoquista da existência como aquela da pulsão dita de morte. Ficam algumas perguntas: do que é feita a impressionante robustez do psiquismo humano que nos faz resistir aos piores tormentos, os nossos e os dos outros? O que nos faz resistir ao sadismo? Como aceitar uma vida sem sofrimento? Como tolerar o sofrimento se ele não for intrinsecamente ligado à libido, isto é, erotizado?

A teoria da Escola Psicossomática de Paris (França), na qual me inscrevo, e os casos extremos da clínica psicossomática com pacientes que sofrem de afecções somáticas dolorosas gravemente incapacitantes e, por vezes, letais, levaram-me a propor a hipótese de uma falha do masoquismo, dimensão existencial do psiquismo e do masoquismo guardião da vida, fundamentada em uma falência do masoquismo erógeno primário. Se os grandes psicossomaticistas da primeira geração, particularmente Pierre Marty, não evocaram o masoquismo, foi porque, ao descrever uma clínica que se define baseada em um vazio semiológico, perceberam que o narcisismo e o masoquismo se expressam unicamente em negativo.

De fato, a partir de 1914, no artigo "Introdução ao narcisismo", Freud mencionou a doença somática e descreveu o refluxo narcísico necessário para a viabilização dos processos de cura. O retraimento da libido narcísica e o investimento masoquista do corpo que sofre se confundem, mas são frequentemente ausentes nos doentes somáticos encaminhados aos psicanalistas. Em geral, são aqueles que as terapêuticas médicas clássicas não conseguem ajudar. Nesses quadros clínicos insólitos (incomuns) para os psicanalistas, faltam a angústia e a dor, contrainvestida, negada, anestesiada? O masoquismo é o investimento erotizado do sofrimento cujo paradigma é a dor física, uma vez que remete ao modelo do corpo.

Dor e princípio do prazer

A dor enquanto tal é dificilmente pensada e pouco explorada na teoria psicanalítica. Um número recente da *Revista Francesa de Psicossomática* (1999) aborda essa questão. Parece-me, no entanto, que existe desde Freud e que, após a virada dos anos 1920, houve um deslocamento do "enigma" do masoquismo para o "enigma da dor".

A partir do momento em que Freud aceita que o masoquismo – como fato clínico –, põe em xeque sua concepção estritamente econômica do princípio do prazer, empreende uma revisão metapsicológica que atua como *reabilitação da excitação*. A tensão da excitação, mesmo que dolorosa, contém prazer. Daí decorre a ideia subversiva de que o prazer masoquista da dor se torna – após "O problema econômico do masoquismo" e na segunda tópica (1992[1924]) – o modelo do próprio prazer. Curiosamente, em 1905, em "Três ensaios sobre a teoria da sexualidade", Freud tinha se aproximado dessa visão, abandonada posteriormente. É assim, parece-me, que Freud abandona o termo "enigmático" para aceitar o paradoxo do masoquismo como tal.

Continua, entretanto, enigmática a questão da dor, que carrega sempre uma dupla valência: a do prazer e a de seu além. Estou, portanto, arriscando-me a falar da dor, de sua clínica, ver sua teoria como modelo e substrato de todo sofrimento. Para chegar perto da essência da questão, proponho utilizar três fontes: literatura, um filme e, principalmente, o artigo que um psicanalista consagrou a esse filme para falar da clínica dos pacientes somáticos. Lembremos agora que o próprio Freud, especialista na dor psíquica e moral, começou seu percurso com o estudo de um anestésico: a cocaína. A anestesia que Freud (1956) evoca no "Manuscrito K" constitui uma proteção contra o insustentável da pulsão, "mas tudo que estimula a anestesia provoca a melancolia", ele escreve a Fliess, salientando assim o paradoxo que entrelaça a dor e seu negativo: a anestesia.

Esse tema é abordado no romance *Le Valet de Sade*, do norueguês Nikolaj Frobenius (1999). Ele apresenta de modo sensível a história de uma criança nascida em Honfleur (França) no século XVIII com uma tara: não sente nenhuma dor. O autor nos conta os infortúnios dessa criança nomeada Latour:

> *O que é o sofrimento?*
>
> *Para Latour, há quatro formas diferentes de sofrimento. O sofrimento comum. O sofrimento profundo. O sofrimento interior. E um último que nasce de um esforço demasiado intenso do pensamento. Mas ele nunca parou de se interrogar acerca das rugas de aflição no rosto da sua mãe quando ela sofria ao ver as suas cicatrizes. Sem experiência, ele chegou a perguntar-se se ele estava realmente vivo. O sofrimento profundo não tem para ele nada de exótico. Acredita que contra ele podemos nos debater, e assim torná-lo mais cruel. Ou ainda podemos ceder, entregar-nos e acabar nos deleitando. Quanto ao sofrimento interior, aquele que experimentou quando Goupil o amarrou à árvore do jardim, ele tinha algo de falacioso e de nauseante.*
>
> *Um sofrimento incontrolável que fez crescer um desejo de morrer... Existe no entanto, uma outra forma de sofrimento interior que Latour experimenta quando, no meio da floresta, medita sobre Honfleur, sobre as comadres, sobre as faces de ódio profundo dos estrangeiros. Sobre o poder do padre da cidade e os planos de Goupil. É este sofrimento que experimentamos quando*

percebemos que somos escravos daquilo que não compreendemos (Frobenius, 1999).

Obcecado por aquilo que vive como enfermidade, o jovem Latour tem fascínio pela dor. Ele tortura os insetos, disseca, mata. Precisa compreender algo do humano, que lhe escapa incessantemente. Desenvolve uma mania pela anatomia, torna-se assistente do célebre e controverso anatomista La Rochefoucauld, antes de finalmente encontrar Donatien Alphonse François de Sade, o marquês de Sade, que faz dele seu lacaio. Frobenius faz um afresco romanesco da época, mas consegue mostrar a implacável coação interna que leva Latour ao sadismo em um destino trágico, em que qualquer forma de prazer e jogo está ausente.

A esse sofrimento ligado à ausência de dor vou opor outra concepção da dor como "terapêutica de sobrevivência" (Miller, 1999). Patrick Miller, autor dessa expressão, comenta um filme dificilmente suportável do diretor e ator Bob Flanagan: *Sick* (1999). Ele é acometido por mucoviscidose, uma doença letal cujo portador não costuma ultrapassar os 25 anos de idade. Flanagan tem 43 anos quando faz esse filme, em que visa mostrar como se mantém vivo à custa de fazer de seu corpo um objeto de sevícias e abusos, tomando-o como uma obra de arte.

Esse mesmo tema, em que sadomasoquismo, sublimação e morte se misturam, é o de uma lindíssima novela de Tanizaki chamada "Uma morte dourada" (1997). Nela, o herói se suicida lenta e dolorosamente ao longo de um grandioso espetáculo. Há uma diferença: no filme de Flanagan a luta é encarniçada, ou impiedosa, declarada a uma morte anunciada, com a montagem de um cenário perverso em que o contrato é o de aproximação, por via das dores infringidas, das cercanias da morte, por meio de prazer e desejo. Apesar do insustentável de suas imagens, o filme é mais um testemunho trágico que um filme perverso que coloca o espectador em uma posição voyeurística.

No artigo que Miller consagra ao filme, mostra com fineza o quanto o encontro com a parceira de sadomasoquismo é crucial para Flanagan e como essa mulher procura desesperadamente fazê-lo viver relançando o jogo e reanimando incansavelmente o funcionamento sadomasoquista. O autor levanta a hipótese de uma dor que exerce a função de pseudopulsão. Isso coincide com a teoria freudiana de contrainvestimento elaborada para dar conta do que é da ordem do além do princípio do prazer. É necessário impedir a irrupção da excitação provocada pelo defeito biológico por meio da introdução da dor física erotizada.

Menos extrema é a última história clínica de uma analisanda que chamei Taëko, mesmo nome da heroína do romance *L'École de la chair*, de Yukio Mishima (1993). O título resume bem a trajetória que a doença e depois a análise levaram essa mulher a percorrer. *L'École de la chair*, em português "a escola da carne", para ela devia passar pela doença. Nessa mulher, é a partir do corpo doente que se pode construir um corpo erótico (Fain & Dejours, 1984). Até hoje, pelo menos, essa é a minha hipótese.

Taëko teve um câncer do colo do útero, diagnosticado pouco antes dos 36 anos. Trata-se de um câncer cujo prognóstico costuma ser, no geral, bastante favorável, mas a idade da paciente e o estágio IV do ponto de vista histológico tinham preocupado os médicos. Pesquisador da área de biologia, seu marido defendia uma histerectomia, ao passo que um primeiro ginecologista insistia na resseção total do colo. Um segundo ginecologista propôs uma conização ampla seguida de radioterapia. Taëko conta ter lutado para manter uma parte do colo, o que a fez surpreender-se consigo mesma. Por causa de sua pouca idade, a radioterapia tinha sido substituída por um tratamento de quimioterapia, que conta ter sido um "horror" por ter se sentido dolorida e enjoada.

Essa época foi vivida como ameaça grave a sua vida sexual e sua vida como um todo. Ela pensou que lhe restavam três ou quatro anos de vida e que devia vivê-los intensamente. Foi nessa mesma época que tomou a decisão de se divorciar. Ela estava casada havia quinze anos com um homem dezesseis anos mais velho que ela. Era o primeiro homem que tinha conhecido, e ela o amava. Taëko não tem filhos e relata, com certa leveza e sem atribuir grande significado, que teve dois abortos espontâneos.

Ela se lembra de uma psicoterapia psicanalítica de dois anos que a ajudou muito entre os 18 e 20 anos. O motivo da psicoterapia tinha sido inibições intelectuais, sensação de impedimento para trabalhar e um mal-estar no corpo. Havia sido uma criança rude, desajeitada e sem graça. Excesso de peso tinha surgido na puberdade e, desde então, Taëko se sentia feia e burra. Sonhava poder se livrar desse corpo pesado que obstruía seu pensamento. Ela se lembra do primeiro encontro com o analista, um senhor de idade. Tinha lhe dito: "Odeio meu corpo e detesto meu pai". Ele sorriu. Psicoterapia milagrosa: ela saiu "curada", passou em todas as provas na faculdade e se casou pouco depois.

Lembro-me de ter perguntado para Taëko se tinha sido feliz. Um pouco surpresa, respondeu que na época não se fazia perguntas. Tudo corria bem e as coisas lhe pareciam instaladas como fossem para *toda a eternidade*. A notícia do câncer, ouvida como um terrível trovão, uma ameaça vinda de fora, perturbou esse equilíbrio congelado e, portanto, precário. A noção de "prazo" tinha sido imposta bruscamente, e Taëko vivia como se estivesse fora do tempo. Comentou que na época costumava se surpreender com o pavor feminino frente ao envelhecimento. Ela pensava que não seria atingida já que vivia "fora de idade". Recordo ter aproximado esse comentário aos abortos espontâneos, observando que ser mãe implicava entrar na sucessão das gerações e no tempo.

A razão da demanda por análise não era compreender o porquê de um câncer aos 36 anos, após duas interrupções espontâneas de gravidez, sem causa médica diagnosticada. Taëko estava angustiada, uma angústia difusa, constante, que a colocou em um estado de discreto estranhamento. No entanto, isso surge agora que ela está curada e livre, já que está divorciada, é jovem e não tem filhos: "Tudo pode acontecer, eu lhe digo, isto é o contrário de eternidade".

Muito rápido, a partir da segunda sessão, Taëko tomou consciência de estar atormentada por desejos sexuais violentos e vagos que a sobrecarregavam, que a congestionavam. Acertamos começar a análise. Lembro-me de ter pensado que ela precisava chorar. Sua contenção "japonesa", que eu acreditava ter a mesma força que a violência subjacente, fazia-me pensar que isso não aconteceria em uma situação face a face.

Mais que uma indicação de análise clássica, Taëko pareceu-me, nesse momento de sua vida, uma contraindicação para psicoterapia, pois temia que a melhora sintomática pudesse fixá-la novamente em um equilíbrio instável. Era necessário, em minha opinião, tomar em consideração um processo profundo que a doença já havia feito aflorar. Taëko acreditava-se invulnerável; durante um longo período, tinha negado a castração do envelhecimento. Nunca tinha conseguido abordar seus aspectos depressivos, mas a doença, a quimioterapia, o ataque doloroso ao corpo, a perda dos cabelos, tinham-na forçado a lidar com eles. Assim, escolhi, com conhecimento de causa, enfrentar a tarefa, talvez mais arriscada, de pôr em marcha uma análise clássica.

Nos primeiros tempos, tratava da questão do divórcio. Falava de uma separação forçada, dura, mas necessária. Tinha sentido falta do marido durante a doença. Este, em pânico, sem dúvida, dramatizava – "Tudo para deixá-la tranquila" – ou negava – "Não é nada, somente um acidente de percurso". Ele decidiu viajar por três meses para Harvard (Estados Unidos), em um intercâmbio de professor/pesquisador. A contenção de Taëko a impediu de imaginar sua decepção, mas o desinvestimento avançou. Isso a fez lembrar-se de uma mãe frequentemente ausente, sem conhecimento dos motivos de suas viagens. Doce e discreta, ela se omitia constantemente, deixando o lugar a um pai impositivo que mimava a filha caçula, nascida tempos depois de três meninos. Era ele quem escolhia seus vestidos, que a levava ao teatro e a jantar nos grandes restaurantes. Desejava que ela fosse adepta à vida literária para que pudesse colaborar na editora da qual era proprietário.

Em razão da diferença de idade entre o casal, Taëko acreditava ter procurado um pai em seu esposo. Mas, como a mãe, ele era um ser enigmático que se furtava à relação se não fosse enquadrada em limites rigorosos. Ela dizia não o conhecer e não saber nada sobre ele. Aos 35 anos, ela descreveu ter aparecido uma tensão que se instalou entre os dois quando se encontram a sós.

Tento compreender por que, justamente, nessa idade.

Uma história contada em fragmentos e, inicialmente, sem emoção, surgiu para dar sentido à sequência câncer-divórcio. Única menina entre quatro irmãos, Taëko tinha se ligado em terna amizade com a cunhada. Essa irmã de seu marido era a caçula e dez anos mais nova do que ele. Tinha, portanto, seis anos a mais que Taëko. Compartilhando interesses profissionais, as duas cunhadas tinham se tornado inseparáveis, faziam viagens juntas, divertiam-se muito e sumiam aos domingos para ver, como duas adolescentes, três filmes seguidos.

Dois anos antes, quando Taëko tinha 34 anos, Mathilde (a cunhada) encontrou um homem com quem estabeleceu uma ligação amorosa turbulenta. Pouco tempo depois, no entanto, decidiu acompanhá-lo ao estrangeiro, deixando tudo. Taëko ficou paralisada por essa "loucura". Cinco anos depois, na análise, ela precisou desse tempo para reencontrar a raiva, o ressentimento, a decepção homossexual que estavam reprimidos. Nesse momento, tinha conseguido desinvestir Mathilde, mas o face a face com marido tinha se tornado difícil. Além da tristeza de ordem sentimental, havia perdido um suporte identificatório mais carinhoso que a própria mãe, já que Mathilde compartilhava com Taëko uma intimidade feminina. Quando esse assunto surgiu, fiquei sabendo que, quando adolescente, fugia das mulheres. Suas amizades, todas cerebrais aliás, eram sempre masculinas. Tinha experimentado a chegada da primeira menstruação como uma vergonha, redobrada por um sentimento de injustiça: "Por que comigo e não com meus irmãos?".

Aos 18 anos, com a psicoterapia, tinha compreendido que quilos a mais não a protegiam de nada e que pensar e aprender não a jogariam obrigatoriamente nos braços de seu pai. Ela tinha encontrado um homem que, por ser distante, parecia ser invulnerável e havia conseguido estabelecer entre ele e Mathilde um equilíbrio demasiadamente estável: um equilíbrio no qual o tempo não tinha lugar. A recusa não consciente de ter filhos foi interpretada dessa maneira.

A angústia cedeu já nos primeiros tempos de tratamento, quando Taëko tomou consciência dos desejos e de seu fantástico apetite pela vida. Desde a doença, tinha um corpo, corpo de mulher que a representava. O câncer lhe doou um ventre, um útero, um colo, disse ela. Gostava de seus cabelos, que perdeu e reencontrou. De vez em quando, aparecia na minha frente em uma hiperexcitação, que podemos pensar se seria defensiva, ou se, como eu temia, precedia a instalação de uma depressão "de cobertura" para parar de desejar.

No tratamento, os pais da infância tinham, até esse momento, aparecido muito pouco. O material era vivo, interessante, associativo e, mesmo assim, faltava a organização fantasmática da neurose infantil. Um dia, enquanto ela chorava após um sonho em que Mathilde não a reconheceu na rua, eu disse: "No entanto, ela não é a primeira mulher de sua vida". Taëko desmoronou, ela não conheceu a mãe que nunca a reconheceu. Ela a odiava. Segundo a interpretação clássica de transferência, eu, analista, não teria vindo a seu encontro na rua, como faria se tivesse encontrado uma conhecida; porém, essa interpretação me pareceu prematura. Havia optado por uma formulação que visava principalmente algo da ordem da reconstrução. Nesse período ela sonhava muito, sonhos que chamava sonhos de angústia, mas que eram sonhos típicos de nudez. Ela se via meio despida, sem saia ou corselete, amedrontada e com vergonha. Uma noite ela teve um pesadelo: seu marido segurou nos braços uma mulher morena. O ciúme a acordou em sobressalto, o coração batia acelerado.

Em meio a esses acontecimentos, reencontrou René, um velho amigo do passado. Eles tinham dividido interesses literários. Casado, ele se dedicava a cuidar de sua esposa acometida por esclerose em etapa avançada. Começaram um relacionamento discreto e apaixonado, que a preenchia. Pouco depois, com firmeza e sem pressa, esse homem levou Taëko para outras mulheres. Nunca as mesmas, todas mais jovens, a maioria exótica. Eram mulheres de passagem, às vezes prostitutas profissionais, outras vezes aventuras complacentes encontradas na véspera. Por meio dessa sexualidade que a fez submeter-se a todos os desejos de seu amante, Taëko contou atingir um gozo desconhecido até então, mas sofreu com os tormentos do ciúme, sentimento completamente novo, a não ser em sonho. A ideia de que René poderia encontrar essas mulheres sem ela a perseguia e não a deixava dormir. Ela lembrou-se, enfim, de ter gritado sozinha à noite, no escuro, quando escutou risadas no quarto dos pais.

Os sentimentos que ela partilhou com o amante não se limitavam a uma relação perversa. Ela encontrou nele proteção e carinho, até que um dia ele decidiu romper, propondo manter uma amizade que ela recusou. A razão do término foi um brutal agravamento do estado de saúde da esposa dele. Ele disse não querer partilhar com ninguém os últimos tempos da mulher. Taëko estava "doente" – o termo é dela –, doente de desespero, de ciúmes, de inveja dessa mulher que morria, mas que é *mãe* e dependente de um homem. Ela imaginou cenários nos quais "acabava" com eles, matava os dois, à queima roupa, mandava entregar comida envenenada. Ela chorava muito. "Estou doente", disse ela; observei: "Desta vez de amores". "É a mesma coisa", ela respondeu impulsivamente, "sem o câncer não teria tido ventre e não teria tido René".

Perder um homem vivo a obrigou a fazer um verdadeiro trabalho de luto, o desinvestimento não conseguiu mais seguir seu curso. De novo seu corpo a alertou do final da depressão: "Acordei com uma vontade frenética de correr no campo. Se tenho tais desejos, é porque não estou mais doente, posso eu mesma prescindir do René".

Na sessão final, o último sonho da análise dispensa comentários: ela se sente pesada, grande, mas, curiosamente, é um sentimento um tanto agradável. Diante de um espelho, ela se vê gorda, mas é invadida por um sentimento de plenitude. Percebe que eu me aproximo do espelho, e sou eu quem se despede dela, porque tenho um encontro marcado. Taëko engata: "Gorda do filho que não terei, mas mesmo assim tenho muitas coisas no ventre, e também agora sei perder e guardar ao mesmo tempo, precisei de tanto tempo…". Notei, então, o surgimento da representação de uma representação: o reflexo do espelho no sonho e também o tema do tempo cuja negação tinha, em minha leitura, mascarado o tema da negação da castração.

Algumas questões

Embora tenha respeitado um enquadre rigoroso, essa análise não me parece ter sido uma análise clássica. A realidade circunstancial dos acontecimentos ocupa de fato um lugar importante. O circunstancial não é o factual; ele coloca a questão da coexcitação libidinal e da excitação somática necessárias para o surgimento da pulsão. Reencontramos aqui o tema da doença.

Mesmo que seja o desfecho de uma desorganização, a infração somática pode, da maneira que compreendo, vir como se fosse de fora e induzir uma ressexualização masoquista e possibilidades regressivas. De tal modo, desorganizações podem tornar-se regressões no contexto de uma cura analítica. Além disso, creio que, apesar de todo tratamento, uma doença pode se tornar fator de remanejamento psíquico. A *posteriori*, o acontecimento é reintegrado no interior de uma cadeia psíquica, que possibilita a elaboração. Isso se não for excessivamente desorganizadora. Aqui, trata-se de uma questão de quantidade: a dor se transforma em sofrimento e, portanto, em exigência de representação. A própria representação força o investimento masoquista. Por outro lado, cabe perguntar se o próprio excesso, a abundância masoquista de dor que atravessa uma doença grave, não é em si uma tentativa de cura da deficiência inicial do núcleo masoquista primário como procura por um organizador.

Por meio do ataque da doença e da falta, a integração de um narcisismo, primeiramente defensivo, em um masoquismo guardião da vida me parece pensável. Não podemos, em um plano estritamente econômico, considerar a doença somática como fazendo o papel de ligação da energia "neutra-indiferente", descrita por Freud em "Esboço de psicanálise" (2010[1940]). Nesse texto, Freud evoca excessos de estímulos internos e externos, que conseguem metabolizar partes do eu em partes do id. O destino de uma força assim liberada pode tomar vias alternativas. Após a doença, atormentada pelo desejo, Taëko escolheu a via mais longa, aquela da elaboração psíquica, na análise, e não a via do escoamento e da descarga. Ao procurar análise por causa de angústia difusa, ela conheceu a dor e a falta.

"Angústia, dor e luto" é o título que Freud deu ao adendo C, que encerra "Inibição, sintoma e angústia" (1992[1926]). A dor corporal provoca um investimento narcísico da zona dolorida. Trata-se de órgãos internos que não costumam ser representados, passam a adquirir "representações espaciais e outras representações de partes do corpo que de maneira comum não são absolutamente representadas em ideação consciente". Em contrapartida, sofrimentos psíquicos, mesmo intensos, não são sentidos habitualmente se a mente está nesse momento distraída com outros interesses. A explicação se encontra na concentração do investimento sobre o representante psíquico da parte do corpo dolorido.

Freud (1992) conclui:

> *Penso ser aqui que encontraremos o ponto de analogia que tornou possível a transferência da sensação de dor à esfera psíquica. O investimento no objeto ausente em anseio – investimento intenso que está concentrado no objeto do qual se sente falta e que aumenta com o passar do tempo porque não pode ser apaziguado – cria as mesmas condições econômicas que o investimento em dor concentrado na parte do corpo danificada...*

> *A passagem da dor corporal para a dor psíquica corresponde à transformação do investimento narcísico para o investimento de objeto.*

Em uma passagem do segundo livro de *Tusculanes*, no começo do capítulo intitulado "O corpo que sofre", Cícero (1991) critica os estoicos: "os gregos, cuja língua é, ao que se diz, mais rica que a nossa, possuem somente uma palavra para designar o esforço do trabalho e da dor". Ele se surpreende com essa condensação semântica e a torna um dos paradoxos do pensamento. Para nosso grande prazer, a pesquisa psicanalítica nos confronta frequentemente com o enigma e o paradoxo. Resta talvez aceitá-los como são.

Referências

Cícero. (1991). *Devant la souffrance*. Paris: Arlea.

Deleuze, G. (2007). *Presentation de Sacher-Masoch: Le froid et le cruel*. Paris: Édition de Minuit.

Dick, K. (Diretor). (1997). *Sick: The life and death of Bob Flanagan, Supermasochist*. [Documentário independente].

Fain, M., & Dejours, C. (1984). *Corps malade et corps érotique*. Paris: Masson.

Freud, S. (2014). Trois essais sur la théorie sexuelle. In S. Freud, *Oeuvres complètes: Psychanalyse* (v. 7, pp. 213-237). Paris: PUF. (Trabalho original publicado em 1905.)

Freud, S. (2005). Pour introduire le narcissisme. In S. Freud, *Oeuvres complètes: Psychanalyse* (v. 12). (Trabalho original publicado em 1914.)

Freud, S. (2005). Métapsychologie. In S. Freud, *Oeuvres complètes: Psychanalyse* (v. 13). (Trabalho original publicado em 1915.)

Freud, S. (2002). Au-delà du principe de plaisir. In S. Freud, *Oeuvres complètes: Psychanalyse* (v. 15). Paris: PUF. (Trabalho original publicado em 1920.)

Freud, S. (1992). Le problème économique du masochisme. In S. Freud, *Oeuvres complètes: Psychanalyse* (v. 17). Paris: PUF. (Trabalho original publicado em 1924.)

Freud, S. (1992). Inhibition, symptôme et angoisse. In S. Freud, *Oeuvres complètes: Psychanalyse* (v. 17). Paris: PUF. (Trabalho original publicado em 1926.)

Freud, S. (2010). Abrégé de psychanalyse. In S. Freud, *Oeuvres complètes: Psychanalyse* (v. 20, pp. 225-254). Paris: PUF. (Trabalho original publicado em 1940.)

Freud, S. (1956). Manuscrit K. In M. Bonaparte, A. Freud, E. Kris (Org.), *La naissance de la psychanalyse* (Trad. A. Berman) (pp. 129-137). Paris: PUF.

Frobenius, N. (1999). *Le Valet de Sade*. Arles: Actes Sud.

Krafft-Ebing, R. (2012). Psychopathia Sexualis. Rosières-en-Haye: Camion Noir. (Trabalho original publicado em 1886.)

Miller, P. (1999). La douleur: Une thérapeutique de survie? Quelques éléments de réflexion. *Revue Française de Psychosomatique*, (15), 39-50.

Mishima, Y. (1993). *L'École de la chair*. Paris: Gallimard.

Rosenberg, B. (1999). *Masochisme mortifère et masochisme gardien de la vie*. Paris: PUF.

Tanizaki, J. (1997). Une mort dorée. In J. Tanizaki, *Oeuvres* (v. 1). Paris: Gallimard.

Tanizaki, J. (1998). Chronique inhumaine. In J. Tanizaki, *Oeuvres* (v. 2). Paris: Gallimard.

O id consciente[1]

Mark Solms

Tradução: *Paulo Sérgio de Souza Jr.*

Representações neuroanatômicas do corpo

No XII Congresso Internacional de Neuropsicanálise (Berlim, Alemanha), que teve como tema "O corpo em mente", foi lançada uma nova luz sobre assuntos de fundamental interesse para o nosso campo. Bud Craig, Antonio Damasio, Vittorio Gallese, Jaak Panksepp e Manos Tsakiris, entre outros, resumiram o estado atual do conhecimento sobre a *incorporação* na neuropsicologia humana (isto é, como o corpo é representado no cérebro). Em minhas considerações finais sobre o congresso, apontei que os palestrantes haviam se referido a dois aspectos diferentes do corpo sem chegar a distingui-los. Isso pode causar confusão.

---

[1] Este artigo se baseia em "Concluding remarks", texto apresentado por Mark Solms no XII Congresso Internacional de Neuropsicanálise, ocorrido em 26 de junho de 2011, em "The conscious id", apresentado no New York Psychoanalytic Society & Institute (Estados Unidos), em 5 de novembro de 2011, e em "The id knows more than the ego admits", escrito por Solms e Jaak Panksepp (2012).

O primeiro aspecto do corpo é neuroanatomicamente representado em mapas somatotópicos na superfície cortical; tais mapas são projeções de receptores sensoriais na superfície do corpo, retransmitidas pelas vias de modalidade específica do tálamo e dos nervos cranianos. Esse aspecto da representação corporal é convencionalmente equiparado ao homúnculo cortical (o pequeno mapa corporal invertido que constitui a zona somatossensorial primária do córtex).[2] Porém, não coincide apenas com o córtex somatossensorial; ele inclui as zonas de projeção de todas as modalidades sensoriais, que, por sua vez, consistem em mapas equivalentes dos outros órgãos receptores sensoriais (representados pelo número 1 na Figura 1).

A "imagem corporal" não surge *nesses*, mas *desses* mapas corticais unimodais. Esse primeiro aspecto da representação do corpo deve, portanto, ser equiparado também às redes de processamento que se estendem além das zonas de projeção e convergem no córtex de associação heteromodal (representado pelo número 2 na Figura 1).[3] Podemos chamar esse aspecto de representação do corpo de *corpo externo*, para resumir.

É importante notar que os mecanismos corticotalâmicos que representam o corpo externo também representam outros objetos externos – pelas mesmas modalidades perceptivas, da mesma forma. O corpo externo é representado *como um objeto*. É a forma do *self* que se percebe quando se olha para fora – para um espelho, por exemplo ("Essa coisa sou eu; é o meu corpo"). Outros corpos são representados de forma semelhante.

---

2 Na verdade, existem vários mapas, e cada um representa um componente diferente de sensação somática (toque, dor, vibração, temperatura etc.). O sistema vestibulocerebelar também está excluído dessa conta simplificada.

3 Não pretendo sugerir que o fluxo de informações nesse processo associativo é unidirecional. É bidirecional e, aliás, a maioria das conexões conduz a outra direção, da associação ao córtex de projeção (ver notas 5 e 14).

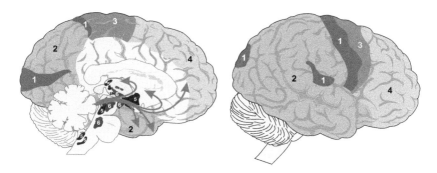

Figura 1 – Vistas lateral e medial do cérebro humano. (Legenda – 1: córtex de projeção sensorial; 2: córtex de associação sensorial; 3: córtex de projeção motora; 4: córtex de associação motora; 5: núcleos autonômicos; 6: núcleos excitatórios; setas: circuitos das emoções básicas.)

Deve-se lembrar que os mapas motores também contribuem para a imagem do corpo externo.[4] A imagem corporal tridimensional é gerada não apenas pela convergência sensorial heteromodal como também pelo movimento. Movimento produz sensação. A estreita relação entre movimento e sensação (cinestésica) reflete-se na proximidade anatômica das respectivas zonas de projeção: os homúnculos somatossensorial e motor (o número 3 na Figura 1) formam uma unidade funcional integrada.

O segundo aspecto do corpo é seu meio interno, o corpo autonômico. Esse aspecto do corpo quase não está representado na superfície cortical. É representado em um local muito mais profundo e inferior no cérebro. As estruturas que constituem esse aspecto do corpo ficam ao redor do hipotálamo, mas também incluem os órgãos circunventriculares, o núcleo parabraquial, a área postrema, o núcleo solitário e similares (o número 5 na Figura 1; para revisão,

---

[4] Isso se aplica ao corpo próprio e a outros corpos (ver adiante a discussão sobre neurônios-espelho).

ver Damasio, 2010). Analogamente ao que disse anteriormente sobre o córtex motor em relação à exterocepção, essas estruturas interoceptivas não apenas monitoram como regulam o estado do corpo (homeostase). Podemos chamar esse aspecto da representação corporal de *corpo interno*, para resumir.

Mesmo no nível do tronco encefálico, as estruturas neurais para representação interna do corpo estão cercadas pelas do corpo externo, assim como o próprio corpo sensório-motor envolve as vísceras.

O corpo interno funciona, em grande parte, automaticamente, mas também excita o corpo externo para atender a suas necessidades vitais no mundo externo. Isso é conseguido por meio de uma rede de estruturas "de excitação" do tronco encefálico superior, do diencéfalo e do prosencéfalo basal (o número 6 Figura 1) conhecida convencionalmente – mas de maneira um tanto enganosa – como sistema de ativação reticular-talâmico estendido (*extended reticular thalamic activating system*, Ertas). Esse sistema de excitação inclui muitos subsistemas de axônios longos que liberam neurotransmissores únicos, como acetilcolina, noradrenalina, dopamina, serotonina e histamina, bem como uma variedade de neuropeptídios (para revisão, ver Panksepp, 1998; Pfaff, 2006).

É importante notar que existe uma relação hierárquica entre esses dois aspectos da representação do corpo. Embora o fluxo de informações – e, portanto, o controle – seja "de baixo para cima" e "de cima para baixo", a integridade funcional do córtex (corpo externo) depende da ativação do tronco encefálico (corpo interno). Essa relação hierárquica envolve a consciência. O sistema de excitação associado ao corpo interno gera um aspecto da consciência diferente daquele associado à percepção externa; além disso, *o aspecto interno é um pré-requisito para o aspecto externo*. Quando a consciência endógena é obliterada, a consciência exteroceptiva também é obliterada; no entanto, o inverso não se aplica.[5]

O tipo interno de consciência consiste em *estados* em vez de *objetos* de consciência (cf. Mesulam, 2000). O corpo interno não é um objeto de percepção, a menos que seja exteriorizado e apresentado aos sentidos clássicos; ele é o *sujeito* da percepção. É o estado de fundo do *estar* consciente. Isso é de suma importância. Podemos imaginar esse aspecto da consciência como a página na qual as percepções externas são inscritas. A relação entre os dois aspectos da consciência – os objetos e o sujeito da percepção – é também o que liga os componentes da percepção; os objetos são sempre percebidos por um sujeito experimentador (cf. o "problema de integração", termo da neurologia da percepção).

Reconheceu-se, recentemente, que o estado do corpo-como--sujeito envolve não apenas *níveis* variáveis de consciência (por exemplo, sono/vigília) como também *qualidades* variáveis de consciência (Damasio, 2010; Panksepp, 1998). O aspecto interno da consciência "dá sensação de" algo. Acima de tudo, os estados fenomenais do corpo-como-sujeito são experimentados *afetivamente*. Os afetos não emanam das modalidades sensoriais externas. São estados *do sujeito*. Pensa-se que esses estados representam o valor biológico da alteração das condições internas (por exemplo, fome, excitação sexual). Quando as condições internas favorecem a sobrevivência e o sucesso reprodutivo, dão sensações "boas"; quando não favorecem, dão sensações "ruins". Os estados conscientes

---

5 É incerto como exatamente as variedades exteroceptivas de percepção e cognição conscientes derivam da ativação do Ertas, mas algumas especulações heurísticas são apresentadas a seguir. O que se aceita amplamente hoje é a noção, outrora radical, de que a consciência perceptiva é gerada endogenamente; estímulos exteroceptivos apenas limitam e esculpem o que é, fundamentalmente, um processo alucinatório (para revisão, ver Blom & Sommer, 2012). Cf. nota 3.

servem para isso, evidentemente. Os sentimentos conscientes dizem ao sujeito como está se sentindo. Nesse nível do cérebro, portanto, a consciência está intimamente ligada à homeostase.

O afeto pode, por conseguinte, ser descrito como uma modalidade sensorial interoceptiva – mas não só. O afeto é uma propriedade intrínseca do cérebro. Essa propriedade é expressa em emoções; e as emoções são, sobretudo, formas peremptórias de descarga motora. Isso reflete o fato de que as mudanças nas condições internas anteriormente mencionadas estão intimamente ligadas às mudanças nas condições externas. Tal fato se dá porque, primeiro, as necessidades vitais – representadas como desvios dos pontos de referência homeostáticos – só podem ser satisfeitas por meio de interações com o mundo externo. Segundo, porque certas mudanças nas condições externas têm implicações previsíveis para a sobrevivência e o sucesso reprodutivo. Logo, os afetos, apesar de inerentemente subjetivos, são tipicamente direcionados aos objetos: "Eu me sinto assim *com relação a isso*" (cf. o conceito filosófico de intencionalidade ou "sobredade").

O tom da consciência afetiva é dado pela série prazer-desprazer, cuja expressão motora é o comportamento de aproximação-retraimento. Sentimentos de prazer-desprazer – e as ações peremptórias associadas – são prontamente gerados ao se estimular uma região do Ertas conhecida como substância cinzenta periaquedutal (*periaqueductal gray*, PAG). Essa estrutura antiga é encontrada em todos os vertebrados. Com a encefalização crescente, no entanto, uma variedade de submodalidades mais complexas de afeto e de motivação afetiva aparece, presumivelmente, por pressões seletivas decorrentes de condições previsíveis de grande valor biológico. Assim, ascendendo do PAG e chegando ao prosencéfalo límbico – que, reciprocamente, fornece controles descendentes –, estão vários circuitos motivacionais instintuais (as setas na Figura 1) que preparam os organismos dos mamíferos para situações de valor biológico fixo. São conhecidos como circuitos para "emoções básicas". Também são intrínsecos ao cérebro e têm uma organização inerente que é prontamente demonstrada ao se estimular os circuitos relevantes – em todos os mamíferos, incluindo os humanos.

Existem várias classificações das emoções básicas. A taxonomia mais conhecida é a de Panksepp (1998), que reconhece (1) forrageamento apetitivo; (2) recompensa consumatória; (3) paralização e fuga; (4) ataque raivoso; (5) oferta de cuidado; (6) angústia de separação; (7) brincadeiras agressivas. Os sistemas de emoções básicas recebem nomes em maiúsculas – PROCURA, LUXÚRIA, MEDO, RAIVA, CUIDADO, PESAR, BRINCADEIRA – para diferenciá-los dos usos coloquiais equivalentes. É importante notar que cada um desses circuitos gera não apenas ações estereotipadas com ainda sentimentos e motivações específicas, como curiosidade, sensualidade, apreensão, raiva, afeição, tristeza e alegria. Os circuitos cerebrais para as emoções básicas são conservados em toda a série de mamíferos e admitem especificidade química considerável.

Para ser claro: as emoções básicas enumeradas não esgotam a gama da afetividade humana. O que as distingue é sua natureza *instintual*. Existem classes inteiras de afetos mais simples, como os *afetos homeostáticos*, que expressam as pulsões vegetativas (por exemplo, fome e sede), e os *afetos sensoriais*, que respondem automaticamente a certos estímulos (por exemplo, surpresa e repulsa), sem mencionar a infinita variedade de formas híbridas geradas quando algum desses afetos se mescla com a cognição (ver Panksepp, 1998).

Representações metapsicológicas do corpo

Depois de recapitular as duas maneiras por meio das quais o corpo é representado no cérebro, é fácil reconhecer os equivalentes neurológicos dos dois principais sistemas mentais que Freud distinguiu em sua metapsicologia. O corpo externo corresponde ao "ego" e o corpo interno, ao "id" (ver Figuras 1 e 2).

O próprio Freud disse isso. Sobre a derivação corporal do "ego", escreveu o seguinte:

> *O ego é sobretudo corporal, não é apenas uma entidade superficial, mas ele mesmo a projeção de uma superfície. Procurando uma analogia anatômica para ele, podemos identificá-lo com o "homúnculo do cérebro" dos anatomistas, que fica no córtex, de cabeça para baixo e com os calcanhares para cima, olha para trás e, como se sabe, tem no lado esquerdo a zona da linguagem.* (Freud, 2011a[1923], p. 32)

E ainda detalhou em nota:

> *o ego deriva, em última instância, das sensações corporais, principalmente daquelas oriundas da superfície do corpo. Pode ser visto, assim, como uma projeção mental da superfície do corpo, além de representar, como vimos, as superfícies do aparelho psíquico.* (2011a[1923], p. 32)

Todo o tecido do ego é derivado desse ego corporal, isto é, dos traços de memória da percepção externa (Figura 2), cuja ativação associativa dá origem a toda cognição.[6]

---

[6] Ver seções "Sólidos mentais", "Uma surpresa", "Palavras e coisas" e "O ego reflexivo, o superego".

IMUNIDADE, MEMÓRIA, TRAUMA   49

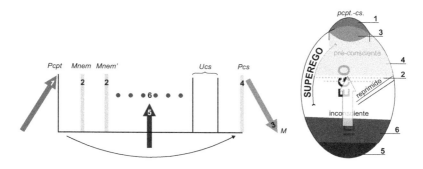

Figura 2 – Os clássicos modelos freudianos da mente, codificados por tons de cinza e números para ilustrar os correlatos metapsicológicos das regiões anatômicas identificadas na Figura 1.

Sobre a derivação corporal do "id", Freud escreveu:

> O id, separado do mundo exterior, tem seu próprio mundo de percepção. Sente com extraordinária agudeza determinadas mudanças em seu interior, sobretudo oscilações na tensão de suas necessidades instintuais, que se tornam conscientes sob a forma de sensações na série prazer-desprazer. É difícil dizer por quais vias e com o auxílio de quais órgãos terminais sensoriais se produzem tais percepções. Mas não há dúvida de que as autopercepções – as emoções gerais e as sensações de prazer-desprazer – governam despoticamente as ocorrências no interior do id. Este obedece ao inexorável princípio do prazer. (2018[1940], p. 261, trad. modificada)

Aqui a palavra "instintuais" é uma tradução incorreta da palavra alemã *Triebe*. Um *Trieb* é uma "pulsão". Freud definiu claramente o que ele queria dizer com o termo:

> o *"instinto"* [Trieb] *nos aparece como um conceito-limite entre o somático e o psíquico, como o representante psíquico dos estímulos oriundos do interior do corpo e que atingem a alma, como uma medida do trabalho imposto à psique por sua ligação com o corpo.* (2010e[1915], p. 57)

É evidente, então, que o próprio Freud localizou prontamente as derivações corporais do ego e do id. Sua concepção do aparelho mental sempre foi incorporada, isto é, enlaçada ao corpo em suas extremidades perceptual/motora e "instintual" (Figura 2). Aqui, eu apenas adicionei detalhes anatômicos. Esclareci também que os instintos consistem em mais que uma percepção interoceptiva: são estereótipos emocionais intrínsecos. Entretanto, Freud reconheceu a natureza instintiva disso que agora é chamado de "emoções básicas":

> *Mas o que é um afeto, no sentido dinâmico do termo? De todo modo, é algo composto. Um afeto compreende, em primeiro lugar, determinadas inervações motoras ou descargas; em segundo, certas sensações de dois tipos distintos: as percepções das ações motoras ocorridas e as sensações diretas de prazer e desprazer que dão o tom, como se diz, ao afeto. Não acredito, porém, que com essa enumeração cheguemos à essência do afeto. Em alguns afetos, acreditamos enxergar mais fundo e reconhecer que o núcleo que sustenta o conjunto é a repetição de determinada vivência cheia de significado. Ela poderia ser apenas alguma impressão bastante precoce e de natureza muito geral, que deve ser situada não na pré-história do indivíduo, mas na da espécie.* (2014b[1916-1917], p. 523)

Não obstante a tendência de Freud a descrever associações filogenéticas como se fossem literalmente lembradas, reconheceu – como mais tarde Panksepp (1998) o faria – que as emoções básicas são organizações mentais *inatas* – isso contrasta com a teoria de William James e Carl Georg Lange (James, 1890; Lange, 1885).

Em resumo: é fácil reconhecer uma equivalência funcional entre os mecanismos cerebrais do corpo externo e o ego corporal freudiano, de um lado, e entre os mecanismos do corpo interno e os instintos do id freudiano, de outro. Isso se aplica igualmente ao relacionamento hierárquico interdependente que se estabelece entre eles: não pode haver consciência cortical sem consciência troncoencefálica; não pode haver ego sem id.

A falácia corticocêntrica

Esse paralelismo estreito revela uma forte contradição entre os conceitos atuais da neurociência afetiva e os de Freud.

Para expor completamente a contradição, preciso salientar que Freud nunca questionou uma suposição clássica dos neuroanatomistas do século XIX, a saber, a de que a consciência era uma função *cortical*:

> *Dado que a consciência fornece, essencialmente, percepções de excitações vindas do mundo externo e sensações de prazer e desprazer que podem se originar apenas do interior do aparelho psíquico, pode-se atribuir ao sistema Pcpt.-Cs. uma localização espacial. Ele deve estar na fronteira entre exterior e interior, voltado para o mundo externo e envolvendo os outros sistemas psíquicos. Notamos que com essas hipóteses não ar-*

> *riscamos algo novo, mas acompanhamos a anatomia cerebral, que situa a "sede" da consciência no córtex, a camada mais exterior do cérebro, que envolve as demais. A anatomia cerebral não precisa ocupar-se da razão pela qual – anatomicamente falando – a consciência está alojada justamente na superfície do cérebro, em vez de bem abrigada em algum íntimo recôndito seu. (Freud, 2010a[1920], pp. 184-185, trad. modificada, grifo meu)*

Decerto, Freud reconheceu que a consciência também envolvia "sensações de prazer e desprazer que podem se originar apenas do interior do aparelho psíquico". Até sugeriu que esse aspecto definia o propósito biológico da consciência (Freud, 2010c[1911], p. 113). É por isso que Damasio (1999a) se viu levado a dizer que "as ideias de Freud sobre a natureza do afeto são consoantes às mais avançadas visões da neurociência contemporânea" (p. 38). Está claro, porém, na citação anterior, que mesmo o aspecto interno da consciência estava, para Freud, "alojado na superfície do cérebro". Neste trecho ele afirma essa visão ainda mais explicitamente:

> *O tornar-se consciente se liga, antes de tudo, às percepções que nossos órgãos sensoriais obtêm do mundo externo. Para a abordagem topológica é, então, um fenômeno que sucede na camada cortical mais externa do ego. É verdade que também recebemos informação consciente do interior do corpo, os sentimentos, que influenciam até mesmo nossa psique de modo mais imperativo do que as percepções externas, e em determinadas circunstâncias os órgãos sensoriais mesmos proporcionam sentimentos, sensações de dor, além das*

percepções que lhes são específicas. Mas, como essas sensações (como são chamadas, para distingui-las das percepções conscientes) também partem dos órgãos finais e nós vemos todos eles como prolongamentos, ramificações da camada cortical, podemos manter a afirmação feita acima. A única diferença seria que para os órgãos finais das sensações e sentimentos o próprio corpo toma o lugar do mundo externo. (Freud, 2018[1940], pp. 211-212, trad. modificada, grifo meu)[7]

---

[7] A localização da consciência em Freud passou por muitas vicissitudes. Inicialmente, ele não fez distinção entre consciência perceptiva e afetiva (Freud, 1996[1894]). Em vez disso, distinguiu entre *traços mnêmicos da percepção* ("ideias") e *energia que os ativa*. Essa distinção coincidia com as premissas convencionais da filosofia empirista britânica; porém, Freud descreveu, de maneira interessante, a energia ativadora como "contingentes de afeto" que se espalham "sobre os traços mnêmicos das ideias como uma carga elétrica espalhada pela superfície de um corpo" (Freud, 1996[1894], p. 60, trad. modificada). James Strachey (1996[1962], p. 67) descreveu isso como a "mais fundamental de todas as hipóteses [de Freud]". Há todos os motivos para acreditar que Freud encarou esses traços mnêmicos de "ideias" ativados como processos *corticais*. Em seu modelo mais elaborado que está em "Projeto de uma psicologia" (2003[1895]), atribuiu explicitamente consciência a um subsistema de neurônios corticais (o sistema ω), localizado por ele na extremidade *motora* do prosencéfalo. Essa localização permitiu que a consciência registrasse a descarga – ou a falta dela – da energia acumulada nos traços mnêmicos (o sistema ψ) de fontes endógenas e sensoriais. (Note-se que, de 1895 em diante, Freud descreveu a energia mental como sendo inconsciente em si mesma; ela não era mais descrita como um "contingente de afeto"). A consciência, que Freud agora dividia em duas formas, surgiu *da maneira pela qual a energia mental excitava os neurônios ω*. Isso deu origem à consciência afetiva quando diferenças no nível quantitativo de energia no sistema ψ – causadas por graus de descarga motora – foram registradas em ω como prazer-desprazer; deu origem também à consciência *perceptiva*, quando diferenças nos aspectos qualitativos das energias exógenas (por exemplo, comprimento de onda ou frequência) derivadas dos diferentes órgãos dos sentidos foram transmitidas, via neurônios perceptivos (φ), pelos traços mnêmicos de ideias (ψ), para ω. Em uma

Ao fazer essa suposição, Freud seguia uma longa tradição que persiste até hoje, mesmo entre alguns eminentes neurocientistas cognitivos e comportamentais. Vamos considerar, por exemplo, a seguinte observação feita por Joseph LeDoux:

> *Quando estímulos elétricos aplicados à amígdala de humanos suscitam a sensação de medo (ver Gloor, 1992), não é porque a amígdala "sente" medo, mas sim*

---

revisão de seu modelo de 1895 realizada em 1896, Freud (1986[1896]) moveu os neurônios ω para uma posição entre φ e ψ e reconheceu simultaneamente que toda a energia no aparelho mental era gerada endogenamente; a energia não entra, literalmente, no aparelho pelo sistema perceptivo (Freud pareceu se esquecer disso mais tarde, como em 1920). Em *A interpretação dos sonhos* (2019[1900]), no entanto, Freud voltou ao arranjo disposto no projeto de 1895 e, novamente, localizou os sistemas perceptivo e de consciência em extremos opostos do aparelho mental. Sua indecisão a esse respeito parece ter derivado, principalmente, do fato de os sistemas perceptivo (sensorial) e de consciência (motor) formarem uma unidade funcional integrada, uma vez que a descarga motora necessariamente produz informações perceptivas (cf. a localização contígua dos homúnculos somatossensoriais e motores; Figura 1). Consoante a isso, em seu trabalho de 1917, Freud (2010b[1917]) optou por uma localização híbrida dos sistemas perceptivo e de consciência. Nesse arranjo final, φ (renomeado "Pcpt." em 1900) e ω ("Cs.") foram combinados em uma única unidade funcional, o sistema "Pcpt.-Cs." (Figura 2). Nesse momento, Freud esclareceu que o sistema Pcpt.-Cs. é realmente um sistema único, *excitável em duas direções*: estímulos exógenos geram consciência perceptiva; estímulos endógenos geram consciência afetiva. Também recuou em relação à noção de que a consciência afetiva registra o "nível" quantitativo de excitação dentro do sistema ψ; sugeriu, em vez disso, que – como a consciência perceptiva – registra algo qualitativo, como o comprimento de onda (isto é, flutuações no nível de energia dentro do sistema Pcs. durante uma unidade de tempo; ver Freud, 2010a[1920]). O principal a se notar nessa breve história da localização da consciência em Freud é que foi, do começo ao fim, conceituada como um processo cortical – embora, às vezes, o psicanalista parecesse ter dúvidas quanto a isso (por exemplo, Freud (2011a[1923], p. 26). (Ver Solms (1997), para uma primeira indicação de que algo estava errado com a localização superficial da superfície interna (afetiva) do sistema Pcpt.-Cs. em Freud.)

> *porque as várias redes ativadas pela amígdala acabam por prover a* memória de trabalho *com aportes* rotulados *como medo. Tudo isso é compatível com a noção freudiana de que a emoção consciente é a consciência de algo que é basicamente inconsciente. (LeDoux, 1999, p. 46, grifo meu)*

Esses teóricos "corticocêntricos" assumem, muito simplesmente, que toda consciência é cortical; isso implica que estados afetivos gerados mais profundamente no cérebro só podem se tornar conscientes quando lidos (ou "rotulados") nos níveis mais elevados da memória de trabalho. Como veremos a seguir, essa visão é fortemente refutada por todas as evidências disponíveis. O mais recente dos representantes influentes da tradição corticocêntrica é Craig (2009). Ele acredita ainda que exista uma zona de projeção cortical para o corpo interno, na ínsula posterior. Compara essa região cortical com o corpo-como-sujeito, o *"self"* senciente primário – precisamente a função que eu atribuí, com base em uma tradição de pesquisa diferente, ao tronco encefálico superior e ao sistema límbico.

Consciência sem córtex

Pesquisas recentes demonstram inequivocamente que a visão corticocêntrica da consciência (como sede do *self* senciente) está equivocada. Vamos considerar a seguinte entrevista, relatada em nosso congresso em Berlim por Damasio (e publicada em Damasio, Damasio & Tranel, 2012), sobre um paciente em que a ínsula foi *totalmente obliterada bilateralmente* em razão de uma encefalite por herpes simples. Segundo a visão de Craig, esse paciente deve carecer de uma individualidade fenomenal; deve carecer da página em que a experiência é inscrita. Porém, não é esse o caso:

P: "Você tem senso de si mesmo?"

R: "Sim, tenho."

P: "E se eu dissesse que você não está aqui agora?"

R: "Eu diria que você ficou cego e surdo."

P: "Você acha que outras pessoas podem controlar os seus pensamentos?"

R: "Não."

P: "E por que você acha que isso não é possível?"

R: "Ora, quem controla sua própria mente é você."

P: "E se eu lhe dissesse que sua mente é a mente de outra pessoa?"

R: "Quando é que foi o transplante? Quero dizer: o transplante de cérebro..."

P: "E se eu lhe dissesse que conheço você melhor do que você mesmo?"

R: "Eu iria achar que você está errado."

P: "E se eu lhe dissesse que você tem consciência de que eu estou consciente?"

R: "Eu diria que você está certo."

P: "Você tem consciência de que eu estou consciente?"

R: "Eu tenho consciência de que você tem consciência de que eu estou consciente."

Esse caso não refuta toda a teoria corticocêntrica da consciência; ele refuta apenas a versão (insular) de Craig da teoria. Mas e o restante do córtex?

Em cobaias animais, a remoção do córtex há muito demonstrou não ter efeito sobre representações comportamentais da consciência, como sono/vigília e ações instintuais-emocionais. Aliás, não apenas os efeitos gratificantes e punitivos da estimulação cerebral subcortical são comprovadamente preservados em animais decorticados como são também aprimorados, provavelmente por conta da liberação da inibição cortical "de cima para baixo" da consciência emocional (Huston & Borbely, 1974).

A evidência mais impressionante – surgida nos últimos anos de pesquisas em seres humanos e relevante para essa questão mais ampla – diz respeito a uma condição chamada "hidranencefalia", na qual o córtex cerebral é destruído *in utero* (geralmente em razão de enfarte de toda a circulação cerebral anterior). O córtex é absorvido e substituído por líquido cefalorraquidiano (Figura 3). Estudos de autópsia revelam que, embora fragmentos do córtex possam ser preservados nesses casos, estão desconectados do tálamo devido à destruição da substância branca de ligação. Os fragmentos corticais sobreviventes também são glióticos e, portanto, completamente não funcionais. Isso é confirmado pela observação clínica de que, apesar da preservação de algo do córtex visual, os pacientes são cegos (Merker, 2007).

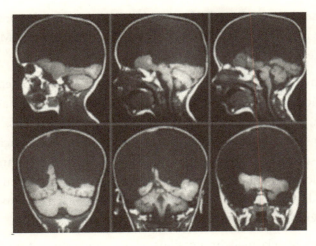

Figura 3 – Um cérebro hidranencéfalo típico. (Reproduzido com autorização de American College of Radiology. Nenhuma outra representação deste material é autorizada sem permissão expressa e por escrito da organização.)

São cegos (entre outras características),[8] mas não inconscientes. Essas crianças exibem ciclos normais de sono/vigília. Também sofrem de crises de ausência, nas quais os pais não têm dificuldade em reconhecer os lapsos de consciência e quando a criança está "de volta". Esta é uma evidência de peso em favor da opinião de que estão conscientes. Os relatórios clínicos detalhados de D. Alan Shewmon, Gregory L. Holmes e Paul A. Byrne (1999) fornecem evidências adicionais de que essas crianças não apenas se qualificam como conscientes pelos critérios comportamentais padrões da escala de coma de Glasgow como ainda apresentam reações

---

8 Carecem de *consciência* perceptiva. Isso não significa que não podem processar *informações* exteroceptivas por vias subcorticais. A consciência não é um pré-requisito para a percepção (cf. "visão cega", termo da neurologia). Esse ponto é importante para meu argumento (a seguir) de que o ego, em si mesmo, é inconsciente.

emocionais vívidas (ver Figura 4, por exemplo, que ilustra a reação de uma menina hidranencefálica quando o irmão bebê é colocado em seus braços):

> *Expressam prazer sorrindo e rindo, e aversão "chacoalhando", arqueando as costas e chorando (em muitas gradações), com o rosto sendo animado por esses estados emocionais. Um adulto familiar pode empregar essa responsividade para construir sequências de brincadeiras que progridem de maneira previsível, desde o sorriso até a risada, o riso e a grande empolgação da criança. (Merker, 2007, p. 79)*

Essas crianças também demonstram aprendizagem emocional associativa:

> *[Elas] tomam iniciativas comportamentais dentro das severas limitações de suas deficiências motoras, na forma de comportamentos instrumentais, como fazer barulho chutando bugigangas penduradas em um cercado especial construído para esse fim ("quartinho") ou acionando brinquedos favoritos por interruptores, presumivelmente com base na aprendizagem associativa da conexão entre ações e seus efeitos. Tais comportamentos são acompanhados por sinais, situacionalmente apropriados, de prazer e excitação por parte da criança. (Merker, 2007, p. 79)*

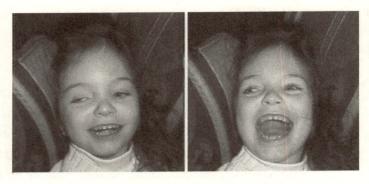

Figura 4 – Expressão de emoção prazerosa em uma jovem menina hidranencéfala. (Reproduzido com permissão da mãe da criança, com agradecimentos a Bjorn Merker.)

Em resumo: embora exista nessas crianças uma significativa degradação dos tipos de consciência que geralmente estão associados à percepção representacional e à cognição que dela deriva, não resta dúvida de que estão conscientes, quantitativa e qualitativamente. Não apenas estão despertas e alertas como experimentam e expressam toda uma gama de emoções instintuais. O *self* primário (afetivo) está, em suma, *presente*. O fato de o córtex estar ausente nesses casos prova que a consciência afetiva é gerada e sentida subcorticalmente. Isso contradiz os pressupostos teóricos de LeDoux e Craig, citados anteriormente, e de Freud.

Infelizmente, a esse respeito, Freud parece ter aberto caminho para a conflação da consciência com o monitoramento cortical – relegando, assim, prematuramente, os processos instintuais não monitorados à categoria "inconsciente". Agora está claro que os processos instintuais são, em si mesmos, conscientes.

Toda consciência é endógena

O estado de consciência como um todo é gerado no tronco encefálico superior. Sabemos disso há muitos anos. Apenas uma década após a morte de Freud, Giuseppe Moruzzi e Horace Winchell Magoun (1949) demonstraram pela primeira vez que a consciência, medida pela ativação do eletroencefalograma (EEG), é gerada em uma parte do tronco encefálico superior, então chamada "sistema de ativação reticular". A destruição total das estruturas exteroceptivas não teve impacto sobre as propriedades intrínsecas geradoras de consciência do sistema do tronco encefálico (por exemplo, sono/vigília). As conclusões de Moruzzi e Magoun (em gatos) foram rapidamente confirmadas (em humanos) por Wilder Graves Penfield e Herbert Henri Jasper (1954), que reconheceram nas crises de ausência (mencionadas antes) "uma oportunidade única para estudar o substrato neuronal da consciência" (p. 480). Seus extensos estudos levaram à conclusão de que as obliterações paroxísticas da consciência só podiam ser seguramente desencadeadas em um local encefálico do tronco superior (que denominavam "sistema centroencefálico"). Também ficaram impressionados com o fato de a remoção de grandes partes do córtex humano sob anestesia local, mesmo a hemisferectomia total, ter efeitos limitados sobre a consciência. A remoção cortical não interrompeu a presença do *self* senciente, do estar consciente, apenas privou o paciente de "certas formas de informação" (Merker, 2007, p. 65). As lesões no tronco encefálico superior, por outro lado, destruíram total e rapidamente a consciência, assim como as convulsões induzidas. Essas observações demonstram um ponto de importância fundamental: *toda* consciência, em última instância, deriva de fontes encefálicas do tronco superior. Em nítida contradição com a suposição corticocêntrica, são as variedades corticais de consciência, na verdade, que dependem da integridade das estruturas subcorticais, e não o contrário.

As observações clássicas que sustentaram essa importante conclusão conseguiram resistir ao tempo, ganhando maior precisão anatômica (para revisão, ver Merker, 2007). Significativamente, o PAG parece ser um ponto nodal no "sistema centroencefálico". Essa é a menor região do tecido cerebral em que os danos levam à obliteração total da consciência. Essa observação ressalta o único fato que *mudou* nas concepções modernas desse sistema: as estruturas profundas que geram o estado consciente são não apenas responsáveis pelo nível como ainda pela qualidade central da existência subjetiva. Os estados conscientes são inerentemente *afetivos*. É essa percepção que agora está revolucionando os estudos da consciência (Damasio, 2010; Panksepp, 1998).

A concepção clássica está de ponta-cabeça. A consciência não é gerada no córtex, ela é gerada no tronco encefálico. Além disso, a consciência não é inerentemente perceptiva, é inerentemente afetiva. E, em suas manifestações primárias, tem menos a ver com a cognição que com o instinto. Nos termos dos paralelos traçados na seção "Representações metapsicológicas do corpo", a conclusão é inevitável: *a consciência é gerada no id* e o ego é fundamentalmente inconsciente. Isso tem implicações enormes para nossa conceituação do ego e tudo o que disso decorre, como nossas teorias de psicopatologia e técnica clínica. Era essa, afinal, a essência da *talking cure* [cura pela fala]: que as palavras – sendo traços mnêmicos do ego derivados da percepção externa, portanto capazes de consciência – devem estar ligadas aos processos mais profundos da mente (que, em si, são inconscientes), antes de poderem ser conhecidas pelo sujeito.

Sólidos mentais

Qual é, então, a contribuição do córtex para a consciência? A resposta a essa pergunta lançará uma nova luz sobre o estatuto metapsicológico do ego. Fica claro, pelos fatos recém-recapitulados, que a consciência ligada ao processamento exteroceptivo de informações não é intrínseca ao córtex, mas, em vez disso, deriva de fontes troncoencefálicas. O córtex sem tronco encefálico nunca pode ser consciente. O processamento perceptivo, portanto, não requer consciência, como é amplamente demonstrado pelas vastas habilidades do "inconsciente cognitivo" (para revisão, ver Kihlstrom, 1996).

Além disso, muito do que tradicionalmente pensávamos estar "conectado" no processamento cortical é, na verdade, *aprendido*. Isso foi bem demonstrado pela pesquisa de Sur e Rubenstein, que apresenta, por exemplo, que o redirecionamento do aporte visual do córtex occipital para o córtex auditivo (em furões) leva à reorganização do tecido deste último para sustentar uma visão completamente eficiente (para revisão, ver Sur & Rubenstein, 2005). A percepção cortical, portanto, não menos que a cognição cortical, está enraizada nos processos de *memória*. De fato, até onde sabemos, todas as especializações funcionais corticais são adquiridas. As colunas do córtex são, inicialmente, quase idênticas na arquitetura neural, e as famosas diferenças nas áreas de Brodmann provavelmente surgem da plasticidade dependente do uso – seguindo os padrões inatos de conectividade subcortical. As colunas corticais se assemelham a *chips* de memória de acesso aleatório (RAM) dos computadores digitais.

A resposta para nossa pergunta ("Qual é a contribuição do córtex para a consciência?"), então, é a seguinte: ele contribui com o espaço mnêmico representacional. Isso permite que o córtex *estabilize* os objetos de percepção, o que, por sua vez, cria potencial para processamento detalhado e sincronizado de imagens perceptivas. Essa contribuição deriva da incomparável capacidade do córtex para formas *representacionais* de memória – em todas as suas variedades, tanto de curto quanto de longo prazo.[9] Com base nessa capacidade, o córtex transforma os estados fugazes e ondulatórios da ativação do tronco encefálico em "sólidos mentais". Gera *objetos*. Freud os chamou de "representações de objeto" – que, ironicamente, predominam naquilo que denominou "sistema inconsciente".

Tais representações estáveis, uma vez estabelecidas pela aprendizagem, podem ser ativadas tanto externa quanto internamente, gerando, desse modo, objetos não apenas para a percepção, mas também para a cognição (a percepção envolve recognição).[10] Para ficar claro: as representações corticais são, em si mesmas, inconscientes; no entanto, quando a consciência é *estendida a* elas (por meio da "atenção"),[11] são transformadas em algo consciente *e* estável, algo que pode ser *pensado* na memória de trabalho. (Não é por acaso que descrevemos a consciência da experiência cotidiana

---

9 Note-se que essa capacidade representacional deriva do "mapeamento" topológico do corpo externo, descrito na seção "Representações neuroanatômicas do corpo".
10 Cf. a memorável expressão de Gerald M. Edelman, "o presente rememorado".
11 Cf. a descrição freudiana do processo: "inervações catéxicas são enviadas e novamente recolhidas, em breves empuxos periódicos, do interior para o totalmente permeável sistema Pcpt.-Cs. Enquanto o sistema se acha em catexia dessa forma, recebe as percepções acompanhadas de consciência e transmite a excitação para os sistemas mnemônicos inconscientes; assim que a catexia é recolhida, apaga-se a consciência e cessa a operação do sistema. É como se o inconsciente, através do sistema Pcpt.-Cs., estendesse para o mundo exterior sensores que fossem rapidamente recolhidos, após lhe haverem experimentado as excitações" (Freud, 2011b[1925], pp. 273-274, trad. modificada). Observem que os "sensores" de percepção de Freud são *inconscientes* até atingirem o sistema cortical Pcpt.-Cs.

como *memória* de trabalho.) A ativação, pelos mecanismos troncoencefálicos geradores de consciência, das representações corticais transforma, então, a consciência de afetos em objetos.[12] A transformação, no entanto, nunca é completa: as representações conscientes ainda devem ser experienciadas *por* um sujeito, e a memória de trabalho contém tipicamente elementos da consciência cognitiva e da afetiva. Surpreendentemente, a maioria dos teóricos cognitivos simplesmente ignora o afeto.

Por que a "memória de trabalho" tem de ser consciente? Já expliquei por que qualquer forma de representação perceptiva é impregnada de consciência: ela dá *valência* às representações ("Eu me sinto assim com relação a isso"). Embora essa formulação derive da concepção de Damasio, em *The feeling of what happens* (1999b), também invoca a noção anterior de Freud (2003[1895]) de que o prosencéfalo é um "gânglio simpático" – ou seja, que a aprendizagem perceptiva só existe porque atende a necessidades vitais (sobrevivência e reprodução). Aprender implica estabelecer associações entre pulsões interoceptivas e representações exteroceptivas, guiadas pelos sentimentos gerados em tais encontros.[13] Isso permite que o sujeito se vire em situações novas. A "presença" afetiva do sujeito é necessária para isso.

Se tais encontros devem ter como resultado mais que respostas instintuais estereotipadas, também requerem *pensamento*. E pensamento implica, necessariamente, *demora*. Essa função (*a demora*) está enraizada em princípio na estabilidade das representações corticais, o que permite que sejam "mantidas em mente".

---

12 É muito importante notar que ela também transforma as próprias representações inconscientes, por meio do processo de "reconsolidação". De fato, as representações só se tornam conscientes na medida em que seus modelos preditivos corticotalâmicos são incertos (isto é, sujeitos a revisão; veja a seguir).
13 Associações de ordem superior (entre as representações) são consideradas a seguir.

O protótipo para isso na metapsicologia de Freud era a "catexia de desejo", que implica uma representação do objeto desejado sendo utilizada para orientar o comportamento em curso. Em um primeiro momento, no entanto, esse comportamento volitivo é regulado diretamente pelo instinto (pelo "princípio do prazer" freudiano e por seu concomitante modo de cognição de "processo primário"). As motivações instintuais são, inicialmente, sem objeto (cf. o conceito de PROCURA, em Panksepp, 1998; Wright & Panksepp, 2012), mas a aprendizagem simpática leva rapidamente à *lembrança* de objetos de desejo que vêm à mente (cf. o conceito de "querer"; Berridge, 1996). Em outras palavras, objetos da experiência passada com valência biológica (desejados, temidos etc.) são tornados conscientes em virtude de sua "saliência de incentivo" (que é determinada, em última análise, por seu significado biológico na série prazer-desprazer – a própria base da consciência). Dessa maneira, se deixado por conta própria, o princípio do prazer produziria aquilo que Freud denominou "realizações alucinatórias de desejo" (o protótipo da cognição de processo primário).[14] É importante observar que o pensamento consciente, por si só, não implica necessariamente seguir o que Freud chamou de "cognição de processo secundário". A realização alucinatória de desejo – o protótipo freudiano do pensamento de "processo primário" – é uma forma de pensamento *consciente*, embora muito primitiva.

Daí a pressão evolutiva e desenvolvimentista para restringir a saliência de incentivo na percepção por meio da *codificação da predição de erros* (é esse o "princípio de realidade" de Freud), que impõe restrições à descarga motora. Essa codificação de erros deve ser regulada, na base, pela função homeostática da consciência afetiva, que determina o valor biológico de todos os objetos de atenção (cf.

---

14 Ver nota 3. Cf. Friston (2012): "Conexões neuronais codificam (modelam) conexões causais, que se aliam para produzir informações sensoriais".

o "princípio da constância" freudiano). A inibição resultante – que ocorre forçosamente na extremidade *motora* (frontal) do aparelho, onde as vazões *devem ser sequenciadas ao longo do tempo* – requer tolerância a emoções frustradas. Essa frustração, que gera ideias novas – e, portanto, novos aprendizados –, assegura uma satisfação biológica mais eficiente a longo prazo. (É esse o conceito freudiano de "ligação".)

O sequenciamento ao longo do tempo, que requer pensar *à frente* (isto é, ação virtual ou programação de ações), define a essência da função executiva da "memória de trabalho" no sentido em que geralmente a teorizamos hoje. Essa função executiva seria denominada, por Freud, pensamento de "processo secundário" (que também conceituou como "ação experimental"). No entanto, o pensamento de processo secundário também envolve outros aspectos do funcionamento cortical que ainda não levamos completamente em consideração (ver seção "Palavras e coisas").

Essa é, então, a função essencial do córtex. Ele gera "sólidos mentais" representacionais e estáveis que, quando ativados (ou "catexizados") pela consciência afetiva, permitem que o id se *imagine* no mundo e pense. Mas os sólidos mentais também ameaçam tirar de vista todo o restante, mesmo na cognição de processo primário. Vamos nos lembrar da caverna de Platão.

Uma surpresa

O processo secundário de Freud se assenta na "ligação" de energias pulsionais "livres".[15] A ligação (isto é, inibição) cria um

---

15 A distinção psicológica freudiana entre energia ligada e energia livre derivou, muito certamente, da distinção física entre energia potencial e energia cinética. Isso resolve um aspecto do "problema mente-corpo" (a suposta violação

reservatório de ativação tônica que pode ser utilizado para melhorar significativamente as funções do pensamento, recém-descritas, que Freud atribuiu ao ego. De fato, a mais antiga concepção do ego freudiana definia-o como uma rede de neurônios "constantemente catexizados" que exerciam efeitos inibitórios colaterais um sobre o outro (Freud, 2003[1895]). Isso impeliu Robin Carhart-Harris e Karl Friston (2010) a equiparar o reservatório do ego de Freud à "rede de modo padrão" da neurociência cognitiva contemporânea. Seja como for, o trabalho de Friston está fundamentado nos mesmos conceitos helmholtzianos de energia que os de Freud (ver Friston, 2010). Seu modelo (em termos de qual erro de predição ou "surpresa" – equiparados à energia livre – é minimizado pela consequente codificação de melhores modelos de mundo, resultando em melhores predições) é inteiramente consistente com o de Freud. Seu modelo reconceitua de forma belíssima o "princípio de realidade" freudiano em termos computacionais, com todas as vantagens que isso implica para quantificação e modelagem experimental. Dessa perspectiva, *a energia livre é um afeto não transformado* – energia liberada do estado ligado ou impedida de entrar no estado ligado por conta de erros de predição (violações do princípio de realidade).

É de extrema importância notar que, no modelo de Friston, o erro de predição – mediado pela surpresa –, que aumenta a saliência de incentivo – e, portanto, a consciência – na percepção e na cognição, *é algo ruim*, biologicamente falando. Quanto mais verídico o modelo preditivo de mundo do cérebro, menor a surpresa, menor a saliência, menor a consciência; quanto mais *automaticidade*, melhor. Lembremos o "princípio do Nirvana" freudiano, que considerou a meta derradeira da vida mental.

---

da lei de conservação da energia, de Hermann von Helmholtz). Por definição, o pensamento (energia ligada) não tem efeitos até que seja descarregado em ação.

O propósito do princípio de realidade, que primeiro deu origem à cognição de processo secundário (inibido), é a automaticidade, *que obvia a necessidade de consciência* – obvia a necessidade de o sujeito "se virar" nas situações.[16] Isso, por sua vez, sugere que o ideal da cognição é renunciar ao processo representacional (portanto, cortical) e substituí-lo pelo processamento associativo – passar do modo de funcionamento episódico para o modo procedimental (portanto, presumivelmente, do córtex para os gânglios da base dorsais). Parece que a consciência na cognição é uma medida temporária: um compromisso. Mas, com a realidade sendo o que ela é – sempre incerta e imprevisível, sempre cheia de surpresas –, há pouco risco de que, ao longo de nossas vidas, realmente atinjamos o estado "zumbi" do Nirvana que agora soubemos, para nossa surpresa, ser aquilo que o ego almeja.

Palavras e coisas

Antes de deixarmos o assunto do córtex, devo salientar que o pensamento de processo secundário envolve características importantes que foram deixadas implícitas nas seções anteriores, especialmente no que diz respeito à resposta retardada. Essas características são atribuíveis a outra coisa que não só à capacidade representacional e inibitória.

As apresentações de objetos desejados que, literalmente, "vêm à mente" no pensamento de processo primário (alucinatório) são, segundo Freud, re-representadas em um nível mais elevado no pensamento de processo secundário. Ele chamou esse nível de "re-presentação de palavra". Freud pensava que o valor das palavras

---

16 Tem-se a tentação de inverter o famoso ditado de Freud e dizer que "um traço mnêmico surge no lugar da consciência" (cf. Freud, 2010a[1920], p. 186).

era que elas, como todas as apresentações cognitivas, derivam da percepção (no caso, principalmente a audição) e, portanto, são capazes de consciência. Esse é o cerne do papel que as palavras desempenham na "cura pela fala". Porém, pelo fato de as palavras terem a capacidade adicional de representar *relações entre* os objetos concretos do pensamento – "não pode ser dada expressão visual às relações que caracterizam particularmente o pensamento" (Freud, 2011a[1923], pp. 25-26) –, também tornam a cognição *abstrata* "declarativa".

O principal valor das palavras, portanto, não é que nos permitem *tornar conscientes* os processos incipientes do id (que Freud pensava ser inconsciente); o mais importante das palavras é sua capacidade de representar as relações entre as coisas, de *re*-representá-las abstratamente. Isso nos permite pensar *sobre* coisas, em oposição a simplesmente pensar coisas (pensar em imagens). Isso sustenta a importantíssima perspectiva de "terceira pessoa", à qual retornaremos em breve.

Outra coisa importante sobre as palavras é a sintaxe. A psicologia das palavras do século XIX (Freud, 2013[1891]) há tempos evoluiu para uma psicologia da *linguagem*. A estrutura da linguagem facilita a programação cortical das respostas retardadas e sequenciadas discutidas anteriormente: "primeiro farei isso, depois farei aquilo". A capacidade da linguagem de manter em mente programas orientados para o futuro define o *modus operandi* da função executiva da memória de trabalho (cf. "conversa interior", termo da psicologia da linguagem). Esse é um caso especial da capacidade das palavras para representar as relações entre as coisas e, assim, tornar conscientes as abstrações. Em resumo, as palavras nos permitem pensar acerca das relações entre as coisas no espaço *e no tempo*. Isso aprimora muito o mecanismo de resposta retardada e, certamente, define a essência daquilo que Freud chamou de pensamento de "processo secundário". Portanto, é importante lembrar que, no segundo modelo topográfico de Freud (2011a[1923]), ele próprio reconheceu que a capacidade do ego para a cognição de processo secundário era sua característica definidora – não sua capacidade de consciência representacional.

O ego reflexivo, o superego

Eu disse, na seção "Representações neuroanatômicas do corpo", que o corpo externo é feito do mesmo material perceptivo que os outros objetos; que o ego corporal é inscrito da mesma maneira que os outros objetos na página da consciência. É uma representação *estabilizada* do sujeito da consciência – um objeto, um sólido mental – experienciado *pelo* sujeito da consciência. Esse sujeito primário da consciência (o corpo-como-sujeito) é o id. É importante reconhecer que o "*self*" corporal é uma *ideia*, embora seja uma ideia cotidiana.[17] É uma representação aprendida do *self*.

A essa representação de objeto, aqui temos de acrescentar uma complicação adicional chamada "Mark Solms" – a representação de palavra –, que não é realmente eu nem é uma imagem animada de mim, mas, isso sim, uma abstração. Para tanto, devo dizer um pouco mais sobre a relação entre a "presença" subjetiva do id e a representação objetiva do corpo.

O sujeito da consciência identifica-se com seu corpo externo (representação de objeto) da mesma maneira que uma criança se projeta no bonequinho animado que controla em um *videogame*.

---

17 É uma ideia cotidiana *na saúde*, que pode degringolar em estados patológicos (por exemplo, experiências extracorpóreas, fenômenos autoscópicos, ideias de referência).

A representação é rapidamente investida de um senso de si, embora não seja realmente o si-mesmo, o *self*.

Eis aqui um experimento impressionante que ilustra vividamente a relação contraintuitiva que realmente existe entre o *self* subjetivo e seu corpo externo. Petkova e Ehrsson (2008) relatam uma série de experiências de "trocas de corpo" nas quais câmeras instaladas sobre os olhos de outras pessoas, ou de manequins, transmitindo imagens desse ponto de vista para óculos de monitoramento de vídeo instalados sobre os olhos dos sujeitos experimentais, rapidamente criaram a ilusão nos sujeitos experimentais de que o corpo da outra pessoa ou do manequim era seu próprio corpo. Essa ilusão foi tão convincente que persistiu mesmo quando os sujeitos projetados apertaram as mãos de seus próprios corpos. A existência da ilusão também foi demonstrada objetivamente pelo fato de que quando o outro corpo (próprio ilusório) e o próprio corpo (real) foram ambos ameaçados com uma faca, a resposta ao medo – a "reação visceral" do corpo interno (medida pela frequência cardíaca e pela resposta galvânica da pele) – foi maior com o corpo ilusório.

A conhecida "ilusão da mão de borracha" (Botvinick & Cohen, 1998), que Tsakiris (2011) descreveu em Berlim, demonstra a mesma relação entre o *self* e o corpo externo, embora de forma menos dramática. A base anatômica de tais fenômenos (que assentam a teoria freudiana do "narcisismo" em novas bases empíricas promissoras) pode estar ligada à bem conhecida imagem por ressonância magnética (IRM) funcional e a outras descobertas, no sentido de que o arranjo topográfico dos homúnculos corticais somatossensoriais e motores (o reconhecido lócus do "ego corporal" freudiano) pode ser facilmente manipulado e estendido, inclusive para incluir ferramentas inanimadas (para revisão, ver Maravita &

Iriki, 2004). Lembremos que o córtex não passa de uma memória de acesso aleatório.

A natureza aprendida do corpo externo é ainda demonstrada por alguns fenômenos impressionantes de "neurônios-espelho". Gallese (2011) nos lembrou, no congresso de Berlim, de que os neurônios-espelho disparam da mesma maneira, independentemente de um movimento ser realizado pelo *self* ou pelo outro (ver também Gallese et al., 1996). Como, então, o *self* diferencia? Como ele sabe se esses movimentos estão sendo realizados por "mim" ou não? Evidentemente, algo deve ser *adicionado* à atividade cortical motora (neurônio-espelho) para que essa distinção seja feita. Parece que esse "algo" é uma inibição frontal concorrente (que suprime a ativação posterior da ínsula). Gallese relatou que pacientes esquizofrênicos não conseguem diferenciar adequadamente entre seus próprios movimentos e os de outros, por lhes faltar essa inibição concorrente (Ebisch et al., 2012).

Isso demonstra novamente, primeiro, que o corpo externo não é um sujeito, mas um objeto; e, segundo, que é percebido no mesmo registro que outros objetos.

Ao fazer essa distinção entre "eu" e "não eu", o papel das *palavras* na consciência reflexiva (também conhecida como consciência secundária, consciência de acesso, consciência declarativa, consciência autonoética, pensamento de ordem superior etc.) descrita anteriormente é essencial. Esse nível abstrato de re-representação permite ao sujeito da consciência transcender sua "presença" concreta e, assim, *separar-se, como objeto, de outros objetos*.[18] O

---

18 De acordo com a teoria do narcisismo, esse processo de separação resulta, inicialmente, em uma cisão fantasiada entre um "eu" introjetado e um "não eu" projetado, fundamentado na distinção prazer-desprazer, e não no princípio de realidade (Freud, 2014a[1925]). Daí o famoso ditado freudiano que diz: "enquanto relação com o objeto, o ódio é mais antigo que o amor" (2010e[1915],

processo parece se desdobrar em três níveis de experiência: (1) o nível afetivo ou fenomenal do *self* como sujeito, também conhecido como perspectiva de primeira pessoa; (2) o nível perceptivo ou representacional do *self* como objeto, também conhecido como perspectiva de segunda pessoa; (3) o nível abstraído ou re-representacional do *self* como objeto em relação a outros objetos, também conhecido como perspectiva de terceira pessoa.

O *self* da experiência cotidiana tende, geralmente, a pensar *sobre* si mesmo da perspectiva de terceira pessoa – em relação a outros objetos, em situações banais como "eu desejei esse movimento" (não a outra pessoa). Só podemos concluir que o *self* da experiência cotidiana é, em grande parte, uma abstração. Isso revela o poder das palavras.

A lacuna não reconhecida entre o *self* subjetivo primário e o *self* "declarativo" re-representacional causa muita confusão. Testemunha disso é o famoso exemplo de Benjamin Libet, registrando um atraso de até 400 milissegundos entre o aparecimento fisiológico da ativação pré-motora e a decisão voluntária de se mover. Isso é tipicamente interpretado de modo a mostrar que o livre-arbítrio é uma ilusão, quando na verdade mostra apenas que a re-representação reflexiva e verbalmente mediada do *self* declarativo que inicia um movimento ocorre um pouco mais tarde que o *self* afetivo (primário), que é quem, na verdade, o inicia. Tal confusão seria evitada se reconhecêssemos que o *self* se desdobra em vários níveis de experiência.

---

p. 79). O objeto "ruim" projetado forma o núcleo do superego ulterior. Mas esse objeto (que Melanie Klein chamou de "superego primitivo") é uma representação em segunda pessoa. A perspectiva de terceira pessoa – que permite, por fim, que o *self* se represente objetivamente, *do ponto de vista do objeto* – abre o caminho para a formação do superego propriamente dito.

Minha principal conclusão agora pode ser reafirmada: o *self* interno, sinônimo do "id" freudiano, é a fonte de toda consciência; o *self* externo, sinônimo do "ego" freudiano, é uma representação aprendida que é, em si mesma, inconsciente – mas que pode ser conscientemente "pensada com" quando catexizada pelo id; o *self* abstraído, que fornece o arcabouço reflexivo para o "superego", também é inconsciente, mas pode conscientemente "pensar sobre" o ego. Como o ego estabiliza a consciência gerada no id, transformando uma porção de afeto em percepção consciente – sólidos mentais (e em consciência *sobre* percepções: representações verbais) –, geralmente *pensamos em nós mesmos* como sendo conscientes.

Isso obscurece o fato de que simplesmente *somos* conscientes, e nosso pensamento consciente (e percepção, que o pensamento representa) vem *constantemente acompanhado de afeto*. Essa "presença" constante do sentimento é pano de fundo de toda cognição, sem a qual a consciência da percepção e a cognição *não poderiam existir*. O sujeito primário da consciência é literalmente invisível; portanto, primeiro precisamos traduzi-lo em imagens perceptivo-verbais, antes que possamos "declarar" sua existência. Não é de admirar, portanto, que seja tão regularmente ignorado. Entretanto, o id só é mudo no sentido glossofaríngeo. Na verdade, constitui o material primário a partir do qual são feitas as mentes; portanto, corremos risco ao ignorá-lo. Como Freud observou certa vez, em um contexto quase oposto: "a qualidade de ser consciente ou não é, afinal, a única luz na escuridão da psicologia das profundezas" (Freud, 2011a[1923], p. 22). Mais tarde, quando confrontado com o rolo compressor behaviorista que estava prestes a jogar para escanteio o trabalho de sua vida, Freud observou que a consciência era:

> *um fato sem igual, que desafia toda explicação e descrição . . . Quando se fala de consciência, porém, cada um sabe diretamente, por experiência muito própria, o*

que se quer dizer com isso. . . . Uma orientação extrema como a do behaviorismo, que surgiu na América, acredita poder construir uma psicologia que desconsidere esse fato fundamental! (Freud, 2018[1940], p. 206, nota 7)

Isso nos leva, então, ao começo. Para restabelecer a diferença entre behaviorismo e psicanálise (a ciência do *sujeito* mental) mais de um século depois de Freud introduzir, pela primeira vez, a noção de uma mente inconsciente – cuja validade é aceita hoje mais amplamente que nunca –, devemos compreender a *consciência*, novamente, como sendo a característica mais fundamental do mental.

Se o id é consciente...

Dar-se conta de que o id freudiano é intrinsecamente consciente tem implicações gigantescas para a psicanálise. Neste capítulo, só posso fazer uma primeira abordagem em relação à enorme tarefa teórica que está agora diante de nós, caso queiramos compreender completamente essas implicações. Vou chamar a atenção para apenas quatro questões problemáticas na metapsicologia freudiana que esta revisão começa a resolver:

1. Expliquei como as representações perceptivas atraem a consciência em virtude de sua saliência e como isso se encaixa na visão freudiana de que a forma mais primitiva de cognição (catexia de desejo do processo primário) implica a realização alucinatória de desejo. Os processos alucinatórios, por definição, devem ser conscientes. Diz-se que essas fantasias de desejo formam o núcleo do sistema inconsciente. Isso só pode significar que o

sistema inconsciente gira em torno de uma rede de fantasias alucinatórias *reprimidas*. Surpreende-me que mais comentaristas não tenham notado que isso implica que "o" inconsciente é derivado de processos perceptivos e cognitivos; que é derivado de experiências inicialmente *conscientes* e da aprendizagem. Que eu saiba, apenas Barry Opatow (1997) reconheceu essa contradição, o que implica que um sistema inato pré-consciente *precede* o desenvolvimento do sistema inconsciente na maturação mental. Não é de admirar que Freud tenha sido obrigado a introduzir o conceito de "id", no qual o "sistema inconsciente" representacional foi reduzido a uma mera porção de id chamada "o reprimido".

2. Se o id é consciente, em que consiste o reprimido? Se mantivermos a visão de Freud de que a repressão diz respeito a processos representacionais, parece razoável sugerir que ela deve envolver o retraimento da consciência *declarativa*. Isso tem o efeito de reduzir um processo cognitivo "episódico" a um processo cognitivo "associativo" (procedimental ou emocional). O sujeito da repressão ainda ativa as apresentações de objetos em questão, mas os vínculos associativos entre eles (as "relações de objetos") não atraem mais a consciência representacional reflexiva. Lembremos que esse era o objetivo original do desenvolvimento do ego: o objetivo de toda aprendizagem é *automatizar* processos mentais – isto é, previsibilidade aumentada e surpresa reduzida. É a saliência biológica dos erros de predição – mediados pela atenção – que requer a "presença" afetiva do id. Tão logo o ego domine uma tarefa mental, o algoritmo associativo relevante é automatizado. Esse poderia ser o mecanismo da repressão: consistiria em um retraimento *prematuro* da consciência reflexiva (da "presença" episódica); na *automatização prematura* de um algoritmo comportamental, antes de se enquadrar. Nesse contexto, enquadrar-se implica obedecer ao princípio da realidade. A automatização prematura, portanto, resulta em constante erro de predição, com liberação associada de

energia livre (afeto), bem como no risco contínuo de o material cognitivo reprimido despertar a atenção. Isso estabelece as bases para um "retorno do reprimido", o mecanismo clássico da neurose. A tarefa terapêutica da psicanálise, portanto, ainda seria desfazer repressões (permitir que os vínculos associativos recuperem o estatuto episódico),[19] a fim de permitir que o sujeito reflexivo domine adequadamente as relações objetais que elas representam e gere programas executivos mais adequados à tarefa, para que eles possam ser legitimamente automatizados. Essa formulação resolve a incômoda disjunção entre o inconsciente dito "cognitivo" e o inconsciente freudiano.

3. Com as muitas afirmações feitas por Freud no sentido de a consciência ser uma função cortical – com o que parecia querer dizer, sobretudo, que é uma função "declarativa" –, sempre reconheceu o papel excepcional do afeto. Por exemplo:

> *ocorre-nos, como uma nova descoberta, que apenas pode tornar-se consciente aquilo que uma vez já foi percepção cs., e que,* excluindo os sentimentos, *o que a partir de dentro quer tornar-se consciente deve tentar converter-se em percepções externas. O que se torna possível mediante os traços mnêmicos.* (Freud, 2011a[1923], p. 24, grifo meu, trad. modificada)

Em outras palavras, embora Freud pensasse que os afetos fossem percepções corticais (interoceptivas), sempre reconheceu que eram *diretamente* sentidos. Não compartilhou a visão de que os afetos primeiro precisassem ser representados exteroceptivamente ou rotulados cognitivamente na memória de trabalho para existir. Aliás, para Freud, os afetos *não podiam* ser representados da

---

19 Cf. o processo de "reconsolidação" mencionado na nota 12.

mesma maneira que os objetos externos. Isso os diferencia de todos os processos cognitivos: "Pois é da natureza de uma emoção que ela seja sentida, isto é, que se torne conhecida pela consciência. A possibilidade de inconsciência *se excluiria totalmente* no caso de sentimentos, sensações, afetos" (Freud, 2010d[1915], p. 115, grifo meu). Espero que os fatos neurocientíficos aqui recapitulados nos ajudem a entender melhor essa observação, que Freud teve o mérito de sempre reconhecer, não obstante as dificuldades teóricas que isso lhe deve ter causado.

4. Já citei a afirmação de Freud: "sensações de prazer-desprazer governam despoticamente as ocorrências no interior do id. Este obedece ao inexorável princípio do prazer" (Freud, 2018[1940], p. 261, trad. modificada). Porém, como o id pode ser governado pelo princípio de prazer se é, em si mesmo, inconsciente; se é desprovido de consciência; se sentimentos de prazer-desprazer são, na verdade, gerados na superfície cortical do ego? Se a consciência afetiva fosse gerada corticalmente, *o princípio do prazer implicaria o controle, de cima para baixo, do id pelo ego*, o que obviamente não pode estar correto. A primazia do princípio do prazer é, portanto, afirmada ao realocarmos a consciência no id, bem como a natureza *inibitória* da influência, de cima para baixo, do ego.

O vislumbre mais profundo

Concluo com um aspecto dos modelos sucessivos da mente freudianos que era mais essencial que o lócus e a extensão da consciência: a concepção fundamentalmente *dinâmica* que Freud tinha dela e a dimensão da *profundidade* (ou hierarquia) na mente. Foi por isso que afirmou repetidamente que o melhor vislumbre que teve foi o de que existem dois estados diferentes de energia mental: um em que a catexia se encontra tonicamente ligada – utilizada para pensar (ação potencial), em vez de para a realização da própria ação – e o outro em que se encontra livremente móvel e urge por ser descarregada: "Acho que essa distinção representa, até agora, nossa mais profunda percepção da natureza da energia nervosa, e não vejo como se poderia evitá-la" (Freud, 2010d[1915], p. 129, trad. modificada).

Essa distinção fundamental é não apenas preservada na revisão que proponho do modelo freudiano, com muitas outras coisas, como também é realçada. O vínculo entre afetividade, de um lado, e "energia livre" de Helmholtz, do outro, parece identificar um fio condutor ao longo da obra de Freud, vinculando-o a Helmholtz, antes dele; e, depois dele (via Feynman), a Friston. Considerando essa e muitas outras perspectivas que se abrem com a redescoberta do cérebro instintual corporificado – que deve, necessariamente, ser restringido pelo cérebro cognitivo, com sua modelagem preditiva –, é difícil imaginar como a neurociência do futuro pode ser outra coisa a não ser psicodinâmica. Estamos realmente vivendo uma Era de Ouro na neurociência. Como a neurociência cognitiva do final do século XX está sendo suplementada pela neurociência afetiva do presente, estamos avançando rumo a uma ciência verdadeiramente *mental* e, finalmente, entendendo que o cérebro não é apenas um objeto de processamento de informações, mas também um sujeito intencional.

Ainda assim, termino com um lamento, e não com um fragor. A neurociência já não é o último tribunal de recurso para a psicanálise mais que a psicanálise o é para a neurociência. O último tribunal de recurso dos psicanalistas é a situação *clínica*. Portanto, os leitores são convidados a verificar as inovações teóricas que apresentei aqui com dados de suas experiências psicanalíticas. Esses novos conceitos conferem realmente mais sentido aos fatos que observamos? É realmente necessário darmos esses difíceis passos em nossa teoria?

Referências

Berridge, K. (1996). Food reward: brain substrates of wanting and liking. *Neuroscience & Biobehavioral Reviews, 20*(1), 1-25.

Blom, J., & Sommer, I. (Orgs.). (2012). *Hallucinations: research and practice.* New York: Springer.

Botvinick, M., & Cohen, J. (1998). Rubber hands "feel" touch that eyes see. *Nature, 391*(756).

Carhart-Harris, R., & Friston, K. (2010). The default-mode, ego-functions and free-energy: a neurobiological account of Freudian ideas. *Brain, 133*(4), 1265-1283.

Craig, A. D. (Bud) (2009). How do you feel – now? The anterior insula and human awareness. *Nature Reviews: Neuroscience, 10*, 59-70.

Damasio, A. (1999a). Commentary. *Neuropsychoanalysis, 1*(1), 38-39. (Sobre "Emotions as viewed by psychoanalysis and neuroscience", de J. Panksepp).

Damasio, A. (1999b). *The feeling of what happens: body, emotion and the making of consciousness.* New York: Harcourt Brace.

Damasio, A. (2010). *Self comes to mind: constructing the conscious brain.* New York: Pantheon Books.

Damasio, A., Damasio, H., & Tranel, D. (2012). Persistence of feelings and sentience after bilateral damage of the insula. *Cerebral Cortex, 23*(4), 833-846.

Ebisch, S. et al. (2012). Out of touch with reality? Social perception in first-episode schizophrenia. *Social Cognitive & Affective Neuroscience*, 8(4), 394-403.

Freud, S. (1986). Carta de Sigmund Freud a Wilhelm Fliess de 1º de janeiro de 1896. In J. M. Masson (Org.), *A correspondência completa de Sigmund Freud para Wilhelm Fliess (1887-1904)* (V. Ribeiro, Trad., pp. 159-163). Rio de Janeiro: Imago. (Trabalho original publicado em 1896.)

Freud, S. (1996). As neuropsicoses de defesa. In *Edição standard brasileira das obras psicológicas completas de Sigmund Freud* (J. Salomão, Trad., Vol. 3, pp. 51-66). Rio de Janeiro: Imago. (Trabalho original publicado em 1894.)

Freud, S. (2003). Projeto de uma psicologia (O. F. Gabbi Jr., Trad.). In O. F. Gabbi Jr., *Notas a projeto de uma psicologia* (pp. 175-217). Rio de Janeiro: Imago. (Trabalho original publicado em 1895.)

Freud, S. (2010a). Além do princípio do prazer. In *Obras completas* (P. C. Souza, Trad., Vol. 14, pp. 161-239). São Paulo: Companhia das Letras. (Trabalho original publicado em 1920.)

Freud, S. (2010b). Complemento metapsicológico à teoria dos sonhos. In *Obras completas* (P. C. Souza, Trad., Vol. 12, pp. 151-169). São Paulo: Companhia das Letras. (Trabalho original publicado em 1917.)

Freud, S. (2010c). Formulações sobre os dois princípios do funcionamento psíquico. In *Obras completas* (P. C. de Souza, Trad., Vol. 10, pp. 108-121). São Paulo: Companhia das Letras. (Trabalho original publicado em 1911.)

Freud, S. (2010d). O inconsciente. In *Obras completas* (P. C. de Souza, Trad., Vol. 12, pp. 99-150). São Paulo: Companhia das Letras. (Trabalho original publicado em 1915.)

Freud, S. (2010e). Os instintos e seus destinos. In *Obras completas* (P. C. de Souza, Trad., Vol. 12, pp. 51-81). São Paulo: Companhia das Letras. (Trabalho original publicado em 1915).

Freud, S. (2011a). O eu e o id. In *Obras completas* (P. C. Souza, Trad., Vol. 16, pp. 13-74). São Paulo: Companhia das Letras. (Trabalho original publicado em 1923.)

Freud, S. (2011b). Nota sobre o bloco mágico. In *Obras completas* (P. C. Souza, Trad., Vol. 16, pp. 267-274). São Paulo: Companhia das Letras. (Trabalho original publicado em 1925.)

Freud, S. (2013). *Sobre a concepção das afasias* (E. B. Rossi, Trad.). Belo Horizonte: Autêntica (Coleção Obras incompletas de Sigmund Freud). (Trabalho original publicado em 1891.)

Freud, S. (2014a). *A negação* (M. Carone, Trad.). São Paulo: Cosac Naify. (Trabalho original publicado em 1925.)

Freud, S. (2014b). *Obras completas* (S. Tellaroli, Trad., Vol. 13). São Paulo: Companhia das Letras. (Trabalho original publicado em 1916-1917.)

Freud, S. (2018). Compêndio de psicanálise. In *Obras completas* (P. C. Souza, Trad., Vol. 19, pp. 189-273). São Paulo: Companhia das Letras. (Trabalho original publicado em 1940.)

Freud, S. (2019). A Interpretação dos Sonhos. In *Obras completas* (P. C. de Souza, Trad., Vol. 4). São Paulo: Companhia das Letras. (Trabalho original publicado em 1900.)

Friston, K. (2010). The free-energy principle: a unified brain theory? *Nature Reviews: Neuroscience, 11*, 127-138.

Friston, K. (2012). The history of the future of the Bayesian brain. *NeuroImage, 62*(2), 1230-1233.

Gallese, V. (2011, 25 de junho). *Bodily selves in relation: embodied simulation and intersubjectivity* [Trabalho apresentado em congresso]. 12th Annual International Neuropsychoanalysis Congress, Berlim, Alemanha.

Gallese, V., Fadiga, L., Fogassi, L., & Rizzolatti, G. (1996). Action recognition in the premotor córtex. *Brain, 119,* 593-609.

Gloor, P. (1992). Role of the amygdale in temporal lobe epilepsy. In J. Aggleton (Org.), *The amygdala: neurobiological aspects of emotion, memory, and mental dysfunction* (pp. 505-538). New York: Wiley-Liss.

Huston, J., & Borbely, A. (1974). The thalamic rat: general behaviour, operant learning with rewarding hypothalamic stimulation, and effects of amphetamine. *Physiology & Behavior, 12*(3), 433-448.

Kihlstrom, J. (1996). Perception without awareness of what is perceived, learning without awareness of what is learned. In M. Velmans (Org.), *The science of consciousness: psychological, neuropsychological and clinical reviews* (pp. 23-46). London: Routledge.

James, W. (1890). *The principles of psychology*. New York: Henry Holt.

Lange, C. G. (1885). *The emotions: a psychophysiological study*. Baltimore, MD: Williams & Wilkins.

LeDoux, J. (1999). Psychoanalytic theory: clues from the brain. *Neuropsychoanalyis, 1*(1), 44-49.

Maravita, A., & Iriki, A. (2004). Tools for the body (schema). *Trends in Cognitive Sciences, 8*(2), 79-86.

Merker, B. (2007). Consciousness without a cerebral cortex: a challenge for neuroscience and medicine. *Behavioral Brain Sciences*, 30(1), 63-134.

Mesulam, M. M. (2000). Behavioral neuroanatomy: large-scale networks, association cortex, frontal syndromes, the limbic system and hemispheric lateralization. In *Principles of behavioral and cognitive neurology* (pp. 1-120). New York: Oxford University Press.

Moruzzi, G., & Magoun, H. W. (1949). Brain stem reticular formation and activation of the EEG. *Electroencephalography and Clinical Neurophysiology*, 1(4), 455-473.

Opatow, B. (1997). The real unconscious: psychoanalysis as a theory of consciousness. *Journal of the American Psychoanalytic Association*, 45(3), 865-890.

Panksepp, J. (1998). *Affective neuroscience*. New York: Oxford University Press.

Penfield, W. G., & Jasper, H. H. (1954). *Epilepsy and the functional anatomy of the human brain*. Oxford: Little & Brown.

Petkova, V. I., & Ehrsson, H. H. (2008). If I were you: perceptual illusion of body swapping. *PLoS ONE*, 3(12), e3832.

Pfaff, D. (2006). *Brain arousal and information theory*. Cambridge, MA: Harvard University Press.

Shewmon, D. A., Holmes, G. L., & Byrne, P. A. (1999). Consciousness in congenitally decorticate children: developmental vegetative state as a self-fulfilling prophecy. *Developmental Medicine and Child Neurology*, 41(6), 364-374.

Solms, M. (1997). What is consciousness? *Journal of the American Psychoanalytic Association*, 45(3), 681-778.

Solms, M., & Panksepp, J. (2012). The id knows more than the ego admits. *Brain Sciences, 2*(2), 147-175.

Strachey, J. (1996). O surgimento das hipóteses fundamentais de Freud (Apêndice de "As neuropsicoses de defesa"). In *Edição standard brasileira das obras psicológicas completas de Sigmund Freud* (J. Salomão, Trad., Vol. 3, pp. 67-72). Rio de Janeiro: Imago. (Trabalho original publicado em 1962.)

Sur, M., & Rubenstein, J. (2005). Patterning and plasticity of the cerebral cortex. *Science, 310*(5749), 805-810.

Tsakiris, M. (2011, 23 de junho). *The neurophilosophy of embodied cognition and agency* [Trabalho apresentado em congresso]. 12th Annual International Neuropsychoanalysis Congress, Berlim, Alemanha.

Wright, J., & Panksepp, J. (2012). An evolutionary framework to understand foraging, wanting, and desire: the neuropsychology of the SEEKING system. *Neuropsychoanalysis, 14*(1), 5-39.

Repetição e transferência

Ana Maria Andrade Azevedo

Em seus primeiros trabalhos sobre técnica, Sigmund Freud não leva em consideração, como um aspecto importante a ser observado e pesquisado, a relação analítica desenvolvida pela dupla analista-analisando. Para ele, nesse momento inicial de sua criação, em todas as relações terapêuticas, e a psicanálise é vista como uma delas, desenrola-se o que denomina "transferência positiva" em relação à figura do médico, o que vai se constituir em um elemento importante no processo de cura (Freud, 1973e[1912]).

Aos poucos, conforme evolui em suas elaborações, principalmente ao observar o "amor de transferência", Freud é levado a considerar que, além da presença da transferência positiva na relação psicanalítica, com suas vicissitudes e peculiaridades, também a possibilidade de uma transferência "negativa" é encontrada a serviço da resistência, dificultadora e impedidora do processo de cura psicanalítica (Freud, 1973f[1914]). A transferência é por ele definida e considerada como uma situação paradoxal que pode funcionar contribuindo com o trabalho e com o desenvolvimento da cura analítica e, em outros momentos, pode se tornar uma projeção de elementos e aspectos indesejáveis do analisando sobre o analista, dificultando a elaboração e agindo como resistência ao trabalho analítico. De veículo facilitador do sucesso analítico a resistência dificultadora do trabalho de análise, a transferência, abordada no trabalho "Recordar, repetir e elaborar", de 1914, passou a ser um elemento importante a ser observado e investigado na situação clínica como um aspecto fundamental da técnica psicanalítica.

De um extenso desenvolvimento levado a cabo por Freud sobre o tema em toda a sua obra, queremos chamar a atenção a um aspecto particular que no atual momento parece-nos merecedor de reflexão. Referimo-nos à relação entre a teoria da transferência e o fenômeno da "compulsão à repetição", enfatizado principalmente no artigo de 1914, o que, de nosso ponto de vista, constitui um aspecto que necessita ser pensado e reconsiderado.

Freud propõe que aquilo que não pode ser lembrado é atuado na relação transferencial analítica. Obviamente, refere-se ao reprimido (memória reprimida) e ao traumático, que ressurge como atuação no processo analítico, sendo possivelmente projetado ou atuado na figura do analista e na situação de análise, constituindo um elemento a ser negado e ignorado pelo analisando. Ao serem consideradas pelo analista, essas projeções e atuações podem ser utilizadas em um processo de construção analítica, vindo a ser oferecidas ao analisando. De acordo com Freud: "Vejo, portanto, a transferência como uma espécie de realidade intermediária entre a doença e a vida real, através da qual a viagem entre uma e outra precisa ser feita" (1973f[1914], p. 374).

A noção de transferência ligada e relacionada à compulsão à repetição, proposta por nós neste texto, remete-nos a um modelo teórico-técnico que supõe algumas reflexões e pressupostos importantes. Só para citar alguns, lembramos a necessidade de retomar a noção de reconstrução histórica, tempo cronológico, desenvolvimento linear, interpretação como elemento revelador e decodificador do passado, convicção e construção etc.

Acreditamos também que certa relação e reflexão entre percepção, alucinação e memória precisa ser desenvolvida, pois muitas vezes a discriminação entre esses fenômenos não parece ser muito clara. Estes fenômenos estão presentes e se repetem no aqui e agora da relação transferencial. A questão do *status* consciente ou inconsciente da memória, principalmente da memória afetiva e a passagem de um estado para o outro, está no uso corrente da noção de transferência, pouco enfatizado e questionado.

Para André Green (1995), por exemplo, a leitura de Freud nos leva a considerar a memória como um elemento inconsciente, ao passo que a percepção é vista como parte dos fenômenos conscientes. Como se dá a estimulação da memória e como elementos inconscientes são tornados capazes de se tornarem conscientes, apesar da repressão e da resistência, é para Green um ponto a ser investigado. O autor chega a propor uma mudança da concepção de localização, pensando no modelo neurológico, para um modelo de categorização, isto é, de grupos organizados, dinâmicos, em lugar de uma referência a elementos fixos isolados.

> *Há certo acordo entre os autores atualmente em relação ao reconhecimento de que a percepção não é um fenômeno passivo e simples. Esta parece ser uma das grandes dificuldades da psicologia cognitiva. A teoria psicanalítica se interessa, sobretudo pelos fenômenos da memória, e é sobre estes que precisamos nos deter. (Green, 1995, p. 42)*

Está implícito nessa colocação que, quando percebemos, imediatamente nossos sistemas de memória são ativados, isto é, a percepção se dá estabelecendo sempre uma referência ao já assimilado anteriormente (Soussumi, 2001; Green, 1995). Nesse sentido a proposta de Green de categorização atende à hipótese já levantada por Freud (1973[1895]) de estratificação.

Todas essas dificuldades, talvez acrescidas de muitas outras, levaram Jean Laplanche e Jean-Bertrand Pontalis (2004) a afirmar em seu dicionário:

> *Existe especial dificuldade em propor uma definição de transferência porque a noção assumiu, para numerosos autores, uma extensão muito grande, que chega ao ponto de designar o conjunto de fenômenos que constituem a relação do paciente com o psicanalista e que, nesta medida, veicula, muito mais do que qualquer outra noção, o conjunto das concepções de cada analista sobre o tratamento, o seu objetivo, a sua dinâmica, a sua tática, os seus objetivos etc. (p. 515)*

De fato, pensamos como Laplanche e Pontalis: a noção se tornou tão ampla que, mais recentemente, até outros fenômenos já descritos por Freud foram esquecidos.

Em trabalho apresentado anteriormente (Azevedo & Pato, 1989) sobre a questão da reconstrução, foi enfatizada a questão da verdade narrativa *versus* verdade histórica, como proposta por Donald Spence (1982), o papel da metáfora e a significação dúbia da memória. Buscou-se uma aproximação da noção de história como elemento mítico em seus aspectos culturais e individualmente (mitos pessoais). Neste momento, estamos mais interessados em propor e apresentar alguns pontos para abrir uma discussão com ênfase nas relações entre transferência e repetição (sistemas de memórias e de percepção), propondo ideias sobre o uso da transferência na técnica psicanalítica.

Embora Freud tenha privilegiado ao longo de sua vida a conceituação de transferência como repetição, como fenômeno à serviço da resistência e elemento presente em toda relação humana, em alguns momentos de sua obra, principalmente em seus primeiros trabalhos (1973a[1895]; 1973b[1896]; 1973c[1900]), apresenta ideias que nos permitem avaliar sua enorme intuição e genialidade criativa.

Em "Projeto para uma psicologia científica" (1973a[1895]), ao tratar a questão dos traumas infantis relacionando-os à memória, Freud diz que apenas um pequeno efeito é produzido na época em que o trauma é vivido, continuando a propor que o importante será o efeito posterior, que terá lugar já numa outra etapa do desenvolvimento, quando uma nova e mais intensa reação terá lugar. Essa nova reação é originada nos traços psíquicos anteriores, já esquecidos e deixados de lado (experiências sexuais infantis, experiências traumáticas) que, posteriormente, quando reativados, produzem reações psíquicas intensas e muitas vezes anormais.

Nesse artigo de 1895, Freud afirma ainda o trabalho com a hipótese de que os mecanismos psíquicos sofrem um processo de estratificação. O que se constitui inicialmente em traços de memória sofre, de tempos em tempos, um rearranjo de acordo com as circunstâncias mais recentes. Mais tarde, em 1896, ele volta a propor que a memória sofre remodelação com o tempo, como uma "nação que constrói legendas sobre sua verdadeira história".

A referência feita por Freud a essa remodelação e rearranjo, segundo alguns autores (Modell, 1990), captura melhor o sentido da palavra alemã por ele utilizada, *Nachträglichkeit*, traduzida para o inglês por James Strachey como "ação postergada" (*deferred action*).

Posteriormente, Freud (1973g[1917]) afirma que o ego constantemente remodela a memória de acordo com as experiências vivenciadas em diferentes momentos. Essa afirmação sem dúvida tem relevância quando pensamos o conceito de transferência, sua relação com a repetição e a reconstrução histórica. Em nossa perspectiva, a percepção é uma informação pouco confiável, pois é sempre afetada por desejos, fantasias e expectativas da pessoa que percebe (por exemplo, a alucinação negativa), sendo possível ou não sua elaboração e catalogação, com posterior armazenamento nos sistemas de memória (inconsciente).

A percepção não espelha fielmente o mundo, nem a memória resgata o passado como tal (Pally, 1997, citado por Doin, 2001). A estruturação e o funcionamento das redes de neurônios, base orgânica do psiquismo, com suas propriedades ímpares permitem compreender a improbabilidade de uma imagem ou representação única, definitiva, para um objeto, ou de uma só versão para um fato.

> *As próprias estruturas neuropsíquicas se modificam ao longo do tempo, se reorganizam anátomo-fisiologicamente para atender a novas exigências pessoais e ambientais, a novos contextos existenciais. A mente, como se sabe, preenche o mundo de intencionalidade, referências objetais, afetos, símbolos, significados, intenções, denotações, conotações, relações variadas e flutuantes; cria representações e soluções imprevistas, alternativas, ambíguas, a serem discriminadas e selecionadas, com maior ou menor sucesso, pelas faculdades mais sofisticadas, especialmente as vinculadas ao córtex pré-frontal.*

Pode-se considerar todo o psiquismo como um acervo imenso de virtualidades, as quais são capazes de se atualizar numa infinidade de expressões, como lembranças, sentimentos, imagens, falas, narrativas, sonhos...
(Pally, 1997, citado por Doin, 2001, p. 694)

Muito provavelmente, grande parte da dificuldade encontrada pela psicanálise de língua inglesa e, consequentemente, a latino-americana, que faz uso da tradução inglesa de Strachey para acompanhar as mudanças no pensamento de Freud, liga-se ao fato de que a ação postergada tem uma conotação e um sentido muito diferente da tradução discutida por Helmut Thomä em 1989. Para ele, o termo *Nachträglichkeit* aponta para um sentido oposto àquele oferecido por Strachey. Trata-se de uma palavra composta que na verdade significa estender ou transferir de um lugar para o outro, em um tempo posterior, acrescentando. A grande diferença diz respeito a concepções variadas da noção de tempo. Na tradução de Thomä, fica praticamente invalidada a noção de tempo linear e, consequentemente, de desenvolvimento psíquico linear.

Consideramos que as propostas de Freud sobre rearranjo e reativação da memória constituem-se em um *insight* e, na verdade, ligam-se às ideias retomadas e propostas por Modell mais recentemente de "retranscrição". Atualmente, essa teoria vem recebendo atenção de vários autores psicanalíticos importantes, além da confirmação inesperada da área da neurociência por parte de Gerald Edelman, prêmio Nobel de Medicina em imunologia, que propõe em suas teorias que a memória não é apenas uma gravação no sistema nervoso da experiência passada; na verdade, a memória é concebida pela neurociência como recontextualização da experiência. O que é armazenado é o potencial de ativar certas categorias da experiência, o que nos remete a uma nova compreensão da função biológica da compulsão à repetição e dos sonhos, incluindo a transferência.

Um ponto importante nos achados de Edelman (1992) nos mostra como a percepção está constantemente fazendo redescobertas, como uma forma de refinamento de categorias já instaladas na memória. Fica claro em seu trabalho que o homem, assim como a natureza à qual pertence, necessita preservar um *continuum* de informações sob a forma de memória, fazendo uso dessas informações como uma espécie de banco de dados ao qual recorre sempre que necessário. No entanto, esse fato em si mesmo não é impeditivo nem impossibilitador de um trabalho mental e psíquico criativo, em que a assimilação do existente adquire novas configurações.

O processo descrito por Edelman (1992) como teoria da seleção dos grupos neuronais (TSGN) aproxima-se da hipótese freudiana de *Nachträglichkeit*. Os mecanismos de deslocamento e condensação seriam as formas essenciais na recategorização da memória, acrescidas, é claro, das informações trazidas pelas novas experiências.

A condensação junta o presente e o passado, criando com base na experiência uma terceira imagem (o terceiro analítico de Green e Thomas H. Ogden). O deslocamento facilita novas categorizações que passam a ser usadas na retranscrição. A condensação e o deslocamento tornam-se as formas por excelência pelas quais as funções de recategorização da memória se dão.

Essas ideias de Edelman vêm sendo estudadas e relacionadas, principalmente, ao trabalho desenvolvido em relação ao fenômeno do sonho e do sono (Green, 1995; Soussumi, 2001; Doin, 2001). Como propôs Green (1995):

> *O sonho é paradigmático porque é um dos raros momentos onde podemos perceber pontos de contato en-*

tre a neurobiologia e a psicanálise. Nos sonhos estes campos se defrontam diretamente e podemos comparar suas aproximações, hipóteses, descobertas e concepções sobre a vida mental. (p. 51)

Outra hipótese que podemos levantar se aproxima da proposta freudiana de considerar o sonho como o "guardião do sono". A necessidade de eliminar estímulos ou satisfazer desejos reprimidos, na verdade, pode ser vista como uma situação específica em que elementos não representados, portanto, não categorizados (que não se constitui em memória), buscam representabilidade e assimilação pelo processo onírico (transformação em elementos alfa, segundo Wilfred Bion, função *"dream-work alpha"*). Essa hipótese de assimilação alcançando a recategorização pode ser vista como uma das funções da "compulsão à repetição", o que pode nos levar a pensar que também existe uma forma de "sonhar na transferência" o elemento ainda não categorizado nem representado.

Propomos que essas possibilidades e novas aproximações podem e precisam ser utilizadas em nossa conceituação e compreensão da noção de transferência, que, de nossa perspectiva, pertence a essa categoria de fenômenos descritos com base na noção de *Nachträglichkeit*.

Modell (1990), ao propor que na repetição há uma redescoberta de categorias de memória, aponta para o alto nível de abstração e generalização muitas vezes presente nesse processo, concluindo que pode vir a tratar-se de uma experiência que resulta em aprendizagem e ampliação do conhecimento. Outro autor que se dedicou a essa questão desde 1970 foi Serge Viderman. Ele propôs a hipótese de que as lembranças surgidas na sessão analítica eram mais construções (Freud, 1973h[1938]) que fatos ligados a um passado. Green também menciona que "o caráter pouco confiável da memória psíquica nos faz pensar no papel importante da imaginação na vida emocional" (1995, p. 45).

Sabemos que essas proposições podem despertar certa controvérsia com alguns colegas; no entanto, pensamos que, em se tratando de hipóteses e não de verdades absolutas, podem ampliar discussão e, por que não dizer, contribuir para uma reflexão crítica necessária à psicanálise. Acreditamos que a psicanálise é, antes de qualquer coisa, uma busca de verdade, porém sabemos que enfrentamos uma situação teórica e clínica muito difícil ao tentar conceituar o que entendemos como verdade em psicanálise.

Em muitas situações, a memória (da história) tem sido utilizada para afirmar e provar a veracidade das hipóteses propostas. Outras vezes, a vitória da realidade sobre o imaginário é enfatizada, sugerindo questões relacionadas à natureza objetiva ou subjetiva da psicanálise. O que tentamos mostrar até aqui foi como esses elementos, a percepção, a memória, nossas versões e perspectivas supostamente objetivas dos fatos, na verdade são elementos precários, provavelmente ultrapassados pela ciência já há algum tempo. Disso, concluímos que o uso na clínica psicanalítica da transferência sofre também os efeitos da ilusão, das fantasias, das projeções e introjeções, da condensação e do deslocamento, tanto do analisando como do analista.

Desse modo, como seríamos capazes de diferenciar a transferência de um sintoma, de uma associação livre, de uma resistência ou de qualquer outro mecanismo de defesa?

Daniel Widlöcher (1996) contribuiu com uma ideia interessante ao discutir a neurose de transferência, caracterizando a transferência como uma exteriorização: "Exteriorizar é viver com o outro uma tensão que vivíamos antes, em nós mesmos" (p. 255). Essa ideia de relação interna nos leva a considerar a noção fundamental de realidade psíquica que Freud também nos ofereceu ao lado da noção de realidade histórica e material. É dessa realidade psíquica que tratamos e à qual nos referimos ao propor uma aproximação entre o fenômeno do sonho e o da transferência. Ambos são fenômenos (talvez processos?) ancorados psiquicamente em dados da percepção, em traços da memória, em acontecimentos passados e presentes; ambos são frutos de um trabalho psíquico de elaboração, transformação e representação. Certamente há diferenças também entre esses dois fenômenos. No entanto, como pretendemos aqui focalizar mais especificamente a questão da retranscrição e da recontextualização, não podemos nos deter em um exame exaustivo entre semelhanças e diferenças.

O sonho nos mostra a cada noite que o investimento pulsional na realidade psíquica é intenso e constante e que o trabalho de elaboração onírica alcança sínteses, significações e representações simbólicas, muitas vezes em si mesmas, criativas e transformadoras da realidade interna psíquica. Green (1975; 1995) e Bion (1992) salientam a importância do trabalho onírico. Em Bion, mais especificamente, é enfatizada a importância da função alpha (*dream-work alpha*), elaborando criativamente elementos alfa, produzindo não só o sonho como também possibilitando o armazenamento na memória de elementos tornados inconscientes pela elaboração onírica.

Se o analista, em uma sessão, interpreta um sonho de seu analisando do ponto de vista de Bion, está propondo um novo sonho, outra elaboração, pois o sonho sonhado, a experiência onírica vivenciada, criou e construiu em si mesma representações que se bastam. Continuar ou não essa experiência no contexto psicanalítico, criando novas significações, é uma possibilidade que depende da dupla analista-analisando.

Aproximamos o fenômeno clínico da transferência do fenômeno do sonho, na medida em que pensamos a retranscrição como uma recontextualização criativa de elementos perceptivos e de memória que alcança, muitas vezes, um resultado novo, em uma busca constante de comunicação interna e externa e de representação psíquica. É necessário interpretá-la? Ou a experiência de transferência já em si mesma significa e representa? Para Green, "Interpretar não é mais apenas dar um sentido... Sonhos, fantasmas, seu universo comum é aquele da representação" (1995, p. 312).

Em Nice, no Congresso Internacional de Psicanálise, Jean-Luc Donnet (2001) contribuiu com algumas das ideias que aqui apresentamos. Afirmou que:

> *transferência não é pura repetição. Ela desloca, investe, introjeta e projeta, mais ou menos discriminadamente. É trabalho psíquico, simbólico ou virtualmente simbolizante. A transferência introduz diferença na repetição, criando um novo acontecimento.* (p. 235)

Assim, não seria talvez possível estabelecer uma ponte entre o que Donnet denomina como virtualmente simbolizante e o que nos mostra Edelman ao propor que o que é de fato armazenado (na memória) é o potencial de ativar certas categorias da experiência? Um potencial que virtualmente poderia ser utilizado na construção de significações simbólicas? Ao mesmo tempo, Donnet nos alerta para o risco sempre presente de que a interpretação da transferência se constitui em um fim em si mesmo, buscando satisfazer um desejo e muitas vezes funcionando como uma indução do analista frente ao paciente. Em outras vezes, interpretar constantemente a transferência, em termos de uma busca por reconstrução histórica, pode também estar a serviço de um modelo de psicanálise "oficial e clássico", ainda hoje presente em várias escolas psicanalíticas. Donnet propõe que os aspectos positivos e os negativos de uma constante interpretação da transferência devem ser considerados.

Na verdade, há muito tempo Freud tinha chamado a nossa atenção para a ambiguidade inevitável presente na interpretação da transferência, pois nesse momento (da interpretação) hipótese e fenômeno não se distinguem mais. Widlöcher (1996) também considera a questão da interpretação da transferência e salienta como pode vir a ser vivida como uma intrusão do analista na intimidade do analisando, que mais estimula a resistência que produz mudança. Assim, "Comunicar ao paciente uma interpretação da transferência é privá-lo de uma certa satisfação interiorizada que lhe permite aquela vivência, aí encontraremos necessariamente maior resistência" (pp. 255-256).

Após nosso contato com alguns dos trabalhos aqui mencionados, fomos levados a considerar, concordando com muitos desses autores que, para uma interpretação constante da transferência, necessitamos rever e talvez renovar nossa concepção da situação analítica, levando em conta as recentes contribuições que vêm sendo oferecidas, provindas de dentro do campo analítico e de outros campos e disciplinas afins.

Aos poucos, conforme foi possível desenvolver essas ideias, pensamos que há uma enorme diferença entre interpretar a transferência e trabalhar na transferência. De fato, estamos o tempo todo trabalhando com nossos analisandos, imersos em um campo em que a transferência nos engloba, assim como engloba toda a situação analítica e o processo psicanalítico que se desenrola. Colocar essa condição em palavras, centralizando na pessoa do analista as interpretações, ou seja, verbalizar tudo o que se passa na sessão como "transferência", parece ser uma situação muito diferente e questionável tecnicamente, dependendo do referencial teórico-clínico adotado.

Na verdade, a noção de transferência e sua interpretação parecem constituir no momento uma "fonte de mal-estar metodológico" (Donnet, 2001, p. 234) na medida em que o contexto em que surgiram e que determinou sua conceituação já não existe mais como tal.

Referências

Azevedo, A. M., & Pato, L. (1989). A história como mito: a articulação do passado no presente. In *Mitos* (Vol. 1). Lima: Editora da Sociedade Peruana de Psicanálise.

Bion, W. R. (1965). *Transformations*. London: Maresfield.

Bion, W. R. (1992). *Cogitations*. London: Karnac.

Doin, C. (2001). A psicanálise e as neurociências: os sonhos. *Revista Brasileira de Psicanálise, 35*(3), 687-716.

Donnet, J. L. (2001). A regra fundamental e a situação de análise. *Revista Brasileira de Psicanálise, 35*(2), 227-242.

Edelman, G. M. (1992). *Bright air, brillant fire*. New York: Basic Books.

Freud, S. (1973a). *Proyecto de uma psicología para neurólogos*. (Obras Completas, Tomo I, pp. 209-276). Madrid: Biblioteca Nuova. (Trabalho original publicado em 1895.)

Freud, S. (1973b). *Nuevas observaciones sobre las neuropsicoses de defensa*. (Obras Completas, Tomo I, pp. 286-298). Madrid: Biblioteca Nuova. (Trabalho original publicado em 1896.)

Freud, S. (1973c). *La interpretación de los sueños*. (Obras Completas, Tomo I, pp. 243-720). Madrid: Biblioteca Nuova. (Trabalho original publicado em 1900.)

Freud, S. (1973d). *Consejos al médico en el tratamiento psicoanalítico*. (Obras Completas, Tomo II, pp. 1654-1660). Madrid: Biblioteca Nuova. (Trabalho original publicado em 1912.)

Freud, S. (1973e). *La dinámica de la transferencia*. (Obras Completas, Tomo II, pp. 1648-1653). Madrid: Biblioteca Nuova. (Trabalho original publicado em 1912.)

Freud, S. (1973f). *Recuerdo, repetición y elaboración*. (Obras Completas, Tomo II, pp. 1683-1688). Madrid: Biblioteca Nuova. (Trabalho original publicado em 1914.)

Freud, S. (1973g). *Lecciones introductorias al psicoanálisis*. (Obras Completas, Tomo II, pp. 2123-2402). Madrid: Biblioteca Nuova. (Trabalho original publicado em 1917.)

Freud, S. (1973h). *Compendio del psicoánalisis*. (Obras Completas, Tomo III, pp. 3379-3418). Madrid: Biblioteca Nuova. (Trabalho original publicado em 1938.)

Green, A. (1975). *The analyst, simbolization and absence in the analytic setting* (On changes in analytic practice and analytic experience). *International Journal of Psycho-Analysis, 56*, 1-22.

Green, A. (1995). *La Causalité Psychique*. Paris: Odile Jacob.

Laplanche, J., & Pontalis, J. (2004). *Vocabulário de psicanálise*. São Paulo: WMF Martins Fontes.

Modell, A. (1990). *Other times, other realities: towards a theory of psychoanalytic treatment*. London: Harvard University Press.

Pally, R. (1997). Memory: brain systems that link past, present and future. *International Journal of Psycho-Analysis, 78*, 1223-1234.

Soussumi, Y. (2001). Sonhos: uma visão neuropsicanalítica. *Revista Brasileira de Psicanálise, 35*(3), 665-685.

Spence, D. (1982). *Narrative truth and historical truth.* New York: W. W. Norton.

Thomä, H. (1989). *Freud's concept of "Nachträglichkeit" and its translation* [Trabalho apresentado em congresso]. Symposium on Translation and Transition, Londres, Inglaterra.

Viderman, S. (1979). The analytic space: meaning and problems. *Psychoanalytic Quarterly, 48*(2), 257-291.

Widlöcher, D. (1996). *Les Nouvelles cartes de la Psychanalise.* Paris: Odile Jacob.

Processo psicanalítico: estrangeiro e exílio

Antonio Sapienza

Introdução

Como ponto de partida, apresento uma constatação quando atendemos pacientes em sessões de psicanálise e observamos com bastante frequência a seguinte transformação: sintomas psicossomáticos passam a se manifestar com características de dinâmica somatopsicótica. De um modo conciso, acontece em essência esta passagem no paciente:

Psicossomático a somatopsicótico

Em um de seus seminários clínicos na Sociedade Brasileira Psicanálise de São Paulo (SBPSP), Wilfred Bion (1965; 2004) usou linguagem corporal para transmitir a passagem referida. Esticando os braços na direção do público presente e expondo, inicialmente, as palmas de suas mãos, representou o somático, e mostrando os dorsos das mãos simbolizou o psicótico.

Nesse momento, quero destacar para nós, analistas, os cuidados que devemos ter com a preservação de hábitos mentais, pois nenhuma análise é completa, incluindo a dos analistas, por mais intensa e extensa que seja. Até o final de nossas vidas, vai ser mantido o conflito entre as partes psicóticas e as partes não psicóticas de nossas personalidades. Sinteticamente, as partes psicóticas de nossas personalidades, como resíduos de ruínas de um desastre protomental, contêm a seguinte tríade de vetores emocionais: arrogância, curiosidade sem limites e estupidez. Tais vetores são mantidos em condições clandestinas potencialmente ativas (Bion, 1965; 2004).

Assim, é necessário que o profissional tenha condições de oferecer suporte emocional e mental, colaborando com leituras de penetração progressiva de sucessivas camadas do paciente, até alcançar esse foco nuclear subterrâneo e torná-lo consciente. Suas características guardam estrita conexão com experiências de natureza traumática.

Como conjunção constante, o arco da vida humana pode ser representado, geometricamente, como o percurso entre dois acidentes traumáticos de base, denominados cesuras por Sigmund Freud. Resumo da seguinte maneira:

Cesura do nascimento à cesura da morte (Freud, 1996b[1926]; Bion, 1965; 2004)

Ao longo desse arco geométrico projetivo, sucedem-se ciclos de vida em espirais demarcadas por outras cesuras que passo a expor brevemente: *recém-nascido, infância, desmame, linguagem verbal, movimentos de engatinhar, ficar em pé e andar, adolescência, saída progressiva do lar, escolaridade, juventude, namoros, casamento, eventual divórcio, novo casamento, maturidade, velhice.* A cesura de morte constitui um fenômeno em suspense e pode ocorrer em quaisquer dos ciclos resumidamente enumerados, podendo incluir também a *vida embrionária*, como aborto, e *a vida fetal*, como *morte fetal*, *prematuridade extrema* e *natimortalidade*. Tal cesura mantém-se em suspense e constitui um evento marcante e inevitável de nossa mortalidade certa.

A passagem de cada cesura vem acompanhada das características de transição e requer elaboração, como trabalho de luto, com riscos de perdas e eventuais ganhos. Ao encontrar continente consistente e dotado de *rêverie*, as dores de perdas podem tornar-se relativamente suavizadas. Falências e colapsos podem ocorrer nessas travessias, com armazenamentos contendo graus variáveis de forças que geram *agonias*. Reservas de agonia são resguardadas por *balizas*, as quais delimitam espaços com altas concentrações de energia em estado não consciente.

Os territórios subterrâneos contêm elevados potenciais energéticos dotados de alta violência implosiva e/ou explosiva, como focos que abrigam *terror sem nome*. Podem permanecer encapsulados em maior ou menor grau, como ameaçadores núcleos autistas, os quais podem ser reativados de modo suave, em ritmo lento e progressivo, ou de maneira súbita, como uma explosão (atômica, vulcânica, *tsunami* e terremoto).

As memórias traumáticas guardam analogia com os denominados membros-fantasmas observados em cirurgias de amputação de membros, no campo de traumatologia e ortopedia, quando as partes amputadas podem continuar a ser vivenciadas como existentes. Observações iniciais correspondentes foram registradas pelo médico norte-americano Silas Weir Mitchell (1829-1914) e, desde então, têm sido registradas também na clínica médica em pacientes com distúrbios neurológicos, feridos de guerra e com alterações metabólicas, como ocorre em graus crescentes em pessoas com diabetes melito. A reabilitação precoce e o uso de próteses constituem medidas paliativas (American Medical Association, 2003, p. 981).

Busca do desastre mental primitivo

O trabalho de luto requer capacitação de ordem simbólica para que o analista transforme a fenomenologia de amostra biológica e corporal em significados de linguagem simbólica e poética, guardando cuidados com linguagem de precisão, ao usar modelos pertinentes baseados em vértices específicos quando científico, estético ou mítico-religioso. A cada sessão, a dupla analítica visa apurar a capacidade de aprender da experiência emocional em clima de intimidade e privacidade; analisando e analista usam basicamente suas sondas específicas dirigidas ao universo desconhecido diante da oscilação representada basicamente pela oscilação das posições esquizoparanoide e depressiva, representadas sinteticamente por Ps↔D. A própria condição do encontro, ao pesquisar e investigar em psicanálise, desencadeia turbulência emocional, acompanhante inevitável para a parceria alcançar e conseguir crescimento mental.

Nos últimos quinze anos de sua vida, Melanie Klein (Hinshelwood & Fortuna, 2018) ressaltou a importância da posição depressiva e o valor das manifestações defensivas de natureza psicótica, as quais têm movimentos derivados dos desastres mentais por *splitting*, ou seja, violento estilhaçamento da personalidade, contendo material atômico de forte natureza energética.

Passo a formular uma sequência, com auxílio das recomendações de Bion (ver Sapienza, 2016). O analista deve acompanhar o paciente de modo delicado e firme até conseguir abordar tais camadas profundas, por meio de passos que se aproximam aos estudos de paradigmas da geologia, podendo recolher amostras representativas das ruínas de uma antiga civilização. Deve efetuar a limpeza do material recolhido e, com o manejo de um pincel de pelos de cauda de elefante, limpar suavemente o material selecionado para, em um segundo tempo, longe do campo de origem, montar e colorir lâminas com as amostras colhidas no campo da pesquisa. Com isso, ao longo de percursos de suficientes sessões, pode ganhar condições de ler a microscopia com visão binocular, agora com o paciente. Esses passos e tratamentos subsequentes podem ainda ser comparados com o estudo de uma biópsia cirúrgica e com o estudo microscópico em momento diferenciado daquele ligado ao campo original.

Diante das evidências de dores mentais não evacuadas, a atenção da parceria busca aprofundamento consciente de diálogo que permita sustentação de equipamento com capacitação de suportar acréscimos de dores mentais, visando conter pressa de interpretação, linha de fuga e evasão.

O analista pode, fora da sessão, realizar exercícios de "grade" para focalizar o trânsito gradativo no material clínico: memória (coluna 3) à atenção (coluna 4) à indagação (coluna 5). Desse modo, são apreendidos os enganos, as ilusões e também o sonhar com *rêverie*, supostos elementos de contratransferência. O estado de mente acordado com o uso dessa estratégia possibilita a retomada e a ampliação de suas funções analíticas de continente com *rêverie*. Penso, ainda, que há certa equivalência entre continente com *rêverie* (Bion, 1977) e a função de *holding* e interpretação proposta por Donald W. Winnicott (1974), ao destacar a seguinte tríade como valioso instrumental para o psicanalista: gesto espontâneo, objeto transicional e dependência.

Releitura de memórias traumáticas

As contribuições de Sándor Ferenczi (1990[1932]), cujo teor é revelado principalmente nas notas de seu *Diário clínico*, apresentam interessante e original abordagem de memórias traumáticas, são momentos em que valoriza a linguagem poética em busca de compreensão e abertura de renovados significados. Verifica-se que a parceria analítica pode romper o automatismo e a robotização de jogos perversos e vingativos, conseguindo desmanchar os enovelados núcleos trágicos comandados pela lei de talião. Em "Reflexões sobre o masoquismo", Ferenczi (1932) determina que o analista e o analisando podem mirar uma figura mítica entranhada, como a Medusa, e fisgá-la com um arpão, extraindo-a do mundo interno do paciente e libertando-o das inibições de torpor mortífero.

Klein (1957) acompanhou minuciosamente a evolução da posição depressiva e investigou os fatores que favorecem as funções de simbolização, diferenciando-os dos desvios das denominadas equações simbólicas. Hanna Segal (1957; 1981; 1983) aprofundou-se nessa valiosa distinção para, com Bion, gerar pensamentos de salvação e restauração.

O leitor pode ser surpreendido ao ler o final dos *Seminários italianos*, de Bion (2017[1977]), apresentados originalmente em Roma (Itália), em julho de 1977. Nesses seminários, Bion intuiu estar sendo convidado a exercer funções de natureza messiânica na dinâmica grupal e, com sincera vitalidade, declamou o poema "Ozymandias", de Percy Bysshe Shelley. Em sua apresentação, declinou com sutileza ao velado convite para ocupar o lugar de Messias Salvador e passou a recitar sua identificação e destino com um faraó desmantelado e abandonado, sem poderes nas areias de um deserto.

My name is Ozymandias, king of kings:
Look on my works, ye mighty, and despair!
Nothing beside remains: round the decay
Of that colossal wreck, boundless and bare,
The lone and level sands stretch far away.[1]

Nessa mesma linha narrativa, destaco o clamor de Freud em "Análise terminável e interminável" (1996c[1937]) ao usar prudentemente nossa capacidade de mapear com o analisando uma "construção" para, assim, conter intempestiva pressa em interpretar, afastando-se da onisciência de "sujeito de suposto saber", "como adivinho que acredita tudo conhecer e que a tudo se expõe". Desse modo, é possível alcançar condições de realização, uso e ampliação da intuição treinada psicanaliticamente.

Recomendo a leitura pausada de duas autobiografias de Bion publicadas em *Uma memória do futuro*: "O longo fim de semana", de 1982, e "Todos os meus pecados relembrados", de 1985. Podem ser interessante nutriente para cada analista tanto em leitura na solidão de seu ateliê como em leituras feitas com grupos de analistas, as quais podem servir de plataforma para alcançar novos voos em áreas geradoras de evocativos *insights*. Assim, o analista pode escapar de duas tentações sofridas por Ícaro, ao sair do labirinto com seu pai Dédalo, que não levou em conta com suficiência tais vicissitudes em seu voo de libertação, seja de deslumbramento e cegueira causados pelo Sol, seja de sua trágica imersão e afogamento nas ondas do mar.

---

1 Meu nome é Ozymandias, rei dos reis: / Contemplem minhas obras, ó poderosos, e desesperai-vos! / Nada resta: junto à decadência / Das ruínas colossais, ilimitadas e nuas / As areias solitárias e inacabáveis estendem-se à distância.

Os sofrimentos psicossomáticos, na experiência de clínica psicanalítica, são acompanhados de vivências semelhantes aos sintomas encontrados no tratamento de pacientes *borderline*, bem como em momentos francamente psicóticos, dominados por alucinoses e delírios. Os momentos de transferência e contratransferência nessas circunstâncias contêm ciladas e perigos crescentes na sala de análise. Acompanham-se graus crescentes de *splitting*, e os participantes sentem-se estranhos e estrangeiros, contendo vivências em graus variáveis de não pertinência e de aprisionamento em contínuo estado de exílio (Salmon, 1917; Davoine & Gaudillière, 2004; Shephard, 2000).

Entre 1945 e 1960, em seus últimos quinze anos de vida, Klein enfocou de modo consistente e competente a luta pela libertação gradativa da destrutividade de mecanismos psicóticos precoces (Klein, 1957; Bion, 1985). Suas observações baseadas em experiência clínica foram realizadas por incursões com instrumental que nos alerta para a complexidade relacionada a abordagem e compreensão derivadas da emanação desses núcleos perpetuados por momentos de *splitting*, quando a personalidade é continuamente ameaçada de vir a ser reduzida a estilhaços, os quais estão dotados de um crescendo teor de franca energia atômica livre.

Exílio de Dante e A divina comédia

Neste momento da escrita, passo a considerar as recomendações de Bion (1960; 1962) sobre o terceiro princípio do funcionamento mental destacando as seguintes etapas: (1) capacidade de sentir; (2) capacidade de pensar os sentimentos; (3) capacidade de pensar os pensamentos relativos aos sentimentos. Aplico essas consignações aos estados de mente e os relaciono, basicamente, aos escritos de Dante Alighieri (1265-1321) como poeta exilado de Florença (Itália) e à sua obra-prima *A divina comédia*.

Os círculos do inferno

A obra *A divina comédia* é dividida em três partes: "Inferno", que contém 34 cantos, "Purgatório" e "Paraíso", que têm 33 cantos cada. No total, o livro é composto de cem cantos.

A invocação eficaz de Dante obtém a companhia generosa do poeta morto Virgílio, que passa a ser seu advogado de defesa. A compaixão se revela por meio de Virgílio que, a cada final de sabatinas de violenta tortura mental, fecha um círculo, quando carrega Dante exausto e desmaiado em seus braços, para que possa respirar ar livre e se desintoxicar. Assim, a cada descida, é possível suavizar os terrores desencadeados por parte dos perseguidores que torturam e inculpam o poeta maltratado, já réu, em pleno processo de reconstituição de sua expulsão e exílio de Florença por conta da guerra com seus inimigos políticos e sua derrota nesse confronto.

Dante investiga o grau de criminalidade relacionada a uma questão ética, ao desenvolver interrogatórios envolvendo autoridades e personalidades que fazem parte de sucessivos e crescentes jogos de terror. Tais vivências correspondem ao que atualmente tem como modelo a máfia. Um roteiro com o título "Quem está na máfia?" é proposto por Robert D. Hinshelwood e Thomaz Fortuna no capítulo 18 do livro *Melanie Klein: The Basics* (2018, pp. 135-142).

Recomendo ainda a leitura atenta e cuidadosa do capítulo VI, intitulado "O poeta no exílio: 1302-1310 – Iniciada a *Comédia*", da biografia de Lewis (2002, pp. 98-136). Nele, o autor apresenta Dante, que, em estado de grande turbulência, após ser exilado e receber a sentença de morte, perambula pelo interior da Toscana e termina sua peregrinação na noite do Sábado de Aleluia. Dante permaneceu em Verona em exílio do final de 1312 até meados de 1318. Nesse período, revisou a parte "Inferno" da obra *A divina comédia*, escreveu "Purgatório" e adiantou consideravelmente a composição de "Paraíso". Em 1319, deixou Verona e partiu para Ravena.

Em *A divina comédia*, chega o momento em que Virgílio e Dante devem partir. Dante segura-se ao pescoço do mestre e, juntos, descem ao derradeiro precipício. Penetram em uma "vereda escusa" a fim de "voltar do mundo à face clara". Passam a subir e saem para rever as estrelas. Veja, mais adiante, o recorte do poema no item "O Paraíso".

Dante escreve *De vulgari eloquentia* entre 1302 e 1305, em que discorre sobre história romana e invoca a declaração de Cristo diante de Pilatos, que lava as mãos, deixando que o povo escolha entre Jesus Cristo e o assaltante Barrabás, e a multidão prefere a libertação de Barrabás, iniciando-se então as torturas e a flagelação do Cristo, que proclama o seguinte: "O meu reino não é deste mundo" (João 18:36, 2002, p. 1890).

No texto *Vita nuova*, publicado pela primeira vez em 1294, Dante deixou de escrever sobre Beatriz por um tempo, mas prometeu escrever no futuro "a respeito dela o que jamais foi dito de mulher alguma".

Talvez possamos ainda cogitar insinuação análoga em futura montagem descrita por Meg Harris Williams (2019) em "Cleopatra's Monument", ao ressaltar o uso de jogos e fantasias envolvendo encantos, seduções, traições e vinganças descritas nas paixões da tragédia *Antônio e Cleópatra*, de William Shakespeare (1605-1607).

Desfecho de *A divina comédia*

Sobre o desfecho da obra de Dante, recomendo a leitura do capítulo "Ravena: 1318-1321". Em "Paraíso", Dante ascende como uma seta, e Beatriz conclui essa fase de instrução de Dante com um discurso sobre o livre-arbítrio.

Na vida real, são renovadas as ordens de ataques a Dante. Determina-se o confisco de seus bens e a sentença de morte a seus três filhos, Jacopo, Pietro e Antonia. Antonia permanece em Florença, ao lado da mãe, Gemma, vivendo na pobreza até 1318, quando resolve ir para um convento.

Sabe-se que, em Ravena, girava ao redor de Dante uma espécie de círculo literário e intelectual. Santo Tomás de Aquino (1225-1274) foi a mente mais profícua encontrada por ele em seus estudos. Na jornada da salvação, tema extremo de Dante em sua obra-prima, a visão compartilhada por Aquino e Dante pode ser resumida desta forma: "A graça não destrói a natureza, antes a aperfeiçoa" (Santo Tomás de Aquino, "Summa Theologiae", I, q. 65, a. 5). Assim, a graça inflama, eleva e faz crescer.

Os dois panegíricos são dirigidos por Dante ao frade Francisco de Assis e a Domingos Boaventura, fazendo ecoar o duo de temas centrais em Dante: amor e guerra.

Em "O Empíreo", Dante ascende a uma região além da existência física, o chamado Empíreo (cantos XXX a XXXIII). Beatriz deixa Dante com São Bernardo, e São Bernardo reza a Maria em nome de Dante. Finalmente, Dante fica de frente com o próprio Deus e compreende as naturezas divina e humana. Sua visão está além da compreensão humana. Deus aparece como três círculos que representam o Pai, o Filho e o Espírito Santo com a essência de cada parte de Deus, mas cada um separado. Dante então tenta compreender como os círculos se encaixam, como o Filho é separado, mas ainda uno com o Pai, mas, como o próprio Dante coloca, este "não é um vôo para as minhas asas".

Na sequência da *Divina comédia*, Dante se defronta com um ancestral, Cacciaguida que teria sido seu trisavô por parte materna e teria lutado na Segunda Cruzada (1147-1149). Cacciaguida narra um pouco da história de Florença. Dante indaga-o sobre sua própria sorte e este lhe responde que o poeta vai ser banido de Florença e que o ato está sendo planejado pelo Papa Bonifácio VIII. Além disso, Cacciaguida oferece-lhe instruções celestiais: "conclua seu poema e faça-o circular" (p. 193).

Após esse encontro, Dante vivencia a visão da Virgem Maria e, depois de receber a coroa do anjo Gabriel, ascende aos céus. Segundo Beatriz, a última esfera do Paraíso é o *Primum Mobile*, origem de todo o tempo e espaço, ponto de partida do universo. O poeta está na presença da Luz Divina. Nesse momento, a beleza de Beatriz transcende qualquer limite. Os redimidos formam então as pétalas de uma imensa rosa.

É possível conjeturar que cada indivíduo preserve uma Bíblia pessoal e familiar, com graus variáveis de rígido tribunal, que visa a focalização dos pecados veniais e mortais sem tréguas, acumulando acusações torturantes, as quais compõem intensa persecutoriedade, com vetores de *forte destrutividade suicida/assassina que entretêm terror sem nome, geradores de culpa automática e tantalizante*. Cada analisando poderia contrapor-se a essa submissão e encontrar uma nova pista para desintoxicar-se das armadilhas moralistas e, assim, recompor-se e produzir pensamentos de salvação e restauração, alcançando momentos de integridade e harmonia na companhia do analista. O aprendizado renasce por meio de novas formas de concepção, por meio de expansão mental e resolução dos pecados em categorias significativas de transformações, com a colaboração da *rêverie* do analista.

Esta representação de evolução da posição depressiva pode ganhar a seguinte configuração: C à D à E à F à G à H. Trata-se de uma cadeia evolutiva desde pensamento-sonho (categoria C) e subsequente evolução para preconcepção (D), até alcançar E (concepção), em seguida conceito (F), sistema dedutivo científico (G) e finalmente cálculo algébrico (H) (Bion, 1984[1962]). Recomendo o exame da Grade de Bion, referencial valioso por conter correlações amplas dos numerais {1, 2, 3, 4, 5, 6... n} no eixo horizontal e categorias [A, B, C, D, E, F, G, H] no eixo vertical. Trata-se de precioso instrumento que possibilita ampliar a realização da teoria das transformações proposta por Bion.

Essa teoria pode ganhar conjunção com o modelo mítico da Fênix, que renasce das cinzas, com fertilidade dirigida agora por um Deus benevolente que dispensa ênfase em culpa persecutória de mananciais mítico-religiosas judaico-cristãs derivadas do chamado "pecado original". O ato sexual pode estar prenhe de condenação por suposta culpa que é derivada do ato de transgressão envolvido na proibição de cópula do casal primitivo. Adão e Eva, ao ousarem desafiar Deus e comer da maçã, fruto da árvore proibida, por indução de Satanás, qual serpente demoníaca, sofrem as consequências de um conjunto de castigos: "expulsão do Paraíso, necessidade de trabalhar e de ganhar o pão com o suor do rosto, para a mulher a experiência de parir com dor, para o casal a experiência da morte" (Gênesis 3:22-24, 2002, pp. 37-39).

Há um arquivo secretamente morto e que vinha se mantendo trancado a sete chaves, o qual contém as memórias do advogado Schreber, o qual sofrera um conjunto de violências educacionais paternas, semelhantes a lavagem cerebral e deslocadas por "ação divina direta" ao seu psiquiatra, inicialmente idolatrado. Sua internação em hospital para psicóticos, após o suicídio de seu irmão, é descrita pelo próprio Schreber em "Memórias de um doente dos nervos", depoimento por escrito para ilustração de tentativas e projetos de "assassinato da alma" com sutis acusações feitas ao autoritarismo educacional de seu pai e agora revividas com o psiquiatra, ditador e perseguidor nos desencontros da não tão incomum reação terapêutica negativa (RTN). Talvez Schreber também tenha incluído suas captações desde incursões de um pano de fundo da política nazista então embrionária e posteriormente vigente na Alemanha. Sobre isso, leia também as valiosas observações de Freud (1996a[1911]) no volume 12 da *Edição standard* (pp. 9-82).

O Paraíso

A parte "Paraíso" teve circulação imediata em algum momento de 1320. É concluída com uma invocação às estrelas. Segue-se recorte do poema já mencionado.

> *Da fantasia a força me fugiu:*
>
> *e qual roda a girar, em voltas belas,*
>
> *para outros rumos a alma me impeliu*
>
> *o Amor que move o sol, como as estrelas*
>
> *(Alighieri, 1976, p. 816)*

Barcos de Veneza e Ravena se encontraram em plenas águas do mar Adriático. Suas tripulações entraram em choque violento, e posteriormente seguiu-se uma missão de paz. No regresso a Ravena, Dante decidiu fazer parte da viagem por terra.

Dante, então, despede-se de Virgílio. Manifesta vivência de forte impacto ao deparar com Beatriz no início do Paraíso terrestre e dá continuidade à sua viagem, buscando alcançar realizações e aproximações do Paraíso celeste. Talvez aqui possamos cogitar e encontrar as bases de uma narrativa desde a Bíblia judaico-cristã, em que o mito da Virgem Mãe Maria pode constituir-se em uma fonte de indagações em sutil contraste com o chamado pecado original da tradição judaico-cristã.

Dante consegue obter *insights* atribuídos à Divina Providência, deixando em reserva as indagações a respeito de que Deus se trata, em razão da transmissão do mistério da Imaculada Conceição, livre de pecados. Transfere sua perplexidade em face dessa indagação filosófica e mítico-religiosa ao filósofo e teólogo São Bernardo de Claraval.

Dante morreu em Ravena na madrugada de 14 de setembro de 1321, aos 56 anos. O corpo, coroado de louros, foi levado à igreja de São Francisco, na mesma cidade. No século XV, os florentinos, que então aclamavam Dante seu sumo poeta, deram início a uma tentativa de tomar posse dos ossos e trasladá-los a Florença; entretanto, não obtiveram sucesso, pois os monges franciscanos transferiram secretamente os ossos da tumba, e eles só foram redescobertos em 1865.

Agora, Dante descansa na igreja de São Francisco em digno sepulcro, onde está gravada a imagem do poeta em baixo-relevo, criação do escultor e arquiteto Pietro Lombardo, datada de 1485. O epitáfio, escrito logo após sua morte, fala de suas jornadas e canções e do exílio a que lhe submetera Florença, a "mãe indiferente". O túmulo está no interior de um lindo templo construído em 1780 pelo arquiteto Camillo Morigia (1743-1795).

Referências

Alighieri, D. (1976). *A divina comédia*. São Paulo: Edusp/Itatiaia.

American Medical Association. (2003). *Complete medical encyclopedia*. New York: Random House Reference.

Bíblia de Jerusalém. (2002). São Paulo: Paulus.

Bion, W. R. (1959). Attacks on linking. *The Psychoanalytic Quarterly*, 82(2), 285-300.

Bion, W. R. (1960). *Attention and interpretation*. London: Tavistock.

Bion, W. R. (1962). *Learning from experience*. London: William Heinemann Medical Books.

Bion, W. R. (1965). *Transformations*. London: Heinemann.

Bion, W. R. (1977). *Two papers: the grid and caesura*. Rio de Janeiro: Imago.

Bion, W. R. (1984). A Theory of Thinking. In *Second Thoughts* (pp. 110-119). London: Karnac. (Trabalho original publicado em 1962.)

Bion, W. R. (1985). *All My Sins Remembered: Another Part of a Life and The Other Side of Genius: Family Letters* (ed. F. Bion). Abingdon, UK: Fleetwood Press.

Bion, W. R. (2004). *Transformações: do aprendizado ao crescimento* (P. C. Sandler, Trad.). Rio de Janeiro: Imago.

Bion, W. R. (2017). *Seminários italianos*. São Paulo: Blucher. (Trabalho original publicado em 1977.)

Davoine, F., & Gaudillière J.-M. (2004). *History Beyond Trauma*. New York: Other Press.

Ferenczi, S. (1990). *Diário clínico*. São Paulo: Martins Fontes. (Trabalho original publicado em 1932)

Freud, S. (1996a). O caso Schreber. In *Edição standard brasileira das obras psicológicas completas de Sigmund Freud* (Vol. 12). Rio de Janeiro: Imago. (Trabalho original publicado em 1911)

Freud, S. (1996b). Inibições, sintomas e ansiedade. In *Edição standard brasileira das obras psicológicas completas de Sigmund Freud* (Vol. 20). Rio de Janeiro: Imago. (Trabalho original publicado em 1926)

Freud, S. (1996c). Análise terminável e interminável. In *Edição standard brasileira das obras psicológicas completas de Sigmund Freud* (Vol. 23, pp. 216- 253). Rio de Janeiro: Imago. (Trabalho original publicado em 1937)

Hinshelwood, R. D., & Fortuna, T. (2018). *Melanie Klein: the basics*. London: Routledge.

Klein, M. (1957). *Envy and Gratitude*. London: Tavistock.

Salmon, Thomas W. (1917). *The care and treatment of mental diseases and war neuroses ("shell shock") in the British army*. New York: War Work Committee of the National Committee for Mental Hygiene.

Sapienza, A. (2016). *Reflexões teórico-clínicas em psicanálise*. São Paulo: Blucher.

Segal, H. (1957). Notes on symbol formation. *The International Journal of Psychoanalysis*, 38, 391-397.

Segal, H. (1981). *The work of Hanna Segal: a Kleinian approach to clinical practice*. New York: Jason Aronson.

Segal, H. (1983). Some Implications of Melanie Klein's Work: Emergence from Narcissism. *International Journal of Psychoanalysis*, 64(3), 269-276.

Shephard, B. (2000). *A War of Nerves: Soldiers and Psychiatrists in the Twentieth Century*. Cambridge, MA: Harvard University Press.

Williams, M. H. (2019). *O vale da feitura da alma: o modelo pós-kleiniano da mente e suas origens poéticas*. São Paulo: Blucher.

Winnicott, D. (1974). The Fear of Breakdown. *International Review of Psychoanalysis*, 1, 103-107.

Neuropsicanálise: articulação necessária e fértil[1]

Maria Beatriz Simões Rouco

A transdisciplinaridade pode favorecer a psicanálise?

Sigmund Freud (2001h[1940])[2] responderia que sim, pois foi o primeiro a tentar fazer neuropsicanálise. Ele concebeu um aparelho neurológico (2001i[1950/1895]), com base em seus estudos sobre a afasia (1973[1891]) e sobre a histeria (2001a[1895]) (Rouco, 2006). Abandonou-o por falta de provas científicas que sustentassem sua construção hipotética e dedicou-se à clínica. Fundou a psicanálise sobre os conceitos de inconsciente, energia, pulsão e aparelho psíquicos, definindo-a como a psicologia das forças dinâmicas que atuam nas profundezas da alma. Os aparelhos,

---

1 Uma versão anterior deste artigo, intitulada "Id, ego e self", foi apresentada na Jornada Imunidade-Memória-Trauma promovida pela Diretoria de Atendimento à Comunidade da Sociedade Brasileira de Psicanálise de São Paulo (SBPSP) em 27 de abril de 2018.

2 Como a data da publicação original é muito importante para estudiosos da história da psicanálise, tais anos foram indicados entre colchetes em todas as referências, logo após o ano de publicação da obra consultada.

psíquico e neurológico, seriam paralelos e igualmente extensos no espaço, sendo sua única coincidência o sistema percepção-consciência atribuído ao córtex cerebral (Freud, 2001e[1920], p. 24; 2001f[1923], p. 21).

As seguintes citações[3] extraídas de seu artigo "Esquema da psicanálise" (Freud, 2001h[1940])[4] comprovam que suas concepções originais foram guiadas por seu anseio de renovar o espírito científico dominante em sua época (Freud, 2001g[1933], pp. 154, 158, 166), caracterizado pelo conflito entre os reducionismos materialista e idealista gerados pelo pensamento moderno, e assim articular os conhecimentos psicanalítico e neurológico e oferecer nova resposta para a questão corpo-mente e o sofrimento humano.

> *A psicanálise estabelece uma premissa fundamental... do que chamamos nossa psique (vida anímica), nos são conhecidos dois termos: em primeiro lugar o órgão corporal e cenário dela, o encéfalo (sistema nervoso), e por outro lado, nossos atos de consciência, que são dados imediatamente e que nenhuma descrição nos poderia transmitir. (Freud, 2001h[1940], p. 143)*

> *Há um acordo geral de que esses processos conscientes não formam uma série sem lacunas ... de sorte que não havia outro expediente que adotar o suposto de uns processos físicos ou somáticos concomitantes ao psíquico, aos quais parece preciso atribuir perfeição*

---

3 Todas as citações de Freud e Solms foram traduzidas por mim, do espanhol e do inglês, respectivamente.
4 Em tradução livre da autora. No Brasil, o texto já foi publicado como "Esboço de psicanálise", pela Imago, "Compêndio da psicanálise", pela L&PM, e "Compêndio de psicanálise", pela Companhia das Letras e pela Autêntica [N.E.].

> *maior, pois alguns deles têm processos conscientes paralelos e outros não. (Freud, 2001h[1940], p. 155)*
>
> *Supomos que a vida anímica é função de um aparelho ao qual atribuímos ser extenso no espaço e ser composto por várias peças . . . [e] que esses processos concomitantes presumidamente somáticos são o psíquico genuíno. (Freud, 2001h[1940], pp. 143, 156)*
>
> *Enquanto a psicologia da consciência nunca superou aquelas séries lacunares, que evidentemente dependem de outra coisa, a concepção segundo a qual o psíquico é em si inconsciente permite configurar a psicologia como uma ciência natural entre as outras [ciências]. (Freud, 2001h[1940], p. 156)*

No entanto, a proposta inovadora de Freud suscitou novas questões. Leopoldo Fulgencio (2017, p. 267), por exemplo, afirma que Donald W. Winnicott rejeitou a metapsicologia especulativa de Freud [pulsão, energia e aparelho psíquicos] e propôs uma teoria factual e descritiva do desenvolvimento psíquico "sem deixar de ser psicanalista". De fato, como pediatra e psiquiatra infantil, Winnicott teve a possibilidade de diferenciar o desenvolvimento saudável e patológico por meio da observação direta da relação mãe--bebê, em vez de reconstruí-lo pela análise de neuróticos adultos.

Entretanto, suponho que os conceitos "especulativos" de Freud, além de se basearem em seus conhecimentos neurológico e psicanalítico, também foram determinados por seu desejo de alinhá-los às descobertas científicas de sua época. Falam a favor dessa hipótese suas questões sobre se a energia psíquica seria uma modalidade de energia física e se a sexualidade dependeria da ação de hormônios. Cogito, inclusive, se o conceito de pulsão de morte (Freud, 2001e[1920]), teria sido estimulado pelas pesquisas sobre a desintegração (entropia) e o decaimento radioativo da matéria (meia vida) que, em 1908, rendeu a Ernest Rutherford (1871-1937) o prêmio Nobel de Química. Também não considero especulativo o conceito de aparelho psíquico. Entendo que a topologia e a organização estrutural do psiquismo, propostas por Freud (2001f[1923]), pareavam a função mental com a organização anátomo-funcional do aparelho nervoso (tronco, diencéfalo e córtex). Como neurologista, ele sabia que as estruturas e funções psíquicas, diferenciadas por ele, são processadas por diferentes subsistemas neurológicos. Também Winnicott (1993[1949]) propôs um sistema psíquico integrado por soma, psique e mente (Rouco, 2001, 2011b, 2012c), insistindo que as duas últimas dependiam da saúde do tecido cerebral, atribuiu a consciência ao ego, vinculou ambos ao córtex cerebral e comparou o ego a um "aparelho eletrônico" (Winnicott, 1982b[1962], p. 55).

Nesse contexto, é bom lembrar: que o termo "aparelho", apesar de sua aparente conotação mecânica, era usado por Freud e Winnicott com o significado de sistema funcional; que ambos se apoiaram em seus respectivos conhecimentos de neurologia e pediatria para criar e desenvolver a psicanálise; que suas teorias resultaram da fecunda transdisciplinaridade; e que a neuropsicanálise não pretende reduzir toda a complexidade da conduta humana à função cerebral ou ao patrimônio genético, porque eles são fatores necessários, mas não suficientes para explicar os desenvolvimentos do corpo, psique e mente. A neuropsicanálise é uma instigante fonte de questões e conhecimentos científicos, que favorece o diálogo da psicanálise com as neurociências e nos possibilita interrogá-las com base no conhecimento que temos sobre a importância das relações humanas para o desenvolvimento da pessoa, da mente, da cultura e da própria ciência.

A contribuição inovadora de Mark Solms

O psicanalista e neurologista Mark Solms (1997, 2013), profundo conhecedor da obra de Freud, vem tornando realidade o sonho dele. Com sua participação pioneira, nasceu a neuropsicanálise, propondo articular as conquistas dessas duas perspectivas científicas em uma visão mais complexa e crítica. Porém, uma vez que a psicanálise e a neurologia já haviam se encontrado na valorização do processamento mental inconsciente (com acepções diferentes, pois é recente o desenvolvimento das neurociências das emoções e sua crítica ao cognitivismo), a neuropsicanálise teve de lidar com a pergunta oposta – como explicar "o mistério da consciência" (Searles, 1998) – e enfrentar a questão crucial – como conceber a relação cérebro-mente.

Deveríamos optar pela redução materialista da mente ao cérebro, pelo paralelismo psicofísico de Freud (2001d[1915], pp. 204-206), pela correlação neurofisiologia e experiência mental de Solms (1997) ou pela hipótese de ser a mente uma função emergente e mais complexa que se desenvolve codeterminada pelo potencial genético do indivíduo e pela cultura na qual ele se forma (Bunge, 2002)?

Se o cérebro causa a mente, como explicar o mistério da consciência?

No artigo "O que é consciência?", Solms (1997) rebate a concepção radicalmente materialista de que o cérebro causa a mente. Esse mistério seria gerado pela concepção acrítica de causalidade. Freud (2001d[1915]), ao propor que a atividade mental é em grande parte inconsciente e ao equiparar consciência e percepção, estabeleceu as bases para negar definitivamente essa crença. É possível, pois, diferenciar dois modos de perceber nosso corpo: a percepção subjetiva de nossas experiências internas e a percepção objetiva de nosso corpo como visto pela neurologia e por nós mesmos (Rouco, 2011a, 2012b). Solms (1997) contesta o suposto mistério da consciência, argumentando que as observações científicas do cérebro não passam de percepções objetivas do funcionamento cerebral que precede a emergência da experiência subjetiva. Seu estatuto heurístico é equivalente ao das percepções subjetivas obtidas pela introspecção. Desse modo, a consciência deixa de ser misteriosa, pois objetivamente se percebe todo o encadeamento de ocorrências que começam com uma interação social, passam pelo processamento neurológico, resultam em uma percepção subjetiva e terminam na expressão de uma nova conduta. Esses fenômenos são percebidos sucessivamente em razão da complexidade da mente.

Solms (1997), como Freud (2001d[1915], p. 167), rebate a redução materialista do psíquico, adotando o idealismo de Immanuel Kant. Ele recupera a unidade cérebro-mente, entendendo que suas percepções subjetiva e objetiva se referem a uma mesma realidade em si mesma incognoscível. Porém, em "O id consciente", Solms (2013) diferencia consciência emocional (perceptiva) e racional (reflexiva), o que me permitirá questionar ser a realidade subjetiva incognoscível em si mesma (Rouco, 2013b).

O id consciente?

Freud (2001h[1940]) hesitou se deveria atribuir a qualidade de consciência a afetos da série prazer-desprazer. Chamou-os de "sensação" para distingui-los das percepções conscientes. Apesar de admitir que é "certo que também recebemos notícias conscientes do interior do corpo, os sentimentos, e ainda que estes exerçam um influxo mais imperioso sobre nossa vida anímica do que as percepções externas", Freud (2001h[1940], pp. 159-160) não deixou de concluir:

> Uns processos conscientes na periferia do ego, e inconsciente todo o outro no interior: esse seria o estado de coisas mais simples que deveríamos adotar como suposto. Acaso seja a relação que exista entre os animais, no homem se agrega uma complicação em virtude da qual também processos interiores do Eu podem adquirir a qualidade da consciência. Isto é obra da função da linguagem.

Acreditando ser o córtex a sede da consciência, Freud (2001f[1923]) assentou sua nova teoria estrutural sobre a afirmação: "o ego é primeira e principalmente um ego corporal, não só um ser de superfície, mas ele próprio a projeção de uma superfície" (p. 27). Assim, desconsiderou as sensações interoceptivas, privilegiou a participação das sensações proprioceptivas e exteroceptivas na formação da imagem do corpo, atribuiu a representação das diferentes sensações ao córtex cerebral e considerou que todas elas só se tornariam conscientes por meio de sua ligação com representações de palavra. Emoções e sentimentos seriam descritivamente inconscientes. Ego e córtex seriam responsáveis pela percepção subjetiva e objetiva do corpo, incluindo a percepção de como os outros nos veem. Nesse momento, Freud ignorou a questão do estatuto das emoções e desconsiderou ser o sentimento de si (*self*) uma modalidade de consciência primária, cognoscível em si mesma, apesar de previamente já ter dito:

> É que o fato de que um sentimento seja sentido, e, portanto, que a consciência tenha notícia dele, é ine-

> *rente a sua essência. A possibilidade de uma condição inconsciente faltaria então por inteiro a sentimentos, sensações, afetos. Mas na prática psicanalítica estamos habituados a falar de amor, ódio, fúria etc., inconscientes, e ainda achamos inevitável a estranha combinação "consciência inconsciente de culpa" ou a paradoxal "angústia inconsciente". Tem esse uso linguístico maior significado aqui que no caso da "pulsão inconsciente"? Na realidade, as coisas se apresentam neste caso dispostas de outra maneira. Antes de tudo, pode ocorrer que uma moção de afeto ou de sentimento seja percebida, mas erradamente. Pela repressão de seu representante genuíno foi compelida a se enlaçar com outra representação, e assim a consciência a toma por exteriorização dessa última. (Freud, 2001d[1915], pp. 173-174)*

Nessa passagem fica evidente que o termo "consciência" está sendo usado com duplo sentido: como consciência perceptiva, a experiência emocional vivida, e como consciência reflexiva, aquela que observa os sentimentos e os nomeia (Rouco, 2011a, 2012b; Stern, 2007, pp. 146-147). Mais adiante, Freud (2001d[1915], p. 175) afirma "a luta permanente entre os sistemas, *Cc* e *Icc*, em torno do primado sobre a afetividade". O recalcamento (Freud, 2001c) visa reduzir o conflito entre eles, mas dificilmente é bem-sucedido, pois as emoções e os sentimentos são expressões legítimas do verdadeiro *self* que teimam em se manifestar (Rouco, 2013a, 2013b).

"O id consciente"

Atualmente, Solms (2013) contesta ser o ego a sede da consciência, pois a neurologia comprova que o funcionamento do córtex cerebral é não-consciente. Cita inúmeras pesquisas e observações de pacientes que sofreram danos irreversíveis nele e inclusive anencéfalos que prestam atenção e se relacionam com o outro exprimindo estados emocionais. Isso ocorre porque a atenção e as emoções dependem da atividade do tronco cerebral e diencéfalo, regiões mais antigas do cérebro às quais Freud (2001d[1915]) atribuiu as expressões "inconscientes" do id. Solms afirma ser o id consciente e questiona ser a consciência dos estados afetivos dependente da linguagem, pois:

> *O sistema de excitação associado com o corpo interno gera um aspecto da consciência diferente do associado com a percepção externa, e, além disso, o aspecto interno é pré-requisito para o aspecto externo. Quando a consciência endógena é obliterada a consciência hexógena também é obliterada, mas o contrário nunca ocorre.* (Solms, 2013, p. 6, destaques do autor, tradução minha)

A importância do diálogo transdisciplinar

Segundo António Damásio (2018), afetos e emoções, como heranças filogenéticas, são intrínsecos ao cérebro. Afetos são percepções interoceptivas de estados de prazer-desprazer que indicam o equilíbrio ou desequilíbrio homeostático do corpo. Esse processo é essencial para a sobrevivência de todos os seres vivos. Emoções são configurações de sentimentos, expressões faciais e corporais, ações e relações objetais que visam satisfazer necessidades vitais na relação com o mundo físico e social. São desencadeadas pelo desequilíbrio homeostático e/ou por situações ambientais.

Jaak Panksepp (1998, p. 50) estudou a organização neuronal de sete sistemas emocionais básicos de todos os mamíferos: curiosidade, sexualidade, cuidado materno, brincar, ódio, medo e luto. A psicanálise também estuda essas emoções na intimidade do relacionamento intersubjetivo, estando mais habilitada a conhecer a complexidade sentimental das relações interpessoais. Por isso, penso que ela pode se beneficiar das correlações estabelecidas pela neuropsicanálise. Aprimorar seu diálogo com as ciências a fará mais respeitada pela sociedade, favorecerá a comunicação e aceitação de seus conhecimentos sobre fenômenos mais complexos e de sua ética humanista, e lhe permitirá argumentar melhor contra os excessos simplificadores do cognitivismo materialista.

A psicanálise não alinhou sua concepção de instinto com a das ciências, que há muito deixaram de defini-lo como forças e sim como padrões de conduta passíveis de adaptação à realidade (Lorenz, 1983). Aparentemente, ela só considera instintivos a sexualidade, o ódio e o medo, não afirmando a origem genética da curiosidade (impulso epistemofílico), da devoção materna, do apego infantil, do brincar e do luto, padrões afetivo-emocionais estudados por Melanie Klein, John Bowlby e Donald Winnicott. Cabe à psicanálise compartilhar com as ciências seu conhecimento sobre expressões emocionais (amor, posse, erotismo, identificação com o agressor, luto, ressentimento, inveja e reparação etc.) de organizações mais complexas e limitar o reducionismo científico ao demostrar que a cultura do relacionamento intersubjetivo é necessária ao desenvolvimento tanto da pessoa, da mente e da cultura, quanto de seu corpo e seu cérebro.

A importância da experiência clínica psicanalítica

A melhor maneira de mostrar a contribuição significativa que o pensamento transdisciplinar de Solms (2013) oferece à psicanálise e o que ela tem a oferecer às demais ciências é responder a seu apelo para que comparemos suas afirmações teóricas com nossas experiências clínicas, para verificar se dão melhor sentido aos fatos observados. No meu entender, sua afirmação de ser o id a fonte da consciência contribui para que a psicanálise vincule as emoções humanas a sua origem filogenética, deixe de assimilar a expressão emocional involuntária ao inconsciente, passe a entender a consciência perceptiva gerada pela experiência emocional como uma modalidade de conhecimento implícito e reconheça o valor reparador e promotor de desenvolvimento emocional das experiências emocionais intersubjetivas compartilhadas no momento presente na situação analítica (Rouco, 2013a, 2013b; Stern, 2007).

Quando Freud (2001d[1915], p. 174) afirmou ser o psíquico inconsciente, atribuiu as lacunas da consciência ao processo de recalcamento de representações-palavra que se ligavam a afetos desabonados. Assim, afirmou o conflito sobre o primado da afetividade na origem da psicopatologia e da transferência bem antes que a neuropsicologia cognitiva se interessasse pelas emoções. Entendo que se Freud teorizou as manifestações do inconsciente como quantidades de energia psíquica e não como emoções doadoras de sentidos intrínsecos a toda experiência, isso decorreu do fato de ele se dedicar à clínica das neuroses e constatar como o recalcamento mascarava as expressões emocionais, levando sua tensão a se apresentar sob outras roupagens; e também por sua valorização da cura pela fala no processo de conscientização (Freud, 2001b, 2001c).

Adotei a abordagem de Winnicott (1990) justamente porque ele observou diretamente a maturação emocional do bebê e salientou como o cuidado materno empático, dedicado à satisfação das necessidades vitais dele, é essencial para que ele afirme seu verdadeiro *self* a partir de seu potencial inato de auto-organização. A devoção, que permite a mãe monitorar e regular o equilíbrio homeostático do bebê sintonizando empaticamente suas manifestações afetivo-emocionais, é expressão de seu instinto materno, mas seus cuidados despertam a participação do bebê no mundo intersubjetivo e interpessoal.

Contradições no pensamento winnicottiano

Winnicott (1982b[1962]), porém, às vezes também se rendeu à tradição:

> *No corpo de um recém-nascido anencefálico podem ocorrer acontecimentos funcionais, inclusive* localização instintiva... *que seriam denominadas vivências da função do id, se houvesse um cérebro... Contudo, sem aparelho eletrônico não há vivência, e consequentemente não há ego.* Normalmente o funcionamento do id não é perdido; ele é reunido em todos os seus aspectos e passa a ser vivência do ego. *Assim, não faz sentido usar a palavra "id" para fenômenos que não são registrados, catalogados, vivenciados e eventualmente interpretados pelo funcionamento do ego. O ego se oferece para estudo muito antes da palavra* self *ter relevância. A palavra em questão aparece depois que a criança começou a usar o intelecto para examinar o*

que os demais veem, sentem ou ouvem e o que pensam quando se encontram com esse corpo infantil (p. 55, destaques meus).

Nessa citação, Winnicott considera que sem córtex não há ego e que sem ego integrado não há consciência de si, portanto, não há *self* nem id. Como atribui as vivências do id e suas interpretações ao ego, pensa que a criança anencéfala não tem sentimentos. Dá um caráter superegóico e adaptativo ao *self*, quando afirma que ele se refere à avaliação intelectual que a criança faz ao perceber como os outros a percebem. Contudo, a posse dessas capacidades exige que o ego/*self* já esteja integrado, o que permite à criança distinguir eu e outro, estabelecer relações interpessoais e se preocupar em como é avaliada. Isso significa que ela já atingiu o estágio da consideração (*concern*).[5] Porém, se o id seguisse e não antecedesse a emergência do ego, como afirmou Freud (2001f[1923]), o repertório emocional genético não participaria da organização do ego e não originaria sentimentos de *self*. Como a mãe sintonizaria as necessidades do bebê se ele não as sentisse e expressasse? Se fosse assim, a consciência de si seria sempre racional e alienada dos próprios sentimentos, como um falso *self*?

É curioso que o próprio Winnicott (1982a[1958]), em artigo anterior, havia descrito estágios evolutivos da experiência de si mesmo como os sentimento de eu, eu sou e eu sou só, e afirmado que somente na última fase a criança observa e se preocupa com a avaliação de seus pais. Isso sugere que a formação saudável do superego é posterior à do ego, desde que o bebê tenha sido sustentado pela mãe devotada. Só então a criança é capaz de se surpreender com seus impulsos espontâneos, desaprovados no estágio em que

---

5 Sobre ser mais adequado traduzir *concern* por consideração, consultar Rouco (2014b).

se encontra, a ponto de exclamar: "O que foi isso (id) que eu fiz? O que foi isso (id) que me deu?" (Rouco, 2014a, p. 15). A posteriori desaprovação racional de experiências instintivas não conflita com a teoria de que o id é originário. Pelo contrário, a confirma, pois é o sentimento de si que dá sentido emocional à vida, às palavras, e fundamenta a autêntica reflexão racional (Rouco, 2014b).

As inconsistências teóricas no pensamento de Winnicott sugerem a luta que travava com a tradição psicanalítica para afirmar um novo modo de pensar e fazer psicanálise. Winnicottianos repudiam a identificação id-*self* imputada a Winnicott por Bollas (1992, p. 21): "Acredito em um erro parcial de Winnicott ao vincular o conceito de *self* verdadeiro ao id e a noção de falso *self* ao ego". Mas Winnicott (1982c[1960], p. 128) de fato afirmou:

> A mim pareceria que a ideia de um falso self, que é uma ideia que os pacientes nos dão, pode ser discernida nas formulações iniciais de Freud. Particularmente relaciono o que divido em self verdadeiro e falso com a divisão de Freud do self com uma parte que é central e controlada pelos instintos (ou pelo que Freud chamou de sexualidade, pré-genital e genital), e a parte orientada para o exterior e relacionada com o mundo.

Na penúltima citação (supra, p. 132), Winnicott (1982b[1962], p. 55) considerou ser instintiva a conduta de localização, e nesta (Winnicott, 1982c[1960], p. 128) aceita o papel dos instintos no desenvolvimento do verdadeiro *self*. Porém, como supõe que sem córtex não há ego e sem ele não há *self*, nem id, conclui que a criança anencefálica não tem um self senciente, o que Solms (2013, pp. 10-12) contesta. Como reconheço o valor e a variedade de condutas instintivas que compõem o repertório inato que permite ao bebê lidar com as demandas fundamentais da sobrevivência em sociedade, discordo da crítica de Bollas (1992). O verdadeiro *self* depende da satisfação dos instintos do id (Rouco, 2013a, 2013b), e Winnicott não identificou todo o ego ao falso *self* e, sim, apenas as condutas submissas que prejudicam a realização de seu potencial genético de autoafirmação.

Winnicott (1982b[1962], p. 55, destaque meu) afirma que "*normalmente o funcionamento do id não é perdido; ele é reunido em todos os seus aspectos e passa a ser vivência do ego*". Mas se o potencial de auto-organização é genético por que motivo o ego emergiria mais tarde e as experiências afetivo-emocionais seriam reunidas a posteriori? Quando Winnicott (1982c[1962], p. 128) substitui o termo ego por *self* e afirma que o *self* central é controlado pelos instintos, significa que os aspectos invariantes da consciência de si gerada pelos impulsos instintivos do bebê e pelas experiências de satisfação deles pela mãe amorosa promovem a emergência do ego como um novo nível de auto-organização, como afirma Stern (1992[1985], pp. 33 a 163)?

Em seguida, Winnicott (1982b[1962], p. 129) salienta a importância de distinguir necessidades do ego e do id, fazendo outra afirmação intrigante:

> *Deve-se ressaltar que ao me referir a satisfazer as necessidades do lactente não estou me referindo à satisfação de instintos. Na área em que estou examinando os instintos não estão ainda claramente definidos como internos ao lactente. Os instintos podem ser tão externos como o troar de um trovão ou uma pancada. O ego do lactente está criando força e, como consequência, está a caminho de um estado em que as exigências do id serão sentidas como partes do* self, *não como am-*

bientais. Quando esse desenvolvimento ocorre, a satisfação do id torna-se um importante fortificante do ego, ou do self verdadeiro, mas as excitações do id podem ser traumáticas quando o ego ainda não é capaz de incorporá-las, e ainda é incapaz de sustentar os riscos envolvidos e as frustrações experimentadas até o ponto em que a satisfação do id se torne um fato.

Como os instintos podem ser tão externos quanto o trovão se, segundo Winnicott (1982b, p. 59), o bebê no estágio inicial não se distingue da mãe ambiente e ainda não diferencia interno e externo? Os instintos deixam de ser instintos quando apenas vividos (ser seu corpo) e ainda não apropriados (ter um corpo) (Rouco, 2011a, 2012b)? Amamentar e mamar não são instintos? Penso que, no início de seu desenvolvimento, o bebê ainda não distingue o trovão da dor de ouvido. O que lhe traumatiza é o susto que experimenta, desde que sua mãe não o acalme! Todos os prazeres e dores são carnais e suscitam afetos conscientes. O próprio Winnicott (1990, p. 95) afirmou que a distinção dentro e fora começa quando o que é bom é incorporado e esquecido, e o que é insatisfatório e dói é mau e rejeitado! Acredito ser mais coerente pensar que, para o bebê, seus instintos, como os estímulos ambientais, podem ser traumáticos, não por sua natureza intrínseca ou pela falta de um ego e *self* constituídos que deles se apropriem, mas sim pela falta de cuidados maternos que satisfaçam suas necessidades em tempo suportável para ele (Winnicott, 1975, p. 135). Até adolescentes são traumatizados pelas vivências sexuais em uma cultura familiar que não as reconheça e aceite (Rouco, 2015a).

Winnicott (1982c[1962], p. 129) também sugere que a mãe deve satisfazer apenas as manifestações necessárias para a sobrevivência do bebê e sua integração, e não todas as suas demandas.

Isso implica frustrações e um paulatino processo de desilusão necessário para que o bebê se adapte à realidade, lutando para permanecer fiel a si mesmo. É por meio da desilusão que o bebê coloca a mãe fora de sua área de onipotência, passando a vê-la como um objeto-objetivo do mundo compartilhado (Winnicott, 1975). Por isso, nem toda adaptação é maléfica, desde que não seja cruelmente imposta à criança. Ela é saudável quando resultante da autoafirmação pessoal motivada pela incorporação da mãe boa. Porém, invasão, privação e abandono afetivos são traumáticos e desorganizam o processo de personalização. As experiências traumáticas precipitam o processo de diferenciação da mãe, vivida como objeto mau, e estabelecem as bases para a adaptação defensiva, desenvolvimentos paranoicos e a cisão corpo-mente que se manifestam como enfermidades psicossomáticas (Rouco, 2014a, 2014b, 2015a, 2015b, 2015c).

A distinção entre verdadeiro e falso *selves* encontra apoio em colocações de Solms (2013). Segundo ele, as representações mnêmicas arquivadas no ego só se tornam conscientes quando a atenção do id as ilumina, motivada por estados afetivos-emocionais; e esse processo também alimenta a reflexão racional, a qual depende das re-representações para pensar as relações entre as representações de coisa e de palavra. Assim, a experiência verdadeira depende dos impulsos emanados do id. A ideia de que o falso *self* implica a hipertrofia do intelecto para melhor se submeter à realidade encontra apoio no fato de que o córtex processa inconsciente e automaticamente seu arquivo de representações mnêmicas para economizar energia e repetir prontamente a resposta mais adaptada à realidade; essa forma de funcionar é regida pelo princípio de nirvana. O ego automatizado despersonaliza o sujeito, levando-o a agir como zumbi e gera a compulsão à repetição, porque o recalque das representações desabonadas secciona a ligação delas com seus afetos. Portanto, o afeto que emerge na transferência é autêntico, sua representação que é falsa. Ele deve ser clinicamente valorizado como indicação da recuperação do verdadeiro *self* com o objetivo de favorecer o amadurecimento emocional e a integração psique--soma e mente (Rouco, 2013a, 2013b; Stern, 2007).

Se o ego emerge do id (Freud, 2001f[1923]), por que não considerar os afetos e os padrões emocionais inatos (id) como os organizadores primários do ego e do verdadeiro *self*, desde que sintonizados, reconhecidos e cuidados pela mãe? Não seria porque as crianças saudáveis amadurecem encorpando seu *self* verdadeiro, que elas podem usar seu falso *self*, quando necessário, sem se desconectarem de si mesmas, como ocorre nos casos patológicos de submissão e masoquismo compulsivos (Rouco, 2014a, 2015a, 2015b)?

A consciência não é de fato misteriosa?

Como Freud (2001h[1940]), penso que sim. Pois, se as experiências endógenas são exclusivas do sujeito da percepção, constituem o único "em si" intimamente conhecido por nós. Nós somos o que sentimos (Rouco, 2012b, 2013b). As experiências endógenas, sempre vividas da perspectiva de primeira pessoa, são a carne viva de nosso *self* e não há introspecção, nem linguagem que possam apreendê-las enquanto tais. Já a imagem de nosso corpo, apesar de envolver um aspecto mais ativo proporcionado pelas experiências sensório-motoras, também não pode ser identificada à percepção objetiva de terceira pessoa. Ela é também formada por nossas experiências interoceptivas e pelas experiências cutâneas passivas, além da percepção intersubjetiva de como os outros nos veem que suscitam inevitáveis reações afetivo-emocionais. Assim, a experiência do próprio corpo é primordialmente subjetiva. Damásio (2011, p. 37) levanta a hipótese de que "todos os sentimentos de emoções são variações musicais complexas de sentimentos primordiais", que se originam no tronco cerebral e não no córtex, e são expressões dos estados homeostáticos que variam entre dor e prazer. "Eles proporcionam uma experiência direta de nosso corpo vivo, sem palavras, sem adornos e ligada tão somente à pura existência."

Um pioneiro da neuropsicanálise, o neurologista Paul Schilder (1999[1935]), que propôs o conceito de imagem do corpo, surpreende o leitor com uma abordagem intersubjetiva semelhante ao conceito de reflexividade perceptiva de Maurice Merleau-Ponty (1996[1945]). Esses dois autores consideram que toda percepção "objetiva" implica, necessariamente, a percepção "subjetiva" de si. Percebemos nos percebendo. Percebemos que os outros nos percebem e que também percebem que nós os percebemos. Também Winnicott (1975, p. 157) afirmou que somente por meio desse reconhecimento intersubjetivo existimos verdadeiramente, pois "quando olho, sou visto; logo existo". Já Stern (2007, pp. 119-133) considera que a relação intersubjetiva é uma das necessidades básicas do ser humano. Creio que ela deve ser acrescentada na lista já mencionada de padrões básicos de conduta emocional.

Ser corpo e ter um corpo

A questão corpo-mente, gerada pela radicalização do pensamento moderno, estimulou minha reflexão sobre como superá-la teórica e clinicamente sem reincidir em reduções materialistas ou idealistas (Rouco, 2001, 2004, 2006, 2011a, 2011b, 2012a, 2012b. 2013a, 2013b). A afirmação de ser o id consciente faz muito sentido para mim pois, baseada em minha experiência clínica, eu já havia distinguido ser corpo de ter um corpo para representar a diferença entre a consciência imediata das experiências tranquilas e impulsivas e a consciência mediada e ponderada da pessoa integrada que se apropria de seu corpo. Essas distinções coincidem com a diferença entre consciência perceptiva e consciência reflexiva (Stern, 2007). Relatei minhas reflexões em alguns trabalhos (Rouco, 2014a, 2014b, 2015a, 2015b, 2015c) nos quais procurei mostrar que a cisão entre essas modalidades de consciência era observada nas condutas e expressões emocionais e oníricas de alguns pacientes, e resultavam da ação de traumas precoces que rompiam a unidade original do id-ego-*self*. Usei a expressão "ser corpo" para me referir ao fato de que experiências apaixonadas podem ser o único modo de pessoas traumatizadas se integrarem momentaneamente e se sentirem vivas e verdadeiras. O termo "ter um corpo" se refere à apropriação do corpo só demonstrada por quem atingiu o estágio da consideração e que, por isso, é capaz de reconhecê-lo como próprio, responsabilizar-se por seus modos de ser, incluindo seus atos espontâneos involuntários ("o que foi isso que eu fiz?"), cuidar de si mesmo, perceber como é visto pelos outros e suportar essa experiência, e aceitar sua finitude inextricavelmente ligada à de seu corpo.

A emergência da mente depende do processo de personalização

Mario Bunge (2002), que optou pela hipótese de ser a mente uma função emergente do corpo, afirma haver dois tipos de causalidade: a ascendente, quando elementos se compõem para formar uma organização complexa; e a descendente, quando essa organização altera a função de seus integrantes. Essa determinação mútua e recíproca entre diferentes níveis de organização de nosso ser é, em meu entender, a melhor hipótese para superar as cisões corpo--mente, emoção-razão, indivíduo-sociedade etc., pois a emergência da mente é coproduzida pelo potencial genético do indivíduo e pelo potencial da cultural na qual ele se forma. O bebê, seu corpo e seu cérebro se desenvolvem graças aos cuidados maternos e às relações intersubjetivas que ambos estabelecem. A mãe é o primeiro ambiente sustentador do bebê e seus cuidados são a primeira cultura que o forma. Sendo corpo (cérebro) e mente inextricavelmente interligados (Damásio, 2011, pp. 36-37), eles se transformam mutuamente e são transformados pelas seleções natural e cultural (Lorenz, 1983). Também a pessoa contribui para a transformação da natureza, da sociedade e da cultura que a formou.

Winnicott (1982b[1962]) descreve como o bebê se integra, com o auxílio dos cuidados maternos, organizando o *self* no espaço-tempo (orientação), elaborando imaginativamente suas funções somáticas (personalização) e criando/descobrindo a realidade cultural compartilhada (realização). Assim, ele se torna uma pessoa. Entendo ser necessário esse conceito para superar aquelas cisões mencionadas, pois "pessoa" significa o indivíduo e todas as relações que ele estabelece com os mundos físico, social e cultural e com ele mesmo (Abbagnano, 1996). A emergência da pessoa exige mais que um corpo individual, pois esse novo nível de organização depende do processo de integração ou personalização estabelecido por meio de relações intersubjetivas que exigem necessariamente convívio interpessoal íntimo.

Consciência perceptiva e consciência reflexiva

Se o id é consciente (Solms, 2013), as experiências de si começam muito cedo na vida. Porém, ao criticar a teoria de Freud (2001f [1923]) de ser o id inconsciente e o ego consciente, Solms (2013) não considerou as diferenças existentes entre as concepções psicanalítica e neurológica de consciência/inconsciência. A primeira segue a tradição filosófica na qual a consciência se caracteriza pela capacidade do eu refletir sobre si mesmo (consciência reflexiva), enquanto para Solms a consciência do id é estar desperto e atento e vivenciar experiências afetivo-emocionais (consciência perceptiva). Porém, Solms também considera o valor do pensar consciente sobre si mesmo e detalha as organizações neurológicas que se encarregam das re-representações das relações entre experiências, o que possibilita a emergência da consciência reflexiva ou racional.

As experiências emocionais são conscientes, mas são involuntárias. Chamá-las de inconscientes desmerece seu valor expressivo e doador de sentido inclusive às palavras (Lakoff & Johnson, 2003; Merleau-Ponty, 1996[1945]; Melsohn, 2001). Freud (2001b[1914]) entendeu a transferência neurótica como a reativação de sentimentos cujas representações se tornaram inconscientes por meio do recalcamento. Porém, não é isso que ocorre com os pacientes fronteiriços. Eles sofreram traumas precoces que afetaram gravemente seu processo de personalização e, portanto, a reflexão sobre si mesmos. Muitos não se apropriam de seu corpo. Por isso, eles exigem uma estratégia de cura inspirada na matriz ferencziana (Figueiredo & Coelho, 2018), a qual valoriza mais o ambiente acolhedor e a compreensão empática dos sentimentos que a interpretação racional. Stern (2007) propõe uma estratégia psicoterápica focada no momento presente que valoriza a experiência intersubjetiva compartilhada.

O cérebro causa a mente?!

Considerando a complexidade da formação da pessoa e de sua mente no contexto interpessoal e intersubjetivo, afirmar que o cérebro causa a mente caracteriza uma redução simplista, alienada e alienante, pois simplifica fenômenos complexos e promove uma despersonalização prejudicial para as pessoas e à própria psicanálise. Corpo e mente dependem do cérebro e o cérebro depende de ambos (Damásio, 2011, 2018), e o desenvolvimento dos três depende também de nossa conduta na situação existencial e da comunidade humana na qual somos cultivados.

Referências

Abbagnano, N. (1996). *Diccionario de filosofia*. México: Fondo de Cultura Económica.

Bollas, C. (1992). *Forças do destino: psicanálise e idioma humano*. Rio de Janeiro: Imago.

Bunge, M. (2002). *Dicionário de filosofia*. São Paulo: Perspectiva.

Damásio, A. R. (2011). *E o cérebro criou o Homem*. São Paulo: Companhia das Letras.

Damásio, A. R. (2018). *The strange order of things: life, feeling and the making of cultures*. New York: Pantheon Books.

Figueiredo, L. C., & Coelho Jr., N. E. (2018). *Adoecimentos psíquicos e estratégias de cura: matrizes e modelos em psicanálise*. São Paulo: Blucher.

Freud, S. (1973). *La afasia*. Buenos Aires: Nueva Visión. (Trabalho original publicado em 1891.)

Freud, S. (2001a). Estudios sobre la histeria. In *Obras completas de Sigmund Freud* (Vol. II, pp. 1-315). Buenos Aires: Amorrortu. (Trabalho original publicado em 1895.)

Freud, S. (2001b). Recordar, repetir y reelaborar. In *Obras completas de Sigmund Freud* (Vol. XII, pp. 145-157). Buenos Aires: Amorrortu. (Trabalho original publicado em 1914.)

Freud, S. (2001c). La represión. In *Obras completas de Sigmund Freud* (Vol. XIV, pp. 135-152). Buenos Aires: Amorrortu. (Trabalho original publicado em 1915.)

Freud, S. (2001d). Lo inconsciente. In *Obras completas de Sigmund Freud* (Vol. XIV, pp. 153-213). Buenos Aires: Amorrortu. (Trabalho original publicado em 1915.)

Freud, S. (2001e). Más allá del principio de placer. In *Obras completas de Sigmund Freud* (Vol. XVIII, pp. 1-62). Buenos Aires: Amorrortu. (Trabalho original publicado em 1920.)

Freud, S. (2001f). El yo y el ello. In *Obras completas de Sigmund Freud* (Vol. XIX, pp. 1-66). Buenos Aires: Amorrortu. (Trabalho original publicado em 1923.)

Freud, S. (2001g). Nuevas conferencias de introducción al psicoanálisis. In *Obras completas de Sigmund Freud* (Vol. XXII, pp. 1-168). Buenos Aires: Amorrortu. (Trabalho original publicado em 1933.)

Freud, S. (2001h). Esquema del psicoanálisis. In *Obras completas de Sigmund Freud* (Vol. XXIII, pp. 133-209). Buenos Aires: Amorrortu. (Trabalho original publicado em 1940[1938].)

Freud, S. (2001i). Proyecto de psicología. In *Obras completas de Sigmund Freud* (Vol. I, pp. 323-446). Buenos Aires: Amorrortu. (Trabalho original publicado postumamente em 1950, mas escrito em 1895.)

Fulgencio, L. (2017). Discussão do lugar da metapsicologia na obra de Winnicott. *Livro Anual de Psicanálise*, *31*(2), 247-270.

Lakoff, G., & Johnson, M (2003). *Metaphors we live by*. Chicago: University of Chicago Press.

Lorenz, K. (1983). *A destruição do homem*. São Paulo: Brasiliense.

Melsohn, I. (2001). *A psicanálise em nova chave*. São Paulo: Perspectiva.

Merleau-Ponty, M. (1996). *Fenomenologia da percepção*. São Paulo: Martins Fontes. (Trabalho original publicado em 1945.)

Panksepp, J. (1998). *Affective neuroscience: the foundations of human and animal emotions*. New York: Oxford University Press.

Rouco, M. B. S. (2001). Personalização e a questão corpo-mente em Winnicott. *Mudanças, 9*(15), 175-186.

Rouco, M. B. S. (2004). Da identificação projetiva ao *enactment*: um itinerário para a reparação da cisão corpo-mente. *Revista Brasileira de Psicanálise, 38*(1), 147-163.

Rouco, M. B. S. (2006). *A paradoxal matriz corpo-mente e o conjunto das dualidades solidárias*. Tese de doutorado, Instituto de Psicologia, Universidade de São Paulo, São Paulo. (Tese qualificada, mas não concluída.)

Rouco, M. B. S. (2011a). Ser e ter um corpo. Trabalho apresentado como tema livre ao *Congresso Brasileiro de Psicanálise, 23, "Limites: prazer e realidade"* (pp. 1-13). Ribeirão Preto, SP.

Rouco, M. B. S. (2011b). Psique-soma e mente: a criativa solução winnicottiana para a questão corpo-mente. Apresentado como artigo temático no *Encontro Brasileiro sobre o Pensamento de D. W. Winnicott, 6* (pp. 1-5). Curitiba, PR.

Rouco, M. B. S. (2012a). De Freud a Winnicott ou da representação do corpo ao corpo encarnado. Apresentado como artigo temático ao *Encontro Brasileiro sobre o Pensamento de D. W. Winnicott, 7* (pp. 1-7). Fortaleza, CE.

Rouco, M. B. S. (2012b). Ser e ter um corpo II. Apresentado como tema livre ao *Congresso da Fepal, 29, "Invenção e Tradição"* (pp. 1-5). São Paulo, SP.

Rouco, M. B. S. (2012c). A criativa solução winnicottiana para a questão corpo-mente. *Rabisco, 2*(1), 80-84.

Rouco, M. B. S. (2013a). Ser apaixonado. Apresentado na mesa Corpo e Mente ao *Congresso Brasileiro de Psicanálise*, "Ser contemporâneo", *24* (pp. 1-9). Campo Grande, MS.

Rouco, M. B. S. (2013b). Ser apaixonado e a experiência de ser. Apresentado na mesa "A existência psicossomática: a clínica e a reconstituição do self" (pp. 1-15). *Encuentro latino-americano sobre el pensamiento de Donald Winnicott, 22,* "Winnicott en la clínica hoy". Cartagena, Colômbia.

Rouco, M. B. S. (2014a). A cisão corpo-mente e a repulsa ao sexo. Apresentado no painel Fenômenos Psicossomáticos na Clínica Psicanalítica. *Congresso da Fepal, 30,* "Realidades e Ficções" (pp. 1-4). Buenos Aires, Argentina.

Rouco, M. B. S. (2014b). Devoción materna, consideración paterna e integración del self. In *Encuentro sobre el pensamiento de Winnicott, 23,* "La transicionalidad: La necesaria dimensión de la ausencia." (pp. 1-9). Lima, Peru.

Rouco, M. B. S. (2015a). Trauma de la adolescencia. Trabalho individual apresentado ao Congresso da IPA, *49,* "*Changing World: The shape and use of psychoanalysis tools today*" (pp. 1-8). Boston, MA, USA.

Rouco, M. B. S. (2015b). Liquefaction, integration and disintegration anxieties. Trabalho apresentado na mesa "The body in Psychoanalysis" ao Congresso da IPA, *49, "Changing World: The shape and use of psychoanalysis tools today"* (pp. 1-8). Boston, MA, USA.

Rouco, M. B. S. (2015c). Psicoterapia psicanalítica do paciente psicossomático. Trabalho apresentado no *Congresso latino-americano de psicoterapia, 11,* e no *Congresso brasileiro de psicoterapia, 2,* "A psicoterapia no século XXI: possibilidades, novas perspectivas e desafios".

Schilder, P. (1999). *A imagem do corpo: as energias construtivas da psique*. São Paulo: Martins Fontes. (Trabalho original publicado em 1950[1935].)

Searles, J. (1998). *O mistério da consciência*. São Paulo: Paz e Terra.

Solms, M. (1997). What is consciousness? *Journal of the American Psychoanalytic Association, 45*(3), 681-703.

Solms, M. (2013). The conscious id. *Neuropsychoanalysis, 15*(1), 5-85.

Stern, D. N. (1992). *O mundo interpessoal do bebê*. Porto Alegre: Artes Médicas. (Trabalho original publicado em 1985.)

Stern, D. N. (2007). *O momento presente na psicoterapia e na vida cotidiana*. Rio de Janeiro: Record.

Winnicott, D. W. (1975). *O brincar e a realidade*. Rio de Janeiro: Imago. (Trabalho original publicado em 1971.)

Winnicott, D. W. (1982a). A capacidade de estar só. In *O ambiente e os processos de maturação* (pp. 31-37). Porto Alegre: Artes Médicas. (Trabalho original publicado em 1958.)

Winnicott, D. W. (1982b). A integração do ego no desenvolvimento da criança. In *O ambiente e os processos de maturação* (pp. 55-61). Porto Alegre: Artes Médicas. (Trabalho original publicado em 1962.)

Winnicott, D. W. (1982c). Distorção do ego em termos de falso e verdadeiro "self". In *O ambiente e os processos de maturação* (pp. 128-139). Porto Alegre: Artes Médicas. (Trabalho original publicado em 1962.)

Winnicott, D. W. (1990). *Natureza humana*. Rio de Janeiro: Imago. (Trabalho original publicado em 1988.)

Winnicott, D. W. (1993). A mente e sua relação com o psique-soma. In *Textos selecionados: da pediatria à psicanálise* (pp. 409-425). Rio de Janeiro: Francisco Alves. (Trabalho original publicado em 1949.)

Trauma e desorganização progressiva: um câncer como disparador do encontro consigo mesmo

Cândida Sé Holovko
Eliana Rache

Neste texto, escolhemos a narrativa literária apresentada no livro *Marte*,[1] de Fritz Zorn (1986), para nos servir de apoio ao desenvolvimento de conceitos importantes no campo da psicossomática. O interesse desse livro para psicossomática psicanalítica pode ser comparado ao trabalho de Sigmund Freud, ao lançar mão das "Memórias de Schreber" para construir suas "Notas psicanalíticas sobre um relato autobiográfico de um caso de paranoia" (1976a [1911-1913]), emblemático para a teorização e cura da paranoia.

---

1 "Nasci – evidentemente – sob o signo de Áries, que deve ser considerado o verdadeiro signo de Marte... Marte é notoriamente deus da guerra, da agressão e da força criadora... é o deus da renovação e do princípio criador, bem apropriadamente, o deus dos criadores e dos artistas... não atribuo ao vocábulo 'agressivo' o significado que com frequência lhe é dado erroneamente, ou seja, o de 'odiento', 'brigão', 'malévolo', porém o sentido mais genérico de 'capaz e desejoso de dar tudo se si' e que precisa sobretudo de uma área de ataque onde possa atuar e fortalecer-se. Caso venha a faltar para o nativo de Marte essa área exterior para seu ataque, ele volta sua agressividade natural para dentro e destrói a si próprio" (Zorn, 1986, pp. 226-227).

A discussão que se abre sobre os mais diversos temas tratados pela Escola de Psicossomática Psicanalítica de Paris (França) é digna de nota em um texto de Béla Grunberger (2000) sobre este livro de Zorn, que salienta questões de falhas no narcisismo, trauma fundamental, depressão essencial, melancolia, educação e processo maturacional, relações entre psicanálise e corpo, sonho, agressividade profunda, economia do sofrimento etc.

Para Freud, a noção de trauma apresentada em seu texto *Além do princípio do prazer* (1976b[1920]) está ligada à reação da mente ao ser confrontada com uma inundação de estímulos que ultrapassam a capacidade metaforizante do indivíduo. Isso significa que a noção de trauma assinala o impacto de estímulos internos ou externos que ultrapassam a capacidade de processamento psíquico na forma de representações do ocorrido, de ideias que podem conter essas estimulações, impedindo a mente de ser inundada por um *quantum* de excitação insuportável que desencadeia vivências de terror sem nome, de angústias catastróficas ou de uma ansiedade difusa paralisante.

Tabacof (2016, p. 99) afirma:

> *Quando a tensão interna gerada pelas excitações desencadeadas escapa ao tratamento mental e persiste em quantidade excessiva, uma função fisiológica, ou um sistema funcional corre o risco de desorganização ... A resistência aos impactos desorganizadores dependeria das capacidades defensivas e, no nível do aparelho psíquico da funcionalidade das representações mentais disponíveis no pré-consciente, de sua quantidade e qualidade, e da fluidez de sua circulação entre a consciência e o inconsciente.*

Sujeitos que sofreram experiências traumáticas não elaboradas, principalmente no processo de constituição de sua subjetividade, segundo a Escola de Paris, são mais vulneráveis ao desenvolvimento de doenças somáticas. Nesse grupo, incluímos Fritz Angst,[2] cuja narrativa nos expõe o que foi apropriadamente descrito por Tesone (2017): "indivíduos traumatizados permanecem em uma 'terra de ninguém' nas fronteiras, mais não estruturados que estruturados psiquicamente"; estas experiências psíquicas, "que permanecem fora do trabalho integrador das pulsões de vida, criam áreas de clivagem de zonas traumáticas precoces, criptas em busca de representações" (p. 17).

Podemos dizer que aí ficam marcas da experiência ainda não constituídas como memórias afetivas, porque ali não havia um sujeito para registrar o evento invasivo em uma representação afetiva. Nessas situações, a pulsão de morte desfusionada da pulsão erótica pode conduzir a saídas em doenças psicossomáticas ou compulsões à repetição.

Aos 30 anos, ao tomar conhecimento de que tem um câncer, Fritz Angst decide escrever sua autobiografia com base em um trabalho psicoterapêutico que começara na época. Traz ao cenário da terapia psicossomática a história de sua doença que, ao encarnar conceitos da teoria psicossomática da Escola de Paris, atende de forma paradigmática a ilustração dessa clínica. Nesse caso, em sua modalidade conhecida como desorganização progressiva-noção, que será retomada ao longo do trabalho.

---

2 O verdadeiro nome de Fritz é Fritz Angst. Em alemão, "*Angst*" significa angústia. O autor escolheu como pseudônimo para escrever seu livro o sobrenome de Zorn, que quer dizer raiva em alemão. As autoras deste artigo adotaram apenas o nome de Fritz ao nomeá-lo no período antes de ser tomado pela cólera, quando se transformou em Zorn. A partir daí, optou-se por denominá-lo Zorn.

Diz Fritz:

> *tratar-se-á aqui não tanto de memórias no sentido genérico do termo, mas muito mais da história de uma neurose... Não é, por conseguinte, minha autobiografia que tento aqui registrar mas a história e a evolução de um aspecto até hoje dominante em minha vida, ou seja, a minha doença.* (Zorn, 1986, p. 34)

Apesar da luta contra a morte por dois anos ser o conteúdo de sua escrita, em momento algum o leitor é levado a se comover, tal é a maneira envolvente de seu relato frio, objetivo, mordaz, próprio não de quem padece, mas de quem assume a postura do anatomista diante de seu caso. As afirmações de Fritz sobre o que é saúde parecem ecoar a voz dos teóricos da psicossomática ao nos transmitir que a saúde é fruto de uma

> *relação de equilíbrio, uma instável balança de trocas orgânicas entre a matéria e o espírito, como um nível determinado de comunicação entre o interior e exterior, em suma como uma harmonia. Donde parece transparecer que a enfermidade é idêntica ao desequilíbrio, à comunicação perturbada; que ela, por conseguinte, não deve ser descrita nem tratada como causa, mas como consequência de uma desarmonia. Não se "fica" doente, a não ser que já se "esteja" doente, a não ser que já se viva em crônica disparidade com seu meio e, portanto, também consigo próprio.* (Zorn, 1986, p. 21)

Não evocamos aqui, nesse trecho, entre tantas outras, a noção de *equivalência energética* de Pierre Marty, Michel de M'Uzan e

Christian David (1963), na qual uma energética comum embasa tanto as funções psíquicas como as somáticas? Como vemos um problema visceral ou muscular substituir a relação do sujeito com uma pessoa significativa? Nessa narrativa o autor, além de se considerar objeto da ciência, desenvolve uma estratégia de sobrevivência em que tem esta ideia: "Estarei morto, mas terei sabido por quê" (Zorn, 1986, p. 30).

É um psiquismo *in status nascendi* que anuncia também a proximidade da morte, ora em uma cantilena monótona repetitiva, ora em uma intensidade pulsional. Foi essa inaudita aproximação com a vida que lhe permitiu, pelo menos no plano do pensamento e linguagem, dar cabo de problemas anteriormente trancados na prisão da melancolia e do silêncio cortês. Em um tom discreto e íntimo, esse ensaio é o de um pleiteante que pede justiça para alguém a quem foi negada: ele próprio. Mas, se nosso narrador é suíço, com boas maneiras, frio, irônico, como se apresenta, ele deixa um precioso depoimento de sua vida (sua doença) aos leitores e aos psicanalistas, como nós, que na intersubjetividade da relação dão vida a essa história tão desprovida de vida.

Marca o início de seu relato com a doença atual, na qual o paradoxo psicossomático transparece de maneira clara por meio de suas palavras:

> ... *trata-se de uma enfermidade física, da qual provavelmente morrerei em breve, mas que talvez também possa vencer. Por outro lado, é uma doença psíquica e só vejo seu aparecimento, numa forma fisicamente aguda, como um grande golpe de sorte... Ninguém, é claro, fica feliz com o câncer; mas uma vez que minha existência nunca foi muito feliz, chego à conclusão ...*

> *de que, desde que fiquei doente, sinto-me muito melhor que antes da enfermidade . . . Apenas sou da opinião de que, entre uma situação altamente desagradável e uma situação apenas insatisfatória, esta é, sem dúvida preferível àquela. (Zorn, 1986, pp. 33-34)*

Fritz inicia seu relato nos conduzindo a sua infância, tempo pautado em sensações muito claras que, hoje, imersas em sua crítica, apresentam-se com um tempero ácido:

> *Cresci no melhor dos mundos... tudo ia sempre muito bem, bem até demais. Acho que esse que era o mal, tudo ia demasiadamente bem, . . . um mundo absolutamente feliz e harmonioso não pode de modo algum existir... é porque suas bases devem ter sido falsas e mentirosas . . . não se precisa esperar muito tempo pela desgraça; ela chega logo, espontaneamente. (Zorn, 1986, pp. 34-36)*

O narrador nos conduz com arguta lucidez à atmosfera vivida na mansão paterna, na margem dourada do lago de Zurique (Suíça), onde a palavra de ordem era harmonia. Assim a descreve:

> *uma harmonia tão perfeita que faria o mais requintado harmonista estremecer de horror . . . Tudo precisava ser harmonioso, não poderia existir algo problemático, senão o mundo acabava . . . Para tudo só se permitia um ponto de vista, pois qualquer diversidade significaria o desastre. (Zorn, 1986, p. 37)*

Diz ainda Fritz:

> *Hoje compreendo bem, porque o desentendimento seria catastrófico para nosso pequeno cosmo. Simplesmente não éramos capazes de discutir . . . Evitávamos a todo custo toda e qualquer discussão com as consequências previsíveis: todos tinham sempre a mesma opinião. Hoje percebo que nem como menino, nem como rapaz jamais tive opinião sobre coisa alguma . . . Dizíamos sim a tudo, o que já se tornara uma necessidade visceral considerada a coisa mais natural do mundo e assim tornei-me conformista. . . . Habituei-me a não expressar juízo algum mas apenas a concordar e valorizar o que os outros concordavam. Lia bons livros, escutava boa música não porque me agradavam mas porque os outros tinham assim decidido e podia com isso participar dos apreciadores das "coisas elevadas" . . . como meus pais . . . olhando com desdém para os que não tinham chegado tão alto, sem perceber o quanto era vazia essa aparente superioridade. (Zorn, 1986, pp. 37-42)*

A fala do narrador toma conta de nossa apresentação. É difícil substituirmos as palavras de Fritz por um relato de nossa autoria, pois, ao passo que a escrita progride, a memória da criança plasmada em seu ambiente de plenitude da planitude, torna-se uma conversa com uma vivacidade cortante e crítica presente na escolha de palavras, no encadeamento das frases, na magia do escritor que enreda seus leitores.

Entretanto, chamam nossa atenção alguns relatos do pequeno Fritz ligados a sua memória infantil. Fica extremamente surpreso quando um dia uma amiguinha vai a sua casa e ele, ao mostrar-lhe um livro que fazia parte dos "bons livros" inquestionáveis, recebe o comentário de que o livro não a agradava. Cravara-se uma discordância dentro do mundo harmonioso: então um "bom" livro podia não ser do agrado de todos! Outra situação de angústia foi quando um colega começou a lhe perguntar pelo que se interessava, como não sabia a resposta foi dizendo "não" a todas as interrogações até que finalmente resolveu responder "sim" ao gosto por animais e carros, o que nem era verdade; porém, assim encerrou o questionário. Malfadada hora, pois o amigo acaba dizendo a ele que por carros não tinha o menor interesse. Fritz então cai no precipício da tão evitada discordância.

Perguntamos por que esses *insights* não abriram caminho para a diversidade, para o "outro", permitindo um destino diferente ao psiquismo de Fritz? Acreditamos que podemos pensar o quanto o clima familiar imobilizava o surgimento do novo, do diverso, e o quanto seu psíquico tinha sido talhado pela falta de ingredientes narcísicos desde sua infância precoce, dando margem a construção de um falso *self*: não amado suficientemente nem confiante no que era diverso para conseguir enfrentar o mundo.

O clima doméstico de sua infância reproduzido pelas observações finas e sarcásticas chegam a oferecer um cenário tragicômico das relações familiares. Fritz conta que havia em sua casa o que chamou de "técnicas de evasão", modalidades de fugir a qualquer compromisso durante as conversas usando uma palavra mágica. Desse modo, quando não se queria tomar posições, dizia-se:

> isto é muito "difícil" excluindo assim de nosso mundo intocável tudo o que fosse importuno ou desarmonioso.
> ... Eu pensava viver em algum lugar acima desse mundo sem atritos, e não percebia que eu era apenas uma

dessas coisas pairando num espaço frio e irreal. (Zorn, 1986, pp. 47, 51)

Segue Fritz na descrição do mundo no qual foi criado: "O mal não eram meus pais, pois eles não eram ruins... O mal residia no fato de que o mundo em que cresci devia ser um mundo perfeito – e sua harmonia e perfeição eram impostas" (Zorn, 1986, p. 58). Por isso mesmo, a família enclausurou-se entre quatro paredes em seu pequeno universo relegando aos "outros" o nome de "estranhos", porque não pertenciam a seu ninho, ou de "ridículos", porque expunham suas opiniões sem temor de crítica e sendo muito divertidos.

Fritz aponta:

Talvez... se possa dizer... que os danos provocados por uma educação errada podem assumir tal dimensão que nos casos extremos se manifestem através de enfermidades geradas por neuroses – por exemplo, o câncer. (Zorn, 1986, p. 61)

Traz assim o retrato de sua infância mergulhada em um meio familiar pobre de afeto, conformista, no qual não atravessava nenhum sopro de desejo, de prazer; um mundo plano. A obra é um depoimento fiel desse paciente para os achados da Escola de Paris, dos quais destacamos alguns.

Hipóteses baseadas em sua narrativa nos levam a perceber o desejo ausente em seu psiquismo, indicação clara do comprometimento nas representações e fantasias inconscientes. Devido a falhas nas relações precoces diante dos impactos externos e internos, as excitações não processadas pela função materna, a falta de narcisificação e possivelmente a presença da angústia difusa teriam se pronunciado antes do tempo de o ego poder contê-las. Desse modo, constitui-se um psiquismo com dificuldade de funcionar segundo a realização alucinatória de desejo, conduzindo-o a ser forte candidato ao desenvolvimento do pensamento operatório.

Michel Fain (1971), em "Prelúdio à vida fantasmática", esclarece o quanto as identificações primárias constituem a base do narcisismo primário da criança, inscrevendo-a no destino edípico a partir desse momento. Se as falhas de investimento materno estiverem presentes por conta de uma mãe enlutada ou dominada por ideal de conformismo, deparamos com sua presença física, embora psiquicamente esteja ausente para a criança. O quanto não reconhecemos aqui a figura conformista da mãe descrita por Fritz! O que inicialmente ocorreu na relação de objeto primário de Fritz, depois integra-se em seu funcionamento mental como eu ideal, conduzindo à concepção de Fain conhecida como prematuridade do eu. Trata-se de um desenvolvimento excessivo da autonomia do ego, que é solicitado a constituir-se em excitação na falta do funcionamento materno enquanto tal e cuja consequência apresenta-se em seu isolamento e ruptura com as fontes pulsionais do id. Como a linha alucinatória não se inscreveu adequadamente, existe a possibilidade de grave consequência, que seria a eventual perda da representação de objeto (falha na interiorização do objeto) e o consequente sobreinvestimento do factual recaindo nos objetos da percepção visando cobrir a falha dos objetos que não se representaram.

Fritz tinha sido levado a ser hiperadaptado à realidade social, a suas normas e valores, conforme sua expressão tão convincente:

> *Conforme aprendera com a minha família, o que contava na vida não era o ponto de vista pessoal, mas o da coletividade, e só estaria no lugar certo a pessoa*

que pudesse partilhar sem restrição da opinião geral. (Zorn, 1986, p. 42)

De fato, Fritz, pelo cúmulo da ironia, nascera em um "viveiro burguês" do *comme Il faut*, que lhe impôs suas regras.

Segundo Marty (citado por Smadja, 2001), no curso dos acontecimentos operatórios, o indivíduo:

> *não está submetido a uma lei pessoal. Vive a lei. Não tem necessidade de observar-se para vivê-la. O que tem que fazer faz; as condutas são neste sentido maquinais. Assim o ego se apaga diante do superego que está reduzido a sua função de ideal coletivo. (p. 195, tradução nossa)*

Fritz cresceu emparedado por esse mundo ensimesmado e narcísico familiar, próprio dessa alta burguesia em que vivia, e ao abrir-se para o reino do eu ideal obturou em sua onipotência qualquer conhecimento de seu si mesmo. Nesse meio, apenas é admitida a repetição do idêntico em uma toada para a morte.

A infância e a adolescência de Fritz, passada dentro da concha autística, é seguida de uma juventude empobrecida de relacionamentos afetivos e eróticos. Nesse momento funciona como observador, distante dos colegas, sentindo-se inadequado e criticado pelo olhar deles. Era ótimo aluno em todas as matérias, com exceção da ginástica. Diz:

> *O corpo em si já me era estranho, e eu nem sabia o que fazer com ele. Sentia-me muito à vontade no mundo das duvidosas "coisas elevadas", mas ante a brutalidade e o primitivismo do mundo corporal, eu sentia*

> *medo. Não gostava de me movimentar, achava-me feio e me envergonhava do meu corpo . . . Eu evitava não só o contato físico, mas até mesmo as palavras que se referiam ao corpo e ao seu pudor. Mas a maior vergonha mesmo tinha eu de minha própria nudez. . . . A sexualidade, contudo,* não pertencia ao meu mundo, pois ela encarna a vida; e eu crescera numa casa onde a vida não era bem-vista, pois ali se preferia ser correto a ser vivo. *(Zorn, 1986, pp. 85, 119)*

Descreve, assim, toda a desafetação no contato com os colegas e com as mulheres:

> *eu absolutamente nunca estivera apaixonado por alguém e não fazia a menor ideia do que era o amor; era um sentimento que eu não conhecia, da mesma forma eu não conhecia quase todos os outros sentimentos. (Zorn, 1986, p. 197)*

Fritz, nesse período, sentia-se ficando para trás com relação a seus pares. Desenvolveu uma hipersensibilidade em situações nas quais sentia vergonha, principalmente quando enrubescia. Tinha também grande medo de sentir dor e horror a injeções e sangue. Nessas situações, apresentava claros sintomas da neurose atual. Escreve:

> *o suor me inundava, o pânico me dominava, os sentidos falavam e eu enxergava tudo preto diante dos meus olhos, precisava escapar, sair para o ar livre, fugir da presença do sangue ou da ideia do sangue . . . Eu não podia suportar a ideia do sangue como essência*

da vida e da própria existência do corpo. . . . o sangue eu não podia ver de fora, como espectador; ele estava dentro de mim, horrível e aterrorizante; vivia em mim e eu vivia dele, o sangue era eu mesmo. O sangue era a verdade, à vista da verdade, eu afundava no nada. (Zorn, 1986, p. 87)

Com o tempo, começa a emergir um sentimento de culpa pelo não vivido e pela falta de recursos para se relacionar:

Pela primeira vez na minha vida, dava-me conta de que eu tinha uma culpa, a culpa de ter deixado de fazer o que deveria ter sido feito. Só muito devagar fui cristalizando em mim a ideia de que também nesse ponto eu era diferente; não apenas era mais o caso de eu "ainda" não ter uma garota – simplesmente eu não tinha nenhuma. A discrepância entre mim e os outros ficava cada vez maior. (Zorn, 1986, p. 95)

Esse momento de culpa e maior sofrimento, o qual denomina depressão, teve início ao redor de seus 18 anos, um ano antes de sair do colégio. Nas férias escolares, sente-se incapaz de divertir--se. Na universidade, opta pelo estudo de línguas germânicas como dois de seus colegas. Depois de alguns semestres, escolhe línguas românicas. Sente seu íntimo em conflito cada vez maior com o mundo exterior. Escreve: "antes eu era pequeno demais para ser eu mesmo, agora estou velho demais para isso" (Zorn, 1986, p. 127).

Durante o curso universitário, luta contra a ideia de que é um fracasso como jovem de sua idade. Sente-se geralmente entediado e solitário, principalmente à noite e aos fins de semana. Não faz amigos, mas usa a universidade também como uma concha dentro da qual busca proteção. Procura mostrar aos outros que tudo vai bem, usando uma máscara com a qual quer identificar-se: "Acho que empreguei a maior parte de minhas energias para manter de pé o edifício do meu eu simulado, que desmoronava" (Zorn, 1986, p. 129). Vemos nessas palavras a falência do falso *self*. Com grande lucidez, afirma: "Quanto mais deprimido eu estava no fundo de meu coração, mais eu sorria por fora. Quanto mais negro por dentro, mais claro por fora. A fissura do meu ego se abria cada vez mais" (Zorn, 1986, p. 128).

Na universidade começou a fazer exercícios físicos e a cuidar do corpo; aprendeu a dançar, mas, ao se sentir mais atraente, percebe que há algo problemático na dificuldade de formar vínculos de intimidade. Escreve uma peça de teatro de marionetes que tem sucesso no grupo. A partir disso, passa a escrever peças e a preparar representações em línguas românicas. Com o tempo, destaca-se no meio acadêmico com suas produções e busca equilibrar os sentimentos depressivos. Entretanto, em uma avaliação posterior, pensa que apenas se iludia pensando que estava bem ou melhor.

> *tudo é cinza, frio e vazio. Nada dá prazer e tudo o que é doloroso é sentido com dor exagerada. Não se tem mais esperança e não se enxerga mais nada além de um presente infeliz e sem sentido. Todas as coisas chamadas alegres não dão alegria; em grupo, a pessoa se sente mais só do que nunca; todos os divertimentos a deixam fria; as férias, em vez de trazerem alguma alteração, são bem mais difíceis de suportar do que o resto do ano. (Zorn, 1986, p. 122)*

Pode-se notar a intensidade de sua melancolia no desprezo por suas produções e a destruição delas:

todos os meus trabalhos não passavam, em última análise, de produtos de minha frustração e confissões de minha derrota. . . . destruição de todos os meus trabalhos; de preferência, queimava-os, a fim de que o fogo purificador me livrasse da mancha da arte. (Zorn, 1986, p. 134)

Sentia-se compelido a escrever para, em seguida, destruir o que fazia pois aquilo "não merecia existir" (p. 135).

O sentimento opressivo da melancolia é aliviado quando passa um período em Lisboa (Portugal) e desenvolve icterícia. Nessa época, é hospitalizado e cuidado. Antes de apresentar a doença, sente-se cansado e miserável, não tem energia e recua ante ao menor esforço. Ele pensa que há uma melhora de sua melancolia porque encontra uma explicação para ela: provém de uma disfunção do fígado.

Claude Smadja (2001) descreve, nesses casos, um processo de regressão somática provocada por uma perda de libido narcísica no seio do pré-consciente. No caso de Fritz, possivelmente o afastamento de sua casa vivida como concha protetora pode ter aumentado seu estado de tensão interior. Nessas situações, o funcionamento psíquico se torna momentaneamente incapacitado de utilizar suas capacidades de ligações das excitações internas e transformá-las em representações do vivido.

Segundo Smadja (2001):

Nesta conjuntura, a libido objetal não utilizada no plano psíquico vai fazer uma volta às suas fontes somáticas, é o que chamamos regressão somática. . . . A consequência deste movimento de regressão somática

> é a instalação de uma quantidade anormal de libido sobre certos órgãos e o inevitável desfuncionamento fisiológico que decorre. (p. 38, tradução nossa)

Smadja afirma ainda que isso leva à conclusão de que o processo de somatização por regressão é conservador da libido (a libido concentra-se no órgão afetado, no caso de Fritz, no fígado). A brevidade do movimento de regressão permite aos investimentos libidinais não somente se conservar como também se restaurar.

Com o tempo, reaparece a melancolia: "Acredito que a tristeza falava pela minha boca... eu era meramente o instrumento passivo dessa tristeza, através da qual ela se expressava" (Zorn, 1986, p. 174).

Notamos que esses relatos de sofrimento melancólico coincidem com a morte do seu pai, do qual herda uma pequena fortuna, a qual não se permite usufruir. Pensamos que em razão da precariedade narcísica da organização psíquica de Fritz, ao não ter capital libidinal para fazer um trabalho de luto, a perda paterna produz o aparecimento da melancolia. Logo após a morte do pai, começa a ter visões. Não se tratava de imagens isoladas, mas de histórias inteiras, sagas familiares que envolviam várias gerações. Nessas visões, as personagens femininas pareciam encarnar a melancolia em um sofrimento eterno.

Esse período das visões durou em torno de dois ou três anos e, assim como emergiram, desapareceram sem que ele pudesse explicar o porquê. Fritz diz:

> A alma, para ficarmos nesta imagem, havia retornado para a terra dos sustos, onde eu tinha o costume de reprimir todas as minhas misérias e as minhas preocupações, e por algum tempo consegui manter de pé a

ilusão de que era alegre e de que ia bem, antes de cair definitivamente no buraco. (Zorn, 1986, p. 185)

Começa, então, a escrever obsessivamente durante horas as palavras tristeza e solidão (em espanhol), enchendo folhas inteiras. Sentia-se só e sofria permanentemente de complexo de inferioridade, principalmente em relação à sexualidade. Pensamos que a escrita compulsiva remete ao aspecto quantitativo, a um problema econômico de excitação não ligada; por esse ato, fazia uma tentativa desesperada de ligar psiquicamente sua dor.

Fritz, nessa época, revela uma sensação forte de cansaço, de esgotamento, de não suportar mais tanto sofrimento. Podemos pensar que, ao esgotar os recursos psíquicos, entra em um processo de desorganização progressiva, com desfusionamento pulsional, que conduz ao apagamento dos vínculos representacionais, o que dá margem ao surgimento de doenças somáticas graves. Quase simultaneamente, surge um tumor no pescoço, diagnosticado como linfoma maligno. Fritz associa a ele a ideia de "lágrimas engolidas" (Zorn, 1986, p. 207).

Nesse período, busca uma ajuda psicoterápica e começa a escrever sua autobiografia. O câncer espalha-se pela medula, pelos ossos, por todo o corpo. Ele faz radioterapias e cirurgias, tem dores lancinantes, prague ja, grita, rebela-se contra a resignação de toda a vida.

Pouco a pouco, porém, produziu-se uma coisa curiosa: um belo dia as depressões não existiam mais e nunca mais voltaram. (Zorn, 1986, p. 209)

Creio que o câncer é, antes de mais nada, uma enfermidade psíquica e que os diversos tumores cancerosos devem ser considerados meramente como manifestações corporais secundárias da moléstia, pois o câncer tem realmente todas as características da enfermidade denominada melancolia. (p. 192)

Aqui aparece um *insight* instigante! Essa observação estava em sintonia com o que vinham pesquisando na época os teóricos da psicossomática da Escola de Paris, e que Marty (citado por Smadja, 2001) descreveu como fenômeno da desorganização progressiva. Trata-se de um conjunto de movimentos de desintrincação pulsional, com predomínio da pulsão de morte, que corre solta e silenciosa, com empobrecimento da vida de fantasia em um aparelho psíquico fragilizado pelo narcisismo deficitário, pela mentalização precária que se instala fazendo desaparecer inicialmente o colorido afetivo da melancolia. É uma perda de qualidade psíquica com volta para a base somática. Quando pacientes enfrentam situações que tocam as experiências traumáticas, segundo a Escola de Paris, há uma regressão para áreas do psiquismo que funcionam como plataformas de fixação, e pode aparecer uma somatização temporária com possibilidade de recuperação e reintrincamento pulsional, como no episódio de icterícia em Lisboa. No entanto, nesse momento do surgimento do câncer Fritz, parece ter esgotado muito de seu arsenal defensivo.

De acordo com Smadja (2009): "O caráter paradoxal da melhora da depressão nesse período informa da existência anterior de um estado de vazio psíquico e explica-se pelo valor de objeto que o câncer assume economicamente" (tradução nossa). No caso da desorganização progressiva, as plataformas de fixação que poderiam defender o indivíduo não estão constituídas de maneira firme, e a regressão progride de maneira violenta e pode levar à morte. A somatização/câncer, no caso de Fritz, revela uma desobjetalização crescente das relações externas que encontra no corpo canceroso um novo objeto.

Fritz Angst, seu nome verdadeiro, passa a chamar Fritz Zorn, o colérico, o sarcástico, cujos objetos de ódio são seus pais e a sociedade da alta burguesia suíça, que, segundo ele, em sua hipocrisia mataram e mascararam o próprio do humano, seu ser individual, seus afetos, suas pulsões. Zorn, deseja ardentemente discriminar--se de seus pais, nem que seja para acabar com seu corpo contaminado por eles. Ódio virulento que só pode emergir quando, ao repassar sua história em uma psicoterapia e vendo a proximidade da morte, uma corrente pulsional sádica vem à tona. Zorn vive esses momentos como uma pequena "cura" de sua melancolia e de seu enclausuramento.

Precisa encontrar um culpado para seu infortúnio; assim, acusar e culpar torna-se uma necessidade inadiável frente à morte; uma maneira de afirmar o verdadeiro *self*. Passa do autossadismo ao sadismo na tentativa de obter uma cura por meio da escrita. Começa a descrever a objetalização da doença e a violência voltada para os pais em oposição aos autoataques do ego. Torna-se menos melancólico.

Nessa corrida contra o câncer que o corrói por dentro, propõe conjecturas que abrem possibilidades de ligar situações não vividas com emoções não sentidas. A retomada dos afetos abre-se aos olhos do leitor que segue a narrativa dessa corrida para a vida nas portas da morte, e o que vai emergindo é um ódio imenso que precisa encontrar objetos. Toda uma vida pulsional, sexual e agressiva clivada em nome de comportamentos "elevados" esperados por seu entorno sociocultural vai se desmontando. Diz ele:

> *Se fosse possível definir o câncer como uma ideia, então eu confessaria que a melhor ideia que já tive foi a*

> *de ter um câncer; estou convencido de que foi o único meio possível para me libertar da infelicidade de minha resignação. (Zorn, 1986, p. 194)*

A inevitabilidade do corpo que caminha para a morte e escapa de sua rede defensiva precária, deficitária em recursos psíquicos, impulsiona Zorn a construir uma rede de associações, aumentando a espessura do pré-consciente para sustentá-lo e prolongar um pouco mais uma vida que clama por ser vivida. A dor imensa do câncer que vai se espalhando em metástases por todo o corpo, especialmente pelos ossos, o consome no desespero e no ódio para prologar sua vida e dominar a morte, exaltando-a. Quer com clareza mostrar que sua capacidade de reflexão ainda permanece intacta e que há partes saudáveis de seu psiquismo, como sua capacidade de nomear afetos que encontra espaço nesse momento.

E ainda:

> *como se sabe, os tumores cancerosos do corpo por si só não causam dor; o que causa dor são os órgãos sadios que são comprimidos pelos tumores cancerosos. Quero crer que o mesmo ocorre com a enfermidade psíquica: em todo o lugar que doer, ali, sou eu. A herança de meus pais em mim é como um gigantesco tumor canceroso; tudo aquilo que sofre com isso, minha desgraça, meu tormento e meu desespero. Não sou apenas como meus pais, também sou diferente deles: minha individualidade consiste na dor que sinto. Minha vida é mais trágica que a de meus pais, mas a deles é mais deprimente. . . . (Zorn, 1986, p. 252)*

... eu sinto a necessidade, diante de minha destruição iminente, de dizer para cada pontada que me traspassa o coração: você se chama assim, você se chama assim e você se chama assim. Ninguém tem o direito de ficar anônimo: é de se presumir que ninguém queira morrer de todo anônimo. (Zorn, 1986, p. 265)

Entretanto, Zorn afirma: "Mesmo que eu seja aniquilado pela minha atual situação, minha morte será muito mais humana..." (Zorn, 1986, p. 220). Nesse momento parece que se sente mais vivo, expressa o encontro consigo mesmo; seu eu colérico (Zorn) pode existir, ficar em evidência, como se na proximidade da morte procurasse dar voz a um ser que ficou como um zumbi psíquico, um ego morto/vivo que não podia se expressar significativamente antes do aparecimento de seu câncer.

M'Uzan (1977) descreve experiências psíquicas intensas que podem ocorrer entre a notícia de uma doença terminal e o momento da morte, logo após o paciente ter passado por uma fase de depressão e começar a aceitar seu fim inexorável. Chama a atividade psíquica particular que emerge nesse momento de trabalho de trânsito e enfatiza duas características essenciais que podem ser observadas com a proximidade da morte: "expansão libidinal e exaltação da apetência por relações" (p. 121, tradução nossa). Acredita que a pessoa que está prestes a deixar este mundo e perder os vínculos com outros humanos é

acometida paradoxalmente por um movimento potente, de certa forma passional, por isso, sobreinveste seus objetos de amor porque estes são indispensáveis em seu último esforço de assimilar tudo o que não pode viver até este momento em sua vida pulsional, como se eles

> *tentassem colocar-se completamente no mundo antes de desaparecer. (M'Uzan, 1976, p. 117, tradução nossa)*

Com base nisso, podemos pensar que Zorn, com sua escrita, pretende expressar uma intensidade pulsional que durante quase toda sua vida esteve neutralizada, cindida. Aqui é o ódio a seus pais e a sociedade – que ele julga tê-lo impedido de apropriar-se de seu potencial de ser – que está em primeiro plano, mas também o investimento libidinal de seu eu, o qual procura afirmar mesmo diante de todo o sofrimento físico. Fazer uma declaração de seu infortúnio e alertar para os malefícios da educação que desvitaliza e sobrevaloriza os ideais de uma classe social elitizada parecem ser um dos objetivos que dignifica uma vida que ele sente sem significado.

Cientes das ideias de M'Uzan (1977), encontramos sentido para Zorn querer com urgência terminar sua autobiografia e deixar para a posteridade, impresso em um livro, tudo o que estava sentindo e experimentando no momento. M'Uzan afirma ainda:

> *e o moribundo pode transformar o horror de ter sido "escolhido" pela morte, enquanto a vida continua no mundo, numa morte compartilhada com outro que ele conecta consigo – o que corresponde talvez a um novo nascimento. (p. 118, tradução nossa)*

O trabalho terapêutico em Zorn despertou o apetite pela vida que escorria por entre suas mãos e, no lugar de se deixar morrer sozinho, ele investiu intensamente no vínculo com a função terapêutica e, principalmente, com a escrita e seus futuros leitores, que testemunhariam as vicissitudes de sua vida. Ainda segundo M'Uzan (1977): "a prodigiosa expansão do Eu que acompanha a agonia está então a serviço de uma introjeção pulsional que, em seu retorno, aumenta o ser dilatando indefinidamente seu narcisismo" (p. 125, tradução nossa).

Zorn escreve:

> *é diferente e menos deprimido redigir um ensaio sobre a infelicidade do que continuar a escrever palavras tristes sobre o papel quadriculado. . . . A depressão era constituída de um cinza sufocante, imprecisa e onipresente. Minha nova condição é de uma transparência glacial e cristalina. É dolorosa mas não me sufoca. Além disso, sinto-me mais ativo. . . . de frente para a morte em sua forma mais concreta e a ela preciso dar combate.* (Zorn, 1986, p. 222)

Recordamos que M'Uzan (1977) fala de uma última díada formada pela pessoa que está morrendo e o objeto sobreinvestido, fazendo referência à primeira díada, bebê-mãe, que se forma no início da vida.

No final do relato, Zorn escreve: "antes o câncer do que a harmonia. Ou em espanhol: Viva la muerte!" (Zorn, 1986, p. 229). Em muitos momentos de intensidade afetiva, o autor utiliza a língua espanhola. Não estaria ele procurando em outra raiz linguística as palavras que em sua língua materna estavam esvaziadas de sentido e afeto? Desse modo:

> *A ameaça de morte permitiu-me chegar a ideia de que talvez, caso ainda pudesse escapar da morte, eu tivesse enfim uma chance de renascer verdadeiramente, isto é, renascer para uma vida nova, que talvez não fosse mais tão cruel quanto a anterior.* (Zorn, 1986, p. 193)

No final de sua vida, ainda tão jovem, Zorn luta desesperadamente para compreender sua história e viver a morte como algo próprio, com seu eu verdadeiro. Podemos conjecturar que o livro *Marte* é uma maneira de ele perpetuar sua existência na escrita, de continuar na mente das pessoas, uma vez que pensava não permanecer vivo na mente de ninguém que o amasse e a quem estivesse ligado após sua morte. Possivelmente, o deslocamento de seu si mesmo para seus leitores fariam deles seus representantes na vida.

Fritz Angst morreu no dia 2 de novembro de 1976, logo após receber a notícia de seu editor de que seu livro *Marte* seria publicado. Hoje, 42 anos após seu falecimento, ele está vivo novamente entre nós nessa narrativa.

Referências

Fain, M. (1971). Prélude à la vie fantasmatique. *Revue Française de Psychanalyse, 35*(2-3), 291-364.

Freud, S. (1976a). *O caso de Schreber, artigos sobre técnicas e outros trabalhos*. (Edição Standard Brasileira das Obras Psicológicas Completas de Sigmund Freud, vol. XII). Rio de Janeiro: Imago. (Trabalho original publicado em 1911-1913.)

Freud, S. (1976b). *Além do princípio do prazer*. (Edição Standard Brasileira das Obras Psicológicas Completas de Sigmund Freud, v. XVIII). Rio de Janeiro: Imago. p. 17-85. (Trabalho original publicado em 1920.)

Grunberger, B. (2000). En marge de *Mars* de Fritz Zorn: Narcissisme et pulsion. *Revue Française de Psychosomatique, 18*(2), 173-198.

M'Uzan, M. (1977). *De l'art à la mort*. Paris: Gallimard.

Marty, P., M'Uzan, M., & David, C. (1963). *L'investigation psychosomatique: sept observations cliniques*. Paris: Presses Universitaires de France.

Smadja, C. (2001). *La vie opératoire: Études Psychanalytiques*. Paris: Presses Universitaires de France.

Smadja, C. (2009). La maladie somatique, une dimension de la santé psychique. *Revue Française de Psychosomatique, 36*(2), 9-26.

Tabacof, D. (2016). Psicossomática psicanalítica hoje: modelo pulsional da Escola de Paris. *Revista Brasileira de Psicanálise*, São Paulo, *50*(2), 94-107.

Tesone, J. E. (2017). When a symbolic lack of parental functions produces pain without a subject. In C. S. Holovko & F. Thompson-Salo (Org.), *Changing sexualities and parental functions in the twenty-first century*. Londres: Karnac.

Zorn, F. (1986). *Marte* (W. Wehrs, Trad.). Rio de Janeiro: Nova Fronteira.

Dor severa e seviciante: vivência de uma adolescente com dor psíquica e corporal[1]

Diva Aparecida Cilurzo Neto
Com comentários de Mark Solms e Marilia Aisenstein

Introdução

A adolescência é um período constitucional de grande vulnerabilidade, marcado por questões biológicas, pulsionais e sociais que estabelecem um intenso trabalho psíquico. No referido estágio, a identidade psíquica e corporal impõe a ressignificação de conflitos primevos. Acrescidos da demanda instável, virtual e solitária da contemporaneidade, tais conflitos ganham força, se tornando quase que insuportáveis, trazendo à tona trincas nas estruturas psíquicas.

Em decorrência, jovens se veem aturdidos num vácuo no qual os referenciais ficam ocultos pela névoa da desorganização egoica. Sem compreender a violência das ações sem pensamento e o desenraizamento de conceitos, de territórios psíquicos e físicos,

---

1 O relato e a vivência clínica fazem parte do trabalho de mesmo nome apresentado no XXVI Congresso Brasileiro de Psicanálise da Febrapsi, *Morte e Vida: Novas Configurações*. Fortaleza, 01-04 de novembro de 2017. Mesa: Dor Psíquica, Dor Corporal.

sentem-se impossibilitados de suportar de forma representacional tal sofrimento. Como forma de proteção, neste ciclo vital, o adolescente fica imerso na fragilidade narcísica, o que permite o desenvolvimento de diversos tipos de defesas psíquicas, podendo estar entre elas o adoecimento corporal.

A dor psíquica na adolescência

A formação do aparelho psíquico é marcada pela erotização do corpo do bebê, pela instalação do narcisismo de vida e pelas relações primárias de objeto, fatores que se estruturarão a partir da relação mãe-bebê, ou seja, da capacidade de *rêverie* materna. O ritmo, as particularidades e as continências estabelecidas nestes primeiros contatos serão, como nos fala Guerra (2010, p. 12), "o núcleo primário da identidade".

A partir do modelo destes primeiros encontros ou desencontros irão se formar vínculos afetivos que darão a tônica às escolhas dos diferentes vértices de vida. De maneira uníssona, as demandas do mundo externo irão se conjuminando a essas relações, formando um amálgama que moldará a identidade do indivíduo. Marcada pela construção de um "eu" próprio e pela capacidade de distinguir-se do outro, a identidade é caracterizada pelo senso de alteridade tanto em seu ritmo de construção como em sua estrutura.

Este movimento singular iniciado nos primeiros momentos da vida toma uma cadência particular na adolescência. O ritmo, que até então parecia harmônico, perde o compasso, havendo uma oscilação entre a aceitação e a recusa de novos e antigos referenciais tanto psíquicos como físicos ou sociais. Como nos fala Ferrari (1996, p. 45), "a eclipse do objeto originário" marcará este momento de vida no qual o túnel que leva da infância à idade adulta será percorrido de forma particular com sua dinâmica e suas defesas próprias.

Creio que o termo *eclipse* defina de forma precisa a adolescência. Diferentemente da infância, a adolescência é marcada pelo obscurecimento total ou parcial da estrutura egoica, pelo trabalho do luto, pela renúncia à magia da infância e pela convivência com as feridas narcísicas. Cesuras, de acordo com Bion (1981[1977]), terão que ser vividas na adolescência. Mudanças catastróficas marcarão esta etapa e deverão ser sobrepujadas, e com elas diferentes dimensões emocionais serão ressignificadas a custo de sintomas ruidosos.

Na adolescência, o jovem embarcará em uma viagem com destino atraente, mas assustador, no qual a sexualidade, a independência e a responsabilidade residem. Como afirma Ferrari (1996, p. XIII), "na adolescência tudo é solicitação e pressão". O corpo em permanente mutação torna-se um "tormento psíquico global" (p. 8). As contínuas mudanças do mundo exterior não podem mais ser ignoradas ou negadas. As fábulas e os poderes mágicos não conseguem mais proteger o jovem adolescente. Evidencia-se uma grande turbulência, na qual o hoje, o amanhã e o ontem se misturam, o medo se conjumina com a audácia e os sonhos se confundem com a realidade de forma nem sempre harmoniosa, trazendo angústia.

Esse sofrimento nem sempre é suportado pelo aparelho psíquico, que pode desenvolver um estado melancólico ou uma "solução somática", acarretando a projeção de conteúdos violentos no corpo ou ações impetuosas e perigosas (Smadja, 2013). Para Ferrari (1996), esse *acting*[2] na adolescência adquire uma proposta

---

2 De acordo com Ferrari (1996, p. 7) "... o conceito de *acting* é nitidamente diferenciado do *acting out* do paciente adulto, requer uma reformulação no que diz respeito ao comportamento do adolescente".

diferente da que tem no indivíduo adulto. Sua função nesse momento vital será de interação comunicativa, um compartilhamento de opiniões, de desejos e de sofrimentos. Tal funcionamento descreve o sofrimento ideativo, comportamental e emocional do adolescente, que evacua no corpo sua turbulência. Como nos esclarece McDougall (2000[1989]): gritos de aflição que procuram chamar mais a atenção para o perigo de morte do que para o perigo da vivência da castração, sendo o corpo inteiro oferecido como lugar de conflito.

Enquanto analistas, o que nos é possível fazer para o resgate da integridade corporal e psíquica em um ser humano, seja ele criança ou adolescente, cujo sofrimento não encontra ferramentas psíquicas para ser comunicado ou compartilhado em palavras? A vivência clínica que virá a seguir nos dará uma pequena amostra do vivido pela dupla analítica nesse difícil processo. Partilhado e comentado por Mark Solms e Marilia Aisenstein em conferência na Sociedade Brasileira de Psicanálise de São Paulo, o relato desafia a ortodoxia analítica, abrindo espaço para a heterodoxia técnica da psicanálise na atualidade, na qual pode haver o compartilhamento da dor psíquica entre analista e analisando.

Vivência clínica e comentários

Diva Cilurzo: Vamos começar com a vivência clínica.

M. é uma jovem de 15 anos. Os pais me procuram pois, de acordo com eles, ela mesma pediu ajuda psicológica. Por motivo de trabalho, a família foi transferida de um estado do Nordeste para o Espírito Santo e depois para São Paulo.

M. está com gastrite e já perdeu onze quilos em dois meses.

Conheço M. e começamos nosso trabalho com a frequência de duas vezes por semana. Embora tenha proposto maior número de sessões semanais, a jovem afirma que não pode por motivos escolares. Ela se diz uma boa aluna e precisa se manter assim.

Primeiro fragmento de sessão do primeiro atendimento

M. entra, olha para o divã e para a poltrona. Pega o encosto do divã, uma grande almofada, a encosta na parede e se senta, olhando para mim. Ela diz:

Paciente: Não gosto de me sentar de costas, é esquisito. É melhor olhando. Você é parecida com minha avó Neta. Ela é do seu tamanho, pequenininha. Até o cabelo é igual. Sinto falta dela, das duas avós. Na casa de vó Lina, quando eu chego, não quero comer nada, aí ela faz tudo que eu gosto, é muito bom. Ela não é de sair muito, é o jeito dela. Mas ela cozinha muito bem. Com a vó Neta é diferente. A gente fica no shopping o dia inteiro. Assiste filme, conversa, ela gosta muito de ler e me empresta os livros e aí a gente conversa. É duro eu ficar sem ela. Foi difícil eu sair de lá. Lá eu não tinha dor de estômago. Aqui tenho sempre vontade de vomitar.

[Ainda olhando diretamente para mim, M. sorri, com os olhos lacrimejando.]

Analista: É difícil ficar longe de quem a gente gosta, não é, M.?

Paciente: Principalmente delas. Todo dia eu ia para a casa delas depois da escola. Elas cuidavam de mim desde bebê. Minha mãe trabalhava e à noite passava lá para me pegar e ir para nossa casa.

[M. pega um lenço, seca os olhos e diz: "Não estou chorando." Depois continua falando.]

Lá eu tinha cachorro. Bom, tive um monte deles. Quando eles morriam meu pai falava que era assim mesmo. Eu chorava e vó Neta dizia que eles iam para o céu dos cachorros.

[Sorrindo e balançando a cabeça, M. diz:]

Só vó Neta. Eu, na verdade, tive o Tom Tom. Ele era meio esquisito, acho que meio tonto. Tive também o Ben Hur, um labrador bonito. Tivemos um cachorrinho menor quando mudamos. Mas ele latia tanto que meu pai disse: "Chega!" e deu ele embora. Fazer o quê? Ah! Eu também gosto muito de cavalos. Eu fazia equitação lá, até que um dia o cavalo deu uma parada brusca e eu fui para o chão. Desmaiei. Foi uma sensação interessante. Todo mundo em volta até chamarem a ambulância. Demorou, e eu lá esticada no chão.

Analista: *Você estava sozinha quando isso aconteceu?*

Paciente: Não, minha mãe estava me olhando. Ela ficou ao meu lado até a ambulância chegar. Daí eu fui para o hospital. Vó Neta já estava lá. Pegou na minha mão. Vó Lina não pôde ir, me ligava sem parar. Tenho medo que elas morram. E aí, o que vai ser? Ah, preciso te contar. Tenho muitos pesadelos. E acordo chorando. Semana passada eu sonhei que vó Neta estava deitada, branca como um morto. Eu tentava acordá-la, mas ela não respondia. Eu chamava as pessoas, mas elas passavam por mim e não me davam atenção. Aí eu olhei e ela estava no caixão. Eu fiquei paralisada, eu não conseguia acordá-la. Acordei desesperada e não conseguia respirar. Eu estava em pânico e chorando muito. Minha mãe me abraçou, mas eu não contei para ela o que eu tinha sonhado.

[Nesse momento, M., olhando para mim, entre um sorriso e o choro, afirma:]

Eu não estou chorando.

Segundo fragmento de sessão, quatro meses após a primeira

Nosso trabalho continua. Após alguns meses de análise, frases e desenhos são trazidos para as sessões. M. entra, pega o encosto do divã, que é uma grande almofada, a encosta na parede e se senta olhando para mim.

Paciente: Vamos começar, hoje eu tenho novidade. Trouxe meu caderno para você ver. Eu gosto de desenhar e de guardar frases. Gostava muito de fazer isso lá em Vitória, no Espírito Santo. Você quer ver?

Analista: *Parece que você está querendo que eu te conheça um pouquinho mais.*

Paciente: Lá em Vitória foi duro, eu não tinha com quem conversar. Quando eu perdia o sono eu desenhava e ficava buscando frases legais. No início escrevia no caderno, depois cansei e comecei a pôr no telefone. Nunca mostrei para ninguém.

Analista: *Ah, era o seu tesouro. Seu tesouro pessoal.*

Paciente: É, eu gosto de olhar e reler o que eu escrevi. Parece que faz tanto tempo, mas não faz.

[M. abre o caderno e me chama para eu me sentar perto. Sento-me ao seu lado no divã. Silenciosamente, começa a folhear o caderno. São dezenas e dezenas de desenhos. Seus desenhos são em grafite e com uma riqueza de detalhes que me faz pensar em comportamento obsessivo.]

Paciente: Diva, esse aqui eu fiz quando eu perdi o sono. Eu tenho medo de uma boneca que tem no meu quarto. Já falei para a minha mãe jogar ou dar essa boneca, mas ela gosta da boneca, então eu falei pra ela: "Então fica com a boneca!".

[Parando em um desenho de uma menina chorando, M. põe o caderno ao lado e começa a me mostrar as frases; frases enigmáticas, muitas delas tiradas, de acordo com M., da série *Game of Thrones*. Frases sobre amor, justiça e jogos de guerra.]

Paciente: Você já viu? Saiu a última temporada.

[Eu não tive a oportunidade de ver e peço para ela me contar um pouquinho.]

Paciente: Ah, Diva, é muito legal. São sete reinos e é a briga pela liderança. O Ned é um cara corajoso, o Ramsay é um cara do mal e eu gosto mesmo é da Daenerys. Ela é corajosa, não deixa as pessoas fazerem o que querem com ela.

Analista: *Às vezes é difícil se defender. Nos filmes sempre as coisas acabam bem.*

Paciente: Parece que tem lugares em que dá tudo errado. Em Vitória, foi difícil, muito difícil. Tudo que eu fazia estava errado. Eles riam de mim. Eu não falo com sotaque, mas eles diziam: "Você é gordinha de tanto comer jabá." Eu nem sei o que é jabá. Eu gosto é de camarão.

[Há um período de silêncio. M. está pensativa, com o rosto fechado e tenso.]

Analista: *O* bullying *é uma agressão covarde.*

Paciente: Eu tenho uma coisa para te contar, um segredo. Mas ainda não é a hora.

Analista: *Existem situações tão dolorosas que temos até medo de pensar, quanto mais de falar.*

[M. entra em um acesso de riso que dura quase dez minutos, perdendo o fôlego ao final. De forma cuidadosa, me desloco e me posiciono ao seu lado, aguardando o terror perder força, pois, de alguma forma, o oculto para ela era tão pungente que lhe fazia perder o ar. Após alguns instantes, afirmo: "Sua dor é muito grande, às vezes parece que vai te afogar." Olhando para mim com os olhos marejados, ela acena afirmativamente com a cabeça.]

Terceiro fragmento de sessão

Sexto mês de atendimento. M. chega atrasada à sessão. Como de costume, pega a almofada do divã, coloca encostada na parede e se senta olhando para mim.

Paciente: Perdi a hora, dormi demais. Tenho sono. Dói aqui [aponta para o peito]. Eu não consigo comer que volta tudo. Será que eu tenho que continuar vindo? Eu quero dormir.

[As sessões de M. são às 17h30.]

Você sabe que eu não consigo dormir. Eu não consigo dormir à noite, aí eu durmo onde dá e quando dá.

[M. abraça as pernas e entra em um balanço, parece que ela está se ninando. Passam-se vinte minutos, durante os quais pergunto o que está passando por sua mente ou o que ela está pensando, porém não obtenho resposta. Faltando cerca de 10 minutos para terminar a sessão, M. se levanta e, em pé, no meio da sala, afirma:]

Minhas amigas disseram que eu tenho que te contar. Lá em Vitória era duro, não tinha com quem falar. Às vezes eu me fechava no banheiro e chorava. Doía demais. Vó Neta não estava lá. Teve um dia em que eu fui para cozinha para pegar uma faca. Eu pensei em me matar. Eu já estava com a faca na mão quando meu irmão [o irmão é bem mais novo que ela] entrou e pediu comida. Eu olhei para ele e pensei: "Ele precisa de mim. O que vai ser dele se eu morrer? Ele vai sofrer. Ele não merece isso." Mas eu não aguentava mais. Aí eu comecei. Eu me cortava com a coisinha do apontador.

[Ela ia para o banheiro, desmontava o apontador e se cortava com a lâmina.]

Analista: *Ninguém percebia?*

Paciente: Eu me fechava no banheiro, ficava horas lá. Eu gostava de ver o sangue escorrer. Você quer ver?

Analista: *Parece que você quer que eu saiba e veja o que lhe aconteceu.*

[Silenciosamente, ela levanta a manga da blusa e me mostra uma série de cicatrizes no ombro. Uma reação contratransferencial pungente me atinge na forma de uma tristeza profunda. Penso na dificuldade daquela jovem em viver a dor da rejeição pelas colegas, da solidão e do escárnio vivido.]

Paciente: Tudo era brega. Por mais que eu tentasse, nada era bom para elas.

[Levanto e me aproximo de M. Ponho minha mão sobre suas cicatrizes.]

Por que você fez isso?

[Não consigo dizer nada. Após alguns instantes, passa pela minha mente a ideia de uma atadura. Talvez uma "atadura psicanalítica".]

Comentários

Mark Solms: Inicialmente quero dizer algo muito breve sobre minha forma de trabalhar e depois algo sobre este caso. Em meu trabalho, eu considero as várias necessidades instintuais e as relaciono com sete diferentes afetos básicos. Para isso, eu sempre começo me perguntando: "De que sentimento este paciente está sofrendo?". Isso me diz qual necessidade emocional e qual necessidade instintual não estão sendo atendidas. Então minha pergunta se torna: "O que o paciente está fazendo para atender a essa necessidade que não está funcionando, e o que não permite que ela seja saciada?". Isso os pacientes fazem com que vejamos por meio da transferência e da repetição. E é isso que devemos interpretar, o que o paciente precisa mudar no presente para melhor atender à sua necessidade.

Agora eu quero dizer a vocês como eu pensei nesta paciente. Primeiro, ouvimos que ela está sofrendo de uma queixa física que tem a ver com gastrite. Mas eu quero ouvir de que afeto ela está sofrendo e logo percebemos que ela está sofrendo de saudade e de tristeza. Isso significa que ela tem uma necessidade de estar com um objeto amoroso e está fazendo algo para tentar recuperar aquele objeto amoroso e não está funcionando. Eu estou colocando isso de modo muito simples, porque é bom conseguir enxergar coisas simples na complexa vida mental.

Então digo novamente, o sentimento de que a paciente está sofrendo é tristeza. Isso significa que ela está tentando estabelecer uma nova união com o objeto amoroso, mas fazendo algo que não está funcionando.

A tarefa da análise é tornar a paciente ciente de que ela está fazendo algo, para atingir sua necessidade, que não está funcionando, e é por isso que ela tem esse sentimento de tristeza. Essa é a interpretação da transferência.

Enquanto ouvia esse material, inicialmente eu fiquei impressionado pelo modo como a própria paciente solicitou o tratamento e se responsabilizou pelo tratamento desde o começo. Isso me fez pensar a princípio que ela era uma jovem relativamente saudável que estava de fato passando por um processo de luto em vez de melancolia. Pensei que ela estava apenas querendo fazer o processo de trabalho psíquico normal, para superar a perda de suas avós. Mas gradualmente eu percebi que o objeto que ela havia perdido não era uma avó, mas sua mãe. A avó serviu como substituta para uma mãe ausente. Portanto, ela construiu uma solução defensiva que ela encontrou na avó como uma sublimação da falta materna, e aquela defesa agora tinha sido destruída. Ela substituiu a mãe pela avó, mas agora que havia perdido a avó ela estava enfrentando o problema adjacente que era a perda objetal da mãe. Pareceu que a solução que ela encontrou, em termos de como restabelecer a união com a mãe, que é o objeto primário perdido, é somatizante.

O protótipo disso foi o que aconteceu com o cavalo quando ela diz: "Foi uma experiência interessante". Ela fica lá deitada, doente, esperando pela ambulância, mas sua mãe está ao seu lado. Imagino que a sua doença física atual, com a gastrite e outros problemas gastrointestinais, se designa a similarmente trazer sua mãe para o seu lado. Isso é muito comum. Chama-se simplesmente "papel de doente".

Na primeira sessão, isso foi tudo que pensei, mas havia uma pista de algo mais profundo quando ela disse "Eu não estou chorando" enquanto estava de fato chorando, e quando ela disse que não podia contar à mãe sobre o pesadelo. Havia uma pista de existir uma certa fragilidade da mãe, alguma necessidade de proteger a mãe.

Na segunda sessão, vou apenas dizer muito brevemente que tive mais duas impressões. Uma tinha a ver com o desenhar obsessivo, o que me fez pensar na obsessividade como uma defesa contra a perda. É importante distinguir entre dois tipos de ansiedade: medo e pânico. Nós fizemos um estudo sobre ansiedade na neurose obsessiva, no transtorno obsessivo compulsivo (TOC), e descobrimos que a natureza da ansiedade é pânico. Nós estudamos isso e descobrimos que a ansiedade não é medo, é pânico.

Em outras palavras, esse transtorno é uma defesa contra a perda do objeto, é uma ansiedade de separação, de perda. Mas a característica adicional importante no TOC, na obsessão e na autoagressão é uma pista da ambivalência em relação ao objeto perdido.

Na segunda sessão, a principal coisa nova que eu percebi foi a possibilidade de ambivalência em relação à mãe. Isso é uma parte importante da resposta à angústia de separação que observamos em todos os humanos. A primeira fase é chamada "protesto"; a segunda, "desespero". Na fase de protesto, não há somente pânico. Também há raiva. Por isso é chamada de "protesto". Um objeto bom ausente é um objeto ruim presente.

A segunda coisa que eu percebi na segunda sessão foi que parecia que a menina estava começando a usar a analista como a avó. Ela estava tentando restabelecer essa defesa sublimadora, muito mais idealizada, contra a perda objetal mais profunda em que há essa ambivalência. Essa é a camada mais profunda. A substituição sublimada e idealizada da mãe pela avó é uma defesa contra a preocupação ambivalente mais profunda com o objeto perdido: a mãe.

Em outras palavras, eu comecei a pensar: "Não estamos lidando apenas com um luto normal, é algo mais melancólico". Na terceira sessão, vemos muito mais claramente a raiva, o aspecto agressivo do problema. Não há apenas um simples mecanismo de mutilação corporal, que está concretizando a dor psíquica em dor física. Também há o aspecto do mundo interno, o ataque ao objeto internalizado, e isso certamente é visto até de forma muito mais clara na fantasia suicida.

Encerro dizendo que, apesar do que estou falando sobre aparentemente haver essa camada mais profunda das dificuldades da paciente, ainda tenho a impressão de que ela está ocupada testando diferentes soluções, que talvez isso ainda se desenvolva em uma estrutura mais profunda.

A paciente só tem 15 anos. Acredito que a tarefa analítica é conscientizar esta paciente de seus dois níveis de funcionamento. No nível superficial, enquanto defesa secundária, seus sintomas físicos são uma forma de tentar obter a atenção e o amor da mãe. Mas, em nível mais profundo, ela é ambivalente em relação à mãe, que a abandonou em sua mente. Ela tem raiva da mãe ausente, o que só aumenta a preocupação com a perda de seu objeto.

É assim que eu abordaria este caso. Muito obrigado.

Marilia Aisenstein: Frente a uma perda, há três "soluções" principais: processo de luto completo, melancolia e organização somática. Aqui eu vejo a doença somática desta jovem como uma solução, e provavelmente uma solução ruim. Enfrentar a perda das avós... e não é só uma avó, mas duas avós e os cachorros.

Ela se detém na perda de uma mãe ambiente (as avós), que substituiu a mãe biológica, que parece totalmente distante e ausente. Eu tive a mesma reação que o Mark no início. Eu pensei que ela fosse uma jovem muito inteligente e preocupada com seu psicológico. Mas, de uma sessão para outra, vemos que as feridas narcísicas são muito profundas e provavelmente muito prematuras. Ela não pode passar pelo que chamamos de processo de luto, e a gastrite vem como representação da sua depressão. Eu também fiquei impressionada por ela não reclamar o suficiente. Ela tenta rir e diz: "Não, não estou chorando".

Na segunda sessão, podemos notar todos os mecanismos que ela usa para combater sua depressão, e me impressionou muito o fato de esta jovem parecer totalmente sozinha. Bom, a transferência é bem imediata, porque é claro que ela nota imediatamente que a analista se parece com a avó dela. Mas, ao mesmo tempo, ela parece ambivalente: ela solicita o tratamento, mas eu acho que logo ela se sente ambivalente em relação à ligação que ela tem com você. Ela está muito relutante em perder o controle e, é claro, podemos imaginar que ela não teve objetos primários confiáveis.

Acredito que os dois pais são insuficientes, porque também o pai manda o cachorro embora e eles não parecem considerar em nenhum momento o sofrimento da garota.

Agora um ponto de discussão com o Mark: você parece atribuir uma intenção à gastrite, o que chamamos de "benefícios secundários" da doença. Eu penso que obviamente ela usa a gastrite secundariamente para mostrar sua reprovação à mãe e ao pai, mas eu acho que, no começo, a origem real dessa organização patológica é um trauma de verdade para ela. Então meu modo de me questionar é por que essa jovem inteligente – porque ela parece ponderada e inteligente –, por que ela ficou tão desorganizada com a perda e não pôde encontrar formas de superar a tristeza? E, é claro, isso me faz pensar em uma fragilidade narcísica, uma enorme fragilidade narcísica. E provavelmente, e retomo aqui o que disse ontem no seminário clínico, uma falha total, uma falta do que chamamos de masoquismo positivo, quero dizer masoquismo primário.[3]

A terceira sessão eu achei impressionante. Ela começa dizendo que está muito cansada, que está com sono, porque tem insônia, e

---

3 Freud (1996a[1905], 1996b[1915], 1996c[1924]) denomina *masoquismo primário* um estado em que a pulsão de morte ainda é dirigida para o próprio indivíduo, mas ligada e fundida à libido. Tanto a agressividade como o prazer estão voltados para o "objeto interno" e se operam a partir de dois movimentos: atividade e passividade. É sobre este par de opostos (atividade/ passividade, masoquismo/sadismo) que se instalará a estrutura primeva da personalidade e, posteriormente, o masoquismo secundário.

ela diz que não deseja de fato continuar o tratamento. Eu acho que esse é um momento muito perigoso, porque o que ela está fazendo nesse momento é o que Green chama de processo de desobjetalização. Esse é um momento muito difícil para um analista, porque você tem que manter o paciente vivo e tentar reobjetalizá-lo.

Finalmente ela aceita conversar com a analista sobre fantasias suicidas e a analista pode observar que, mesmo que ela tenha uma ferida narcísica imensa e uma falta de masoquismo erógeno, ela tem um bom superego, um superego funcional. É esse superego funcional que a impede de agir, de se suicidar, é o pensamento de que o irmãozinho precisaria dela e nisso dá para ver que há culpa. Há proteção ao garotinho e tudo isso mostra um superego funcional, que não é invadido pelo ideal e é muito tocante quando ela diz do irmão: "O que aconteceria com ele se eu morresse? Ele sofreria. Ele não merece isso". Mas então, ela diz: "Eu comecei a me cortar com aquela coisinha do apontador".

As escarificações que ela causa em si mesma claramente são uma forma de comportamento masoquista, o que é algo muito mais erotizado e intenso que a gastrite, que aparece quando ela para de se cortar. É interessante em relação à antiga teoria freudiana, o estudo sobre masoquismo erógeno primário, que ele descreve em 1924 em "O problema econômico do masoquismo". Freud explica que o masoquismo erógeno é um estado muito primário, em que duas pulsões estão intrincadas. O masoquismo erógeno primário é considerado por Freud o guardião da vida porque é a capacidade de suportar o que é doloroso. Quanto a isso eu consideraria que o fato de ela estar se escarificando, sua automutilação nos mostra falhas na constituição do masoquismo primário, pois ela não consegue lidar com as perdas, e eu veria então essa gastrite como resultado de ela ter parado essa atividade, que parece destrutiva, mas, para mim, era uma tentativa de algo vívido.

Perguntas do público

Bernardo Tanis: Primeiro eu queria agradecer vocês três pela apresentação e pelos comentários. Minha pergunta vai ser curta, talvez a resposta seja mais longa. Tem a ver com uma questão ligada à estrutura e ao funcionamento psíquico dessa paciente. Ambos falaram sobre uma impressão inicial de uma situação que se encaminhava para um luto; e depois ambos apontaram uma estrutura psíquica mais complexa, menos neurótica. Eu não acho que necessariamente os sintomas definem uma estrutura, mas sinalizam as possibilidades ou não do maior ou menor grau de simbolização. Então para mim ela vai se organizando e vai nos mostrando uma configuração não neurótica bastante séria. A pergunta que eu gostaria de endereçar ao Mark é: como se relacionam as necessidades afetivas às hipóteses sobre o papel original do objeto; porque, em relação à sintomatologia que ela apresenta, o se cortar ou a gastrite apontam para essa falha severa de simbolização. É isso, não sei se ficou claro.

Mark Solms: Primeiro, eu vou responder à questão do relacionamento com o sistema de necessidades emocionais, depois à questão dos níveis neuróticos *versus* narcísicos e por último à questão da simbolização. Não é verdade que você fez uma pergunta curta. A primeira parte é a principal porque, para mim, é isso que emerge da neuropsicanálise. Nós temos múltiplas necessidades instintuais, não somente duas. Precisamos aprender como atender a cada uma dessas necessidades e reconciliá-las umas com as outras. No caso dessa paciente, há duas necessidades às quais ela não atende porque estão em conflito uma com a outra. Uma é que ela precisa estabelecer uma ligação com sua mãe, ela precisa obter o amor e a atenção da sua mãe. A outra é que ela precisa ser capaz de se livrar dos objetos que frustram suas necessidades. Isso é vínculo e raiva. Se ela ataca o objeto que está frustrando suas necessidades, que é a mãe, então ela está destruindo o próprio objeto cujo amor e cuja afeição ela está desejando.

Esse é o problema primário e ela precisa encontrar uma solução para isso e não encontra, e é por isso que ela é deixada com ambos os afetos dos quais está sofrendo. Por um lado, ela está sofrendo de separação, angústia, pânico e desespero, e por outro, ela está sofrendo de irritação e raiva. Então há a questão de quais defesas ela tem; e as defesas que ela usa no nível narcísico são uma identificação com a perspectiva da mãe? Em outras palavras, ela suprime sua raiva dizendo: "Eu concordo com o ponto de vista da mãe, eu estou do lado da mãe, eu sou a mãe".

Este é o nível narcísico, mas ela é deixada com uma profunda ambivalência em relação ao objeto internalizado, o que podemos ver nessa fantasia suicida.

Ela tem também uma defesa secundária no nível neurótico que a ajuda a resolver o fato de que sua projeção primária não funciona. É típico que quando você faz uma projeção primária que não funciona você seja deixado com os afetos, e então você lida com os afetos com a defesa secundária. A defesa secundária dela envolve essa substituição da mãe idealizada pelas avós e pelos cachorros, objetos sentimentais.

Isso é superficialmente uma defesa neurótica, que esconde uma estrutura narcísica. Quando ela perde as avós e os cachorros e tudo isso, então suas defesas desabam e a patologia subjacente emerge. Ela tenta resolver isso de novo de um modo tranquilo. Ela é uma garota doente cuja mãe a amará e cuidará dela e ela é uma garota doente cuja analista também a amará e cuidará dela.

A estrutura mais profunda é revelada e isso se relaciona com a questão da simbolização na gastrite, que também é bloquear o objeto interno e vomitá-lo.

O mesmo relacionamento bom que ela teve com as avós ela quer ter com a analista. Esse é o papel do doente. Ela também quer ter esse relacionamento bom com a mãe e é por isso que eu acho que significa progresso na análise quando a ambivalência emerge na transferência.

Como disse a Marilia, esse também é o momento de maior perigo na análise, mas é tipicamente o caso: quando a transferência emerge completamente, nós temos um risco e uma oportunidade.

Alan Meyer: Bom, eu gostei demais da mesa, foi muito interessante toda essa discussão, mas eu gostaria de fazer só duas perguntas bem rápidas. Uma especialmente para o professor Solms, que é se ele admite alguma noção de pulsão de morte. Eu queria saber se você poderia dizer o que a pulsão de morte representa para você, já que tudo neste caso tem muito a ver com o que Freud descreveria como pulsão de morte, mesmo o sonho – que ninguém abordou – da avó morta, pálida, que foi um sonho muito significativo após o qual a paciente acordou.

A segunda pergunta que eu faria para você e a Marilia é a questão de a analista colocar as mãos nos cortes da paciente. E eu relembro um caso de Lacan que está em um vídeo no YouTube; Lacan tratando com uma pessoa que esteve na Gestapo. A mulher falava da Gestapo, dos horrores da Gestapo, e Lacan se levantou e passou a mão no rosto da moça, que em francês é *"geste à peau"*. Eu gostaria de perguntar como vocês entendem, levando em conta sua interpretação desse profundo narcisismo na paciente, essa mão nos cortes? Seria trazer o erotismo para um nível mais suave, digamos assim?

Marilia Aisenstein: Está claro para mim que a pulsão de morte está muito presente neste caso e eu vejo isso especialmente na última sessão, quando ela está tentando desfazer todos os vínculos, a desobjetalização descrita por Green no trabalho sobre os efeitos da pulsão de morte. Nesse ponto ela retorna a essa memória de quando ela se cortava, o que é finalmente um movimento positivo a partir de desfazer os vínculos, ela volta a algo que é erotizado, e eu acho que a analista, levantando e colocando as mãos nas feridas, é com certeza um gesto de ternura, que é uma forma de aceitar o que ela faz. Aceitar, mas transformar em algo de ternura. A paciente tem uma falta total de ternura materna, aí ela tem de ser violenta. Outra coisa, o sonho. Eu também fiquei impressionada com esse sonho, que era um pesadelo, porque ela acorda, ele a acorda, é um sonho muito bruto, nada elaborado. Era seu ódio pela avó ausente que representava a mãe ausente.

Mark Solms: Em primeiro lugar, eu concordo com o que a Marilia acabou de dizer sobre o sonho. Foi exatamente como o enxerguei, que por trás da mãe está a avó, o que muda completamente a relação objetal que está representada. Em outras palavras, por trás da relação sublimatória idealizada, há uma narcisista, profundamente ambivalente.

Em relação ao toque da analista na cicatriz, não vou comentar o elemento erótico apenas porque se trata de todo um componente adicional que eu ainda não introduzi; a coisa curta a se dizer é que eu concordo com a Marilia quanto a isso também, a erotização da perda; contudo, há um simples *enactment* contratransferencial; devemos lembrar o que essa paciente está tentando fazer: em outras palavras, a repetição inconsciente é para recuperar a afeição da mãe.

O se cortar e mesmo o se matar se destinam a preservar a mãe boa, esse amor, e a analista atua isso na transferência, ela satisfaz o desejo subjacente da paciente. Quanto à questão da pulsão de morte, não me alegra dizer a você que eu não acredito mais na pulsão de morte.

Eu falo muito sério, meu analista foi o sucessor de Anna Freud e me doía muito pensar que Anna Freud não entendia Freud. Eu sempre pensei que Anna Freud não entendia a destrutividade, não entendia a pulsão de morte.

Não acredito que haja uma pulsão de morte. O princípio do prazer está na superfície do princípio do nirvana, porque há apenas um princípio, porque tudo é pulsão de vida. Se você realmente atender a todas as suas necessidades, então você atingiu a não existência, você não sente mais prazeres ou desprazeres, você sente satisfação absoluta conforme ela emerge. Esse é o ideal das pulsões de vida.

Contudo, para atingir esse nirvana, na realidade, você precisa trabalhar muito no mundo externo para de fato satisfazer às suas necessidades. Eu acho que os fenômenos clínicos, e enfatizo isso, são aberrações, patologias, não são uma pulsão primária. Os fenômenos clínicos que Freud conceitualizou como pulsão de morte são apenas isso, fenômenos clínicos.

A essência é que uma pessoa não atinge o nirvana via realidade, mas ela entra em curto-circuito e atinge o nirvana diretamente, deixando a realidade para trás, o que é a essência dos fenômenos mortais. Você pode sentir a segurança e a presença do objeto amoroso se o recuperar verdadeiramente, essa é a maneira real. Ou você pode simplesmente injetar heroína no seu braço e sentir a mesma coisa.

Essa paciente faz isso. Ela não se envolve em termos de sua raiva pela mãe, em termos da efetiva relação objetal com a qual é necessário lidar na realidade, ela entra em curto-circuito internalizando o objeto e atacando a si mesma.

É o prazer do autoataque, que leva à erotização dele, à evasão e à negação da hostilidade em relação ao objeto. Com todos esses curtos-circuitos, ela obtém os efeitos sem fazer o trabalho na realidade. Isso é uma negação da realidade e é mortal.

Considerações finais

Do *self-cutting* à gastrite, da perda objetal ao quadro melancólico e à somatização, acompanhamos o caminhar da dor psíquica pelo corpo de M. Como nos diz Marty (1993[1990]), o processo da somatização é marcado, ao longo de sua evolução, pelo selo do negativo mantido pelas pulsões de destruição e de morte. A "desorganização progressiva", ou seja, a destruição da organização libidinal de um indivíduo em um dado momento, na maioria dos casos, conclui-se por um processo de somatização.

A força pulsional não é empregada como guardiã da vida, mas como masoquismo mortífero. A exagerada carga de agressão sofrida é contida, gerando o ato repetitivo, obsessivo e doloroso, estabelecendo uma formação de compromisso entre as representações recalcadas e recalcadoras que virão a impedir a representação do afeto. Embora usada como protetora da estrutura psíquica, o processo de desmentalização e automutilação corrompia o sistema de vida psíquica de M.

Esta é uma indicação preciosa para pensarmos o lugar do corpo na clínica psicanalítica psicossomática. Contudo, quando há uma condensação de experiências traumáticas na infância capaz de trincar ou até mesmo fraturar a estrutura narcísica, a manifestação corporal se potencializa. O quadro doloroso que surge como uma defesa para o ego mediante sua impossibilidade de representatividade de conflitos inconscientes se torna o algoz do corpo, ampliando o potencial da pulsão de morte e regredindo o potencial de vida psíquica e física. Ou seja: por meio da automutilação psíquica evita-se a dor e há "manutenção da vida".

Referências

Bion, W. R. (1981). Cesura. *Revista Brasileira de Psicanálise, 15*, 123-136. (Trabalho original publicado em 1977.)

Ferrari, F. B. (1996). A protodepressão. In F. B. Ferrari, *Adolescência: o segundo desafio* (M. Mortara, Trad., pp. 43-46). São Paulo: Casa do Psicólogo.

Freud, S. (1996a). Três ensaios sobre a teoria da sexualidade. In S. Freud, *Edição standard brasileira das obras psicológicas completas de Sigmund Freud* (Vol. VII). Rio de Janeiro: Imago. (Trabalho original publicado em 1905.)

Freud, S. (1996b). Os instintos e suas vicissitudes. In S. Freud, *Edição standard brasileira das obras psicológicas completas de Sigmund Freud* (Vol. XIV). Rio de Janeiro: Imago. (Trabalho original publicado em 1915.)

Freud, S. (1996c). O problema econômico do masoquismo. In S. Freud, *Edição standard brasileira das obras psicológicas completas de Sigmund Freud* (Vol. XIX). Rio de Janeiro: Imago. (Trabalho original publicado em 1924.)

Marty, P. (1993). Clínica e Teoria. In P. Marty, *A psicossomática do adulto* (P. C. Ramos, Trad., pp. 12-46). Porto Alegre: Artes Médicas Sul. (Trabalho original apresentado em 1990.)

McDougall, J. (2000). Sobre o sono e a morte. In J. McDougall, *Teatros do corpo: o psicossoma em psicanálise* (P. H. B. Rondon, Trad., pp. 87-98). São Paulo: Martins Fontes. (Trabalho original publicado em 1989.)

Guerra, V. (2010). O ritmo na vida psíquica: entre a perda e o reencontro. In S. M. A. Zornig & R. O. Aragão (Orgs.), *Nascimento: antes e depois – cuidados em rede*. Curitiba: Honoris Causa.

Smadja, C. (2013). Deuil, mélancolie et somatisation. *Revue Française de Psychomatique, 44,* 7-24.

Trauma – Memória – Somatização

Eliana Riberti Nazareth

> *If we do not honor our past we lose our future.*
> *If we destroy our roots we cannot grow.*
>
> Friedensreich Hundertwasser

Introdução

Neste texto procuramos abordar alguns aspectos da somatização de maneira geral, da representação e da técnica na análise de pacientes com manifestações somáticas.

Muitos profissionais que trabalham com pacientes com distúrbios somáticos não fazem diferenciação entre os graus de somatização. Porém, talvez seja importante fazer essa distinção, pois um maior entendimento das diferentes psicodinâmicas nos propicia abordagens mais específicas e, portanto, mais próximas do sofrimento do paciente. Na experiência clínica, percebemos diferenças importantes, e a investigação psicanalítica com pacientes que apresentam somatizações vem proporcionando cada vez mais uma maior compreensão de funcionamentos psíquicos primitivos e complexos.

Uma tentativa de compreensão dos fenômenos somáticos

As somatizações em suas várias formas e graus têm intrigado os psicanalistas desde sempre. Desde Sigmund Freud até os contemporâneos, o corpo em suas variadas manifestações vem mobilizando estudiosos de todos os tempos psicanalíticos.

Pierre Marty (1998) e Claude Smadja (2013), ambos da Escola de Psicossomática de Paris (França), apontam semelhanças entre a somatização, a melancolia e o luto, sendo os três, de acordo com esses autores, reações à perda de objeto. A perda do objeto leva à desorganização psíquica, cujo grau depende, por um lado, da quantidade e da força dos traumatismos precoces e, por outro, da estrutura psíquica do indivíduo, ou mais especificamente da qualidade da estruturação de seu narcisismo protetor – que abordaremos brevemente mais adiante.

Assim referem-se Marty e colegas (2003) à etiologia das desorganizações progressivas:

> *Para realçar o ponto de vista etiológico, mais amplamente do que através do número limitado de investigações que oferecemos, e para tornar mais viva a teoria, é tentador desenhar um quadro (forçosamente aproximado e, com certeza, reduzido à nossa experiência atual)* dos traumatismos desorganizadores do aparelho mental, dos quais um grande número pode ser considerado sob o ângulo da perda objetal pura, do luto não elaborado. *(p. 52, destaque e tradução nossos)*

No entanto, diferentemente do luto, na melancolia e na somatização há a repressão da perda, por isso o paciente não "sabe" por que está triste ou não pode saber, tal a ameaça à própria integridade. Ao passo que no luto, o narcisismo é suficientemente forte para reconhecer a perda do objeto. O indivíduo sofre e, de alguma maneira, aceita sofrer, no sentido de que compreende por que sofre.

Na melancolia, como vemos em *Luto e melancolia*, de Freud (1973b), a sombra do objeto recai sobre o ego. É uma solução sadomasoquista, pois parte do ego se identifica com o objeto perdido, processo esse (de identificação) proveniente da fase oral canibalística. Assim, quando há perda do objeto, existe a regressão com o consequente desintrincamento pulsional, ainda que parcial, liberando o sadismo. O superego passa a atacar esse ego identificado com o objeto perdido.

Benno Rosenberg (2003[1991]) explora algumas dessas diferenças:

> *O trabalho do luto consiste, como sabemos, no desapego do objeto perdido, seu desinvestimento e o reinvestimento de um outro objeto. Dizer isso supõe que, mesmo difícil, esse desapego do objeto é em princípio possível; chamaremos essa possibilidade de desapego, utilizando uma palavra um pouco bárbara: destacabilidade.*
>
> *A questão que se coloca é a seguinte: se no luto essa destacabilidade de princípio é assegurada, na melancolia ela é, como acreditamos, senão impossível, ao menos muito difícil. Se isso é verdade, o trabalho de luto do melancólico torna-se problemático a tal ponto que, para que o desapego do objeto seja possível, é necessário que se trate de outro tipo de trabalho (o trabalho da melancolia).*[1] *(pp. 127-128)*

---

1 O autor refere-se a *Luto e melancolia*, de Freud.

Adiante, Rosenberg prossegue:

> *A causa da dificuldade do melancólico em desapegar--se do objeto vem da maneira pela qual esse objeto é investido antes que seja perdido: é porque investe esses objetos de certa maneira que a melancolia não pode desinvesti-los, ou, em todo caso, tem dificuldade para isso. Esse tipo de investimento de objeto é aquele que Freud chamou depois de 1913 ("Para introduzir o narcisismo")* escolha narcisista de objeto *e que preferimos chamar* investimento narcisista de objeto. *O investimento narcisista de objeto torna-se praticamente a predisposição à melancolia, já que, como acabamos de ver, é ela que torna impossível o trabalho de luto.* (p. 128)

Contudo, de acordo Smadja,[2] referindo-se a Marty, essa ainda é uma solução libidinal, e isso é importante, pois, frente à perda do objeto, há uma reorganização, ainda que sadomasoquista, cujo objetivo é constituir um novo objeto na fantasia. O que ele chama de "sintomatologia positiva da ordem psíquica".

Smadja, em "Deuil, mélancolie et somatisation" (2013), esclarece:

> *Na melancolia, o desinvestimento libidinal do eu está associado à sintomatologia positiva, de ordem libidinal, enquanto que no estado de somatização o desinvestimento libidinal do eu está associado a uma sintomatologia negativa, da ordem da autodestruição. . . . O que Marty descreve como sintomatologia negativa é uma*

---

2 C. Smadja, comunicação pessoal, 2013.

diminuição generalizada de todas as expressões psíquicas. Ora, o que sustenta a expressividade psíquica é a atividade de ligação e unificação das pulsões eróticas. A partir desse fato, o que chamo de trabalho da somatização, resulta da atividade inconsciente das pulsões de destruição junto ao plano organizado da matriz das excitações no nível do eu. (pp. 12, 19, tradução nossa)

No distúrbio psicossomático, portanto, não há pontos de fixação razoavelmente organizados – os reservatórios de libido que são os nós organizadores das diversas fases da evolução psíquica. E porque não há esses pontos de fixação, na regressão, há desorganização psíquica progressiva. Como não há objetos internos organizados, em razão das perdas traumáticas, e da não constituição de um modo de funcionamento psíquico que não seja baseado no trauma, o corpo se torna objeto. Não podemos esquecer que o intrincamento pulsional, fusão Eros-Tânatos, se dá com o objeto, mediante a relação objetal, na relação com o objeto. É a relação de objeto primitiva que organiza o narcisismo positivo, protetor do *self*.

René Roussillon (2015) adverte que, quando o ambiente é rígido e há uma imposição do meio ambiente e este não atende às necessidades do bebê, o bebê se retira do objeto para um *bunker* interno. A partir daí, pode dar-se o desintrincamento pulsional. Esse corpo que se torna objeto é um corpo do autoerotismo defensivo, não do narcisismo protetor. E devemos lembrar que com o desenvolvimento da doença diminui a depressão e a angústia, o que alivia o indivíduo do terror e do medo de enlouquecer.

Em *Introdução ao narcisismo*, Freud (1973a[1914]) apontou a enfermidade como um processo do organismo de tentativa de cura:

> *Mas para esta elaboração interna é indiferente, a princípio, atuar sobre objetos reais ou imaginários. A diferença surge depois, quando a orientação da libido em direção aos objetos irreais (introversão) chega a provocar um estancamento da libido. A megalomania permite nas parafrenias uma análoga elaboração interna da libido retraída ao ego, e talvez só quando esta elaboração fracassa é quando se faz patógeno o estancamento da libido no ego e* provoca o processo de cura que se nos impõe como enfermidade. *(p. 2024, destaque e tradução nossos)*

Mas de qual "cura" falava Freud? Talvez da cura frente à psicose, pois, nessa organização, se o corpo não é objeto, a psicose se instala.

Na desorganização psíquica, com o desintrincamento pulsional, há liberação da pulsão de morte. O objetivo é evitar a dor psicotizante? O ego utiliza a função desobjetalizante para ativamente suprimir a dor, suprimindo o aparelho que registra a dor. É equivalente a uma amputação. O ego utiliza a pulsão de morte para destruir as funções de percepção e memória, cujo objetivo é sobrevivência psíquica. Porém, nos distúrbios psicossomáticos, o ego, muito frágil, não consegue neutralizar a pulsão de morte e a cadeia de representações se desfaz, o que leva à desmentalização.

Assim resume Smadja (2013): "Depois de qualificar o trabalho de luto de solução narcísica, o trabalho da melancolia de solução masoquista, podemos qualificar o trabalho da somatização de solução somática à perda de objeto" (p. 19, tradução nossa). No entanto, nem toda desorganização psíquica e pulsional representa uma desobjetalização. Pode ser uma não objetalização. Uma não vinculação ao objeto restando, como escolha objetal, o próprio corpo. É o ego corporal de Freud. São os fragmentos não integrados que nunca foram simbolizados que restam em um corpo sem história.

Em seus diversos graus, o distúrbio psicossomático pode apresentar momentos de maior ou menor desorganização, devido principalmente a diferentes graus e tipos de mentalização (Marty, 1998).

A dificuldade, a nosso ver, nos distúrbios somáticos graves, é que não há representações suficientes da perda e do trauma, tanto em qualidade como em quantidade. Há apenas inscrições rudimentares que não evoluíram, não alcançaram um nível mínimo de mentalização, portanto, de simbolização, restando na memória implícita, sem a possibilidade de elaborações contínuas. Permanecem como sensações por vezes dispersas e estanques do restante da vida psíquica.

Quando o psiquismo é confrontado ou atacado por um trauma interno ou externo e não consegue dar conta da excitação por uma falha no sistema pré-consciente (sede e usina das representações), há deterioração da qualidade das representações nele contidas e/ou ativação das inscrições rudimentares, das representações de coisa, de conteúdos brutos e não simbolizados. Isso se dá por falhas na formação das identificações primárias, por libidinização excessiva, libidinização deficiente ou desarmônica. A função materna (Marty) ou a preocupação materna primária (Donald W. Winnicott) que é a função transformadora, paraexcitante, ou não ocorre, ou ocorre de modo insuficiente, e o ego incipiente não consegue dar o escoamento adequado às excitações (internas e externas). Existem falhas na formação das representações e, portanto, uma não integração ou uma integração deficiente, débil, pobre. O indivíduo fica à mercê do trauma e não há a formação de um "tegumento", segundo Freud (1973c[1919/1920]), que seria a película protetora do *self*.

Temos então que, se, por um lado, as associações entre as representações, da coisa à palavra, são as vias de escoamento e transformação, por outro, são passíveis de provocar dor, por juntarem o afeto à ideia. Esse vínculo é atacado, ou antes, à mera sensação de uma possível associação – ao mero surgimento da angústia sinal –, entra em funcionamento a desobjetalização e a quebra dos elos, desfazendo a fusão pulsional, desmanchando ou não propiciando a mentalização, o que, por sua vez, aumenta a angústia. Isso porque a mentalização, a simbolização, é a maneira mais eficaz, ainda que dolorosa, de se lidar com a angústia provocada pelos traumas precoces inscritos na profundidade do psiquismo.

Análise dos pacientes com somatizações

Por meio do objeto dá-se o intrincamento pulsional e, na análise, o objeto é o analista. Porém, o problema, ou um dos problemas, é que esses pacientes não mantêm o objeto internalizado, porque, não devemos esquecer, está em atividade a parte do ego que está empenhada em cortar ligações, em desfazer associações entre as representações para evitar a dor psíquica.

É o que observamos nos pacientes somáticos que não conseguem reter introjeções e vínculos por muito tempo. Uma das expressões dessa dificuldade está no fato de estarem sempre indo a vários médicos, analistas e terapeutas, por exemplo. A mentalização é temida e ao mesmo tempo custosa para esses pacientes. Eles se esvaziam muito rapidamente. Esvaziam o discurso, as palavras são vazias, não há sonhos; nas palavras de Michel Fain (1966), o sono é fisiológico e não psicológico. Ainda de acordo com esse autor, o sono psicológico é uma maneira de reencontrar o ideal do ego, o ideal das identificações primárias, porém nos psicossomáticos encontramos um sono fisiológico e não psicológico – um sono sem sonhos, não libidinizado, ou com conteúdo tosco, pouco elaborado.

Na análise desses pacientes, frequentemente deparamos com resistências à aproximação analítica, às vezes intransponíveis. Joyce McDougall (1996), resume a forte resistência encontrada no trabalho com esses pacientes:

> *A resistência à mudança psíquica é muito forte porque esses analisandos estão convencidos de que a mudança só pode ser-lhes desfavorável.* Sua força de inércia é a única proteção de que dispõem contra um retorno traumático insuportável e inexprimível. *(p. 103, destaque nosso)*

Podemos perceber claramente um esvaziamento na sessão, quando o discurso do paciente muda de nível, indo do abstrato ao concreto, do pensar ao fazer.

Ainda Fain (1966) fala que esse paciente se utiliza de truques como uma tentativa de "manter no estado neutro um fator letal, por procedimentos que não têm uma origem puramente libidinal" (p. 17). Isso se dá para manter certa excitação, como o ninar mecânico que, mesmo sem amor, acaba por acalmar um bebê angustiado. E alerta: "a cessação brutal ou progressiva, total ou parcial de um truque provoca *ipso facto* o reaparecimento de uma excitação que sobrecarrega as possibilidades de integração do organismo, que vai então ser capaz, ou não, de circunscrevê-la" (p. 17). O "truque" então funcionaria como uma paraexcitação, um arremedo da função transformadora materna. Um procedimento autocalmante.

Podemos então dizer que, se há a regressão, surgem somatizações mais ou menos passageiras e temporárias, como as que ocorrem nos momentos de crise da vida; e se há elementos não integrados psiquicamente, sem possiblidade de integração e simbolização, há a não saída do corpo rumo a motricidade e representações de palavra, surgindo somatizações graves e doenças psicossomáticas.

Fain (1966), quando discute a regressão e a fixação nos psicossomáticos graves, diz: "Não podemos dizer de alguém que tenha caído de um andaime, que tenha regredido ao nível do solo", parecendo alertar para o uso excessivo do conceito de regressão para compreender tais fenômenos psicossomáticos graves. Tais diferenças provocam reações contratransferenciais diversas e implicam um uso diferente do instrumento da contratransferência, bem como tipos diferentes de interpretação e de trabalho analítico.

Quanto maior o número de fragmentos não integrados, mais construção/mentalização vai ser exigida da dupla analítica. Esses fragmentos não integrados, soltos na fronteira do somático e do psíquico tornam o corpo sem história e sem memória, no sentido da memória recordável e simbolizável, sem possiblidade de alguma elaboração rumo ao psíquico simbólico. É a repetição do afeto que se dá nos sonhos fisiológicos, como diz Fain (1966), sendo o material pré-psíquico, como destaca Cesar Botella (2014).

> *Deveríamos, então, falar do pré-psíquico? Seria mais exato falar de uma quantidade de energia que se manteve, e até com menos significado e que só pode ser descarregado através da ação ou da atividade alucinatória dos sonhos ao usar qualquer contexto que seja. Seu conteúdo é mais ou menos uma questão indiferente; a única coisa que conta é a repetição do afeto: independente do conteúdo usado para transmiti-lo.*

Isso nos leva a pensar que qualquer estrutura psíquica, mesmo a de uma neurose edípica, se for suficiente examinada, tocará certas zonas psíquicas que envolvem experiências traumáticas que não tenham sido representadas, pensadas, registradas na memória, mas que, mesmo assim, fazem parte de cada um de nós. (p. 53)

Podemos pensar que nas grandes ameaças à integridade psíquica, mesmo nos neuróticos, as quais provocam importantes regressões e desorganizações, o psiquismo, ao não dar conta de manejar a angústia suscitada, ataca o corpo como última fronteira, e a energia daí resultante estimula e reativa os traumas primitivos, cooperando para o aparecimento, ou reaparecimento, de inúmeras somatizações.

Ilustração clínica

Catarina é uma moça de 34 anos, inteligente, mãe de duas meninas. Antes de ser mãe, havia sido uma profissional bem-sucedida.

Seus sintomas se acentuaram depois que deu à luz sua primeira filha. Entrou em uma grande depressão, tendo muita dificuldade em cuidar da filha bebê. Não conseguia sair do quarto e tinha muita dificuldade também para amamentar. Precisava de constantes cuidados até que precisou tomar fortes antidepressivos, o que acabou por inviabilizar a lactação.

Procurou a análise por recomendação de seu médico, em razão de frequentes enxaquecas, hipoglicemia, insônia crônica, tensão pré-menstrual, sintomas esses que não cediam à medicação. Porém, apesar de tanto sofrimento físico, Catarina não fazia conexão alguma entre seus sintomas e ocorrências de sua vida. Mesmo quando dizia se sentir deprimida, era um relato vazio, uma depressão "seca".

Em todas as sessões fazia relatos sem fim sobre sua estrutura doméstica, as dificuldades que tinha com os empregados, com o entra e sai dos funcionários e com a rotina de sua casa. O que transparecia em seus relatos, mas de maneira dissociada, era uma intensa irritabilidade e impaciência que estava afetando todos os seus relacionamentos. No entanto, comigo era doce e terna.

Muito lentamente conseguimos saber mais de sua vida por trás daquele discurso hermético e rígido. Era a primeira filha, e sua mãe a havia tido muito jovem, enquanto morava em outro país. Lá, sua mãe estava sozinha, sem família nem amigos. Sua mãe, deprimida, por sua vez, havia sido também filha de uma mãe muito deprimida, e essa estada no exterior deve ter intensificado sua depressão (da mãe) e talvez sua violência. Conforme foi crescendo, Catarina diz que foi ficando cada vez mais "teimosa", ao que a mãe respondia com violência, agredindo-a fisicamente.

O pai viajava muito, o que a fazia sentir-se absolutamente indefesa frente às agressões da mãe. Logo vieram dois irmãos, e ela foi se sentindo cada vez mais só. Por causa do tipo de trabalho do pai, a família foi obrigada a se mudar de cidade muitas vezes. Mudanças sempre muito difíceis para Catarina, com muitas perdas.

Tais "relatos" não partiam propriamente dela, eram antes construções que fomos fazendo no decorrer da análise. Sua história era uma colcha de retalhos.

Catarina acabou por manifestar uma síndrome metabólica na pré-adolescência, momento em que engordou muito, com alterações das taxas de colesterol, triglicérides etc., aliada a oscilações na glicemia. O relacionamento com a mãe atingiu um ápice de violência, em que a mãe a agredia e xingava, até que resolveu fugir de casa e ir morar na casa da avó materna.

Depois desses episódios, Catarina resolveu fazer o ensino médio fora do país e, ela mesma, sozinha, escolheu o lugar, fez o exame de seleção, arrumou a vaga e matriculou-se. Curiosamente escolheu um colégio rígido, um semi-internato, onde permanecia na maior parte dos fins de semana também. Desse tempo, ela não tem nem boas nem más recordações. Após voltar, em pouco tempo casou-se com um rapaz amigo de um parente, o qual mal conhecia, e que acabou por revelar-se uma pessoa rígida, onipotente, arrogante e desrespeitosa com ela.

Catarina demonstrava nunca ter sido cuidada, no sentido de poder ter tido sua destrutividade acolhida por uma mãe, que parece também nunca ter sido acolhida. Suas doenças e somatizações parecem se referir ao trauma de ter sido deixada só com suas próprias excitações, não encontrando um ambiente suficientemente bom que pudesse funcionar como um sistema de paraexcitação.

Ela testava o *setting* e me testava o tempo todo. Pedia mudanças frequentes de horário, faltava, muitas vezes dizia que queria parar a análise, pois falava não estar ajudando em nada. Em outros momentos, vinha com pedidos sôfregos de ajuda, solicitava sessões extras, mas muitas vezes vinha para falar se devia ou não conversar com a empregada ou dispensá-la.

Apesar de, especialmente nesses momentos, a atuação na transferência ficar evidente, ela não via relação entre mim e a empregada, por exemplo. Eu perguntava a ela muito sutilmente, porém escolhia não apontar isso diretamente, pois sentia que poderia ser muito intrusiva, como ela sentia a própria mãe.

Uma breve vinheta clínica

Mais uma vez Catarina chega falando da casa, das empregadas, das crianças. Descreve como é sua rotina, o que faz cada uma das empregadas, os horários. Fala longamente; parece uma fala de descarga somente.

Analista: *Parece que você sente que a rotina da casa, de empregadas, funcionárias, não deixa espaço para você. Aqui, também, acaba tomando seu espaço, o espaço da sua análise.*

(Falo, mas em seguida me arrependo... Sinto um aperto no peito, um impacto.)

Paciente: (Dá uma risadinha, mas eu tenho a sensação de ter falado grego.) Tenho até medo de falar que estou me sentindo melhor sem o P. (o marido que estava viajando). Sinto menos pressão, menos cobrança. (E passa a descrever longamente quais são as cobranças dele com os empregados domésticos.)

A: *Talvez você sinta que eu também a pressiono e que não acolho o que você tem para me dizer...*

P: Ah não, você não, Eliana! Mas o P.! Sabe, aqui acho que é o único lugar onde me sinto bem. Tem vezes que não tenho vontade de voltar para casa. O P. é muito exigente, briga muito comigo. (Descreve as exigências do marido com a casa, comida, roupa, jantares etc.)

A: *P. não aceita você como você é?*

P: (Os olhos dela brilham. Parecia uma criança feliz ao ganhar um brinquedo.) É! (Logo em seguida passa a fazer cara de choro e fala baixinho.) Ninguém me aceita, acho que só você... Minha mãe, não consigo nem chegar perto; fujo do P., porque se ficar perto lá vem ele com crítica, pedidos infindáveis... Não aguento as mães da escola, Eliana! Até as meninas não gostam de mim! Noutro dia, a A. (filha mais velha) veio falando que gosta mais do pai! O que eu faço? (Aperta as têmporas.) Tô morrendo de dor de cabeça, tô ficando enjoada de enxaqueca. Preciso ir embora.

A: Catarina, veja, você começou a falar de coisas muito dolorosas para você, que sente que ninguém gosta de você, ninguém te aceita. É difícil pensar e sentir tudo isso. Acho que a enxaqueca veio porque começou a ficar insuportável para você pensar nisso tudo.

(Lágrimas correm por seu rosto.)

A: O que você está sentindo?

P: Nada. Só muita dor de cabeça.

A: Acho que o coração está doendo também... Mas, sabe, quando eu falei que você não se sentia aceita pelo P., seus olhos brilharam. Acho que você se sentiu compreendida por mim, por isso falou que só eu te aceito como você é.

(Ao terminar a sessão, ela, já de pé à porta, diz:)

P: Eliana, dá para você me ajudar a abotoar esses botõezinhos?

(Ela estava com uma blusa cheia de botõezinhos nas costas.)

Em sessões como essa, nas quais aparecia um pouco mais de seus sentimentos, era frequente que, ao final, ela pedisse alguma ajuda concreta, como abotoar os botõezinhos nas costas de sua blusa – que não raro ela vestia – ou beber um copo de água, ou perguntava se a barrinha de cereais disponível na sala de espera tinha açúcar etc. Penso que era a maneira possível de ela pedir meu acolhimento e testar minha paciência e meu "jeito". De fato, era preciso muito jeito para abotoar todos aqueles botões!

Considerações finais

Sabemos por Winnicott que a mãe/ambiente suficientemente boa é a que pode sobreviver à destruição que seu bebê causa a ela. É todo esse processo que permite o nascimento da mente do bebê, que permite o caminho da representação de coisa a representação de palavra.

O trabalho analítico tem a possibilidade de converter o não representado, não simbolizado do paciente, em representação de palavra, na medida em que constrói elos associativos, os quais permitem a inscrição em um universo de linguagem, isto é, um universo simbólico, compartilhado, onde há outro – o analista com sua escuta e acolhimento. O trabalho analítico pode trazer de volta o ego que se retirou para o corpo.

Catarina não teve a oportunidade, como Winnicott (1968, citado por Abram, 2015) coloca, de dizer ao objeto: "Você tem valor para mim, por causa da sua sobrevivência à minha destruição ... Enquanto estou te amando, estou o tempo todo te destruindo" (p. 120). Não pode desenvolver uma resiliência mínima, um pré-consciente que absorve e que constrói representações, unindo afeto à ideia, que a ampare e a proteja dos impactos. Teria seu objeto não sobrevivido?

Agora lutamos para que o objeto-análise sobreviva.

Para terminar

Com pacientes com manifestações somáticas, a contratransferência é, muitas vezes, o nosso *fio de Ariadne*. Percorremos seus labirintos, sem saber os segredos de sua comunicação não verbal encerrada em um tempo mítico no qual não há representações, símbolos, palavras. O que nos resta, não raro, é ouvir a nós mesmos, utilizar nossas sensações, impressões e associações despertadas por um corpo que fala por meio de seu sofrimento e que ao longo de toda uma vida só encontrou ecos no desconhecido e no vazio.

A contratransferência utilizada de modo ativo pelo pensamento do analista representa, às vezes, o único acesso a ansiedades silenciosas e não visíveis. Acho que o aperto que senti em meu peito diz respeito à contratransferência somática que muitos analistas relatam sentir no atendimento de pacientes somáticos, os quais se apresentam pobres em associações, devaneios e sonhos, porém com muito sofrimento que não pode ser dito nem sequer pensado.

Senti, em meu corpo, a pressão que talvez já estivesse no ar, que Catarina dizia sentir ao não ser aceita, ao não terem tolerância com ela. Eu também, com minha fala, não a aceitava do jeito que ela era, trazendo o material que podia trazer. Esperava dela um funcionamento psíquico simbólico que ela não podia ter. Afinal, essa era Catarina... Essa era minha paciente e não outra que eu pudesse idealizar e fazer "exigências".

Ela não teve "botõezinhos" do ambiente que ligassem suas pulsões de maneira satisfatória. Botõezinhos libidinais que historicizassem seu corpo rumo à mente, rumo a um mundo psíquico mais integrado. Como outros pacientes com sérias somatizações, Catarina, como diz a epígrafe deste texto, não pode honrar seu passado por ser um passado de traumas, cuja dor precisou ser dissociada e cortada de sua mente. Não pode manter nem mesmo criar suas raízes.

Talvez reste a nós, a dupla analítica, construir uma história, desenvolver raízes para que Catarina possa crescer e ter um futuro.

Referências

Abram, J. (2015). Further reflections on Winnicott's last major achievement: from "Relating through identifications" to "The use of an object". In G. Saragnano, & C. Seulin (Eds.), *Playing and reality revisited* (pp. 111-123). London: Karnac.

Botella, C. (2014). Sobre o recordar: a noção de memória sem recordação. *Livro Anual de Psicanálise*, *30*(1), 50-75.

Fain, M. (1966). Intervenções sobre regressão e instinto de morte, hipóteses a propósito da observação psicossomática de P. Marty. In *Curso de psicossomática psicanalítica*. Rio de Janeiro. (Apostila não publicada.)

Freud, S. (1973a). *Introducción al narcisismo* (Luis Lopez-Ballesteros y de Torres, Trad.). Madrid: Editorial Biblioteca Nueva. (Trabalho original publicado em 1914.)

Freud, S. (1973b). *Duelo y melancolía* (Luis Lopez-Ballesteros y de Torres, Trad.). Madrid: Editorial Biblioteca Nueva. (Trabalho original publicado em 1915/1917.)

Freud, S. (1973c). *Além do princípio do prazer* (Luis Lopez-Ballesteros y de Torres, Trad.). Madrid: Editorial Biblioteca Nueva. (Trabalho original publicado em 1919/1920.)

Laplanche, J., & Pontalis J.-B. (2001). *Vocabulário da psicanálise*. São Paulo: Martins Fontes.

Marty, P. (1998). *El orden psicossomático* (Javier Alarcon, Trad.). (Obra não publicada.)

Marty, P. et al. (2003). *L'Investigation psychosomatique* (Coleção Quadrige). Paris: Presses Universitaires de France.

McDougall, J. (1996). *Teatros do corpo: o psicossoma em psicanálise* (Pedro Henrique B. Rondon, Trad.). São Paulo: Martins Fontes.

McDougall, J. (1997). *As múltiplas faces de Eros: uma exploração psicanalítica da sexualidade humana*. (Pedro Henrique B. Rondon, Trad.). São Paulo: Martins Fontes.

Rosenberg, B. (2003). *Masoquismo mortífero e masoquismo guardião da vida*. São Paulo: Escuta. (Trabalho original publicado em 1991.)

Roussillon, R. (2015). An introduction to the work on primary symbolization. *IPA Congress Papers, 96*(3), 583-594.

Sapienza, A. (1999). Reflexões cínicas sobre o uso e manutenção das funções psicanalíticas. In *Encontro de Psicoterapia e Psicanálise*. São Paulo: SBPSP.

Smadja, C. (2013). Deuil, mélancolie et somatisation. *Revue Française de Psychosomatique, 44*(2), 7-24.

Winnicott, D. W. (1988). O psicossoma e a mente. In *Natureza humana* (pp. 29-32). Rio de Janeiro: Imago.

Winnicott, D. W. (2000). A mente e sua relação com o psicossoma. In *Da pediatria à psicanálise: obras escolhidas* (pp. 332-346). Rio de Janeiro: Imago. (Trabalho original publicado em 1949.)

Simbolização e imunidade

Ilana Granatovicz Reuben

Disquisição[1] na insônia

Que é loucura; ser cavaleiro andante
Ou segui-lo como escudeiro
De nós dois, quem o louco verdadeiro?
O que, acordado, sonha doidamente?
O que, mesmo vendado,
Vê o real e segue o sonho
De um doido pelas bruxas embruxado?
Eis-me, talvez, o único maluco,
E me sabendo tal, sem grão de siso,[2]
Sou – que doideira – um louco de juízo.

Carlos Drummond de Andrade

---

1 Segundo *Dicionário Houaiss da língua portuguesa* (2001), significa "investigação, reflexão, especulação".
2 Segundo *Dicionário Houaiss da língua portuguesa* (2001), quer dizer "boa capacidade de avaliação, bom senso; juízo, tino".

Neste trabalho, pretendo demonstrar que, assim como pacientes somáticos, os pacientes fronteiriços também são incapazes de criar redes simbólicas que permitam seu desenvolvimento e elaboração de seus conflitos. A simbolização, ou seja, a transformação de atos ou de sintomas somáticos em pensamentos, permite que o indivíduo crie imunidade, resiliência, para enfrentar os fatos da vida de uma forma organizada.

Com base em seus estudos sobre a histeria e neurose de angústia, Freud elaborou o pensamento psicanalítico. Trouxe à cena o universo simbólico das patologias. Ao abordar a histeria, deteve-se sobre o componente somático do sintoma e o definiu como representante simbólico do conflito. Para tanto, usou o termo *conversão* para explicar a transposição de um conflito psíquico em sintoma somático, motor ou sensitivo. Em termos metapsicológicos, a neurose foi a primeira estrutura a ser estudada. Freud (2010[1893]) chamou psiconeuroses de defesa as neuroses histéricas, obsessivo--compulsivas e fóbicas.

Na clínica contemporânea, no entanto, precisamos encontrar equipamentos e formas de compreensão para lidar com os casos em que predominam as falhas de simbolização e os déficits de constituição do narcisismo primário. Patologias contendo somatizações e adições, patologias do vazio, melancolias e patologias em que as atuações são proeminentes, como as do tipo *borderline*, foram classificadas por Freud (2010[1893]) como neuroses atuais, narcísicas e de caráter. André Green (2008), em um estudo sobre pacientes *borderline*, propôs a definição de estruturas não neuróticas.

Vou descrever como o analista, por meio da transferência, do uso da contratransferência, de recursos como construção (Freud, 1969[1937]), criação de figurabilidade e sonhar a dois e da utilização de sua função alfa explícita e implícita, pode recuperar uma rede simbólica defeituosa ou inexistente. Quando essa rede é recomposta, o trauma é revivido no campo analítico pelo contato com a realidade triangular. Dessa forma, a dupla analista e analisando pode "sonhar a dois". Após processo simbiótico entre paciente e analista, chega-se a um ponto em que é possível correr o risco de perceber que o analista é um terceiro, um ser independente, não mais um prolongamento narcisista do paciente. Assim, no processo analítico, pode-se reviver as primeiras fases do desenvolvimento, com a possibilidade de que novas experiências substituam as experiências deficitárias parentais e ambientais arcaicas para ser possível chegar a uma posição edípica de elaboração. Penso que, por meio dessa restauração, o paciente cria imunidade para lidar de uma forma mais saudável com as vicissitudes da vida.

Recordo aqui o conceito de cura em psicanálise cunhado por Fábio Herrmann (2015, p. 102), que destaca que estar curado significa estar apto a curar-se de si mesmo. Curar, então, implica estar em uma disposição de cuidado, de tomar em consideração. Curado, o homem atinge um estado semelhante ao da fruta madura ou de um queijo bem curado, no ponto certo. Como para os queijos, os pontos variam de uma pessoa para outra, mas ainda assim é possível saber o que é estar curado, ou seja, obter uma harmonia de potencialidades características nas pessoas, como nos queijos. Criar imunidade psíquica pode ser entendido como alcançar esse ponto de cura, segundo o conceito de Herrmann.

Vou relatar o caso de Remo,[3] um paciente de 40 anos que veio procurar análise por estar vivendo um estado de falência profissional, amorosa, pessoal. Isso fez eclodir questionamentos em relação ao que queria buscar, o que fazia sentido para sua vida. Sentia-se sempre à mercê de forças violentas que poderiam irromper de dentro de si, precisando a todo momento assegurar-se de que eu, analista, aguentaria esses ataques. Estava tudo *falido*, mas a esperança

---
3 O paciente será identificado como Remo.

de transformação o manteve assíduo e vinculado ao trabalho ao longo de dez anos.

Como no filme *Apocalipse now* (Copolla, 1979), que ele mesmo mencionou e me emprestou para que pudesse assistir e compreender o que queria dizer, vivia as situações limites da vida como uma "hecatombe nuclear", termo usado pelo paciente. O filme de 1979 retrata a insanidade da guerra, apresentando um personagem, um capitão, que está à espera de uma missão, em busca de algo que dê sentido a sua vida. Quando está na guerra, pensa que gostaria de estar em casa com a esposa e os filhos; quando está com eles, não vê graça na vida pacata de sua rotina. Com imagens fantásticas e surreais, são desvelados aspectos da loucura, da cisão do homem em relação a sua destrutividade. Enquanto bombas caem destruindo um vilarejo onde há uma escola infantil, o general ouve "Cavalgada das valquírias", de Richard Wagner, e surfa nas ondas vietnamitas.

Vejo esse cenário como um sonho de Remo, em que as situações limites da vida são vividas como um apocalipse. A possibilidade de não poder suportar o novo, o diferente, transporta-o para esse cenário imaginário de destruição, em que há cabeças cortadas e espalhadas pelo chão, bombas caindo, perseguições. Seu sonho tem esse conteúdo. Remo inveja o diretor do filme, inveja sua capacidade de aproveitar os imprevistos das filmagens para criar algo novo. Ele se via sem essa possibilidade.

Remo também se descrevia como alguém muito intolerante: quando frustrado, a expressão era de fim de mundo. Tinha as emoções à flor da pele. Em determinada sessão, falou de sua extrema sensibilidade à dor. Ao falar sobre quando ia ao dentista, destacava que se contorcia, que sentia uma dor intolerável a qualquer menção de uma manobra mais intrusiva: "A anestesia não funciona, não pega".

Até então, não tinha uma pele que o separasse do outro (Bick, 1968). Sem continente, não tinha continência egoica que o deixasse ter controle de seus conteúdos internos. É como se precisasse de anestesia para conter as dores da vida; tinha a impressão de que não suportaria nada. Não conseguia se apropriar dos recursos que tinha, pensando ser completamente desprovido deles. Sentia-se empobrecido e me fazia abastecê-lo de assuntos interessantes, como se pudesse "obturar o vazio de sua vida".

Remo, a princípio, vinha às sessões "marchando", como um soldado a caminho de sua missão. Sentindo que sua missão havia falhado, vinha a mim tentar redescobrir seu caminho, buscando uma nova perspectiva para sua vida. Durante todo o trabalho, Remo teve uma assiduidade e uma pontualidade impecáveis. Vinha quatro vezes por semana ao longo de quase todo o trabalho, que durou oito anos; as sessões foram reduzidas para três e depois para duas nos últimos dois anos. Foi capaz de sustentar nosso vínculo por todos esses anos, tendo esperança de crescimento pessoal e transformação.

Trata-se de um rapaz inteligente, vinha com sede de conhecimento, aprendizado, conversa, contato, o que me mantinha constantemente animada, viva, acreditando em seus recursos e em nosso trabalho. Observei nele um movimento de gangorra, ora deprimido, ora em pânico. Sentia-se sempre à mercê de forças violentas que poderiam irromper de dentro de si. Queria assegurar-se de que aguentaria esses ataques.

Encontrei na figura de Dom Quixote, de Miguel de Cervantes (2002), acompanhado de seu fiel escudeiro Sancho Pança,[4] descrito e refletido na poesia de Carlos Drummond de Andrade (2012) em epígrafe, uma analogia para o que acontece na relação entre

---

[4] Personagem da obra Dom Quixote, de Miguel de Cervantes Saavedra, publicada pela primeira vez em 1605.

analista e analisando. Muitas vezes eu me senti como Sancho Pança tentando acompanhar meu paciente, esse cavaleiro andante, buscando seguir seus movimentos para evitar uma catástrofe, ajudando-o, com minha função alfa, a recriar ou até criar sua rede simbólica defeituosa ou inexistente.

Em determinada sessão, Remo entrou na sala de análise e me mostrou a mão inchada. Disse: "Está vendo esta mão? Foi a mão com a qual bati na Valéria". Valéria era sua esposa, que, segundo ele, o desvitalizava e o fazia sentir-se amortecido. Mostrou-se muito assustado com esse potencial agressivo. Ficou presente nele e em mim o temor do enlouquecimento. Senti em mim esse terror e, naquele momento, sentia-me como Sancho Pança tentando acompanhar seus movimentos e prevenir um desastre, que aconteceria a qualquer momento.

Em uma dessas agressões a esposa o denunciou, e ele teve de responder a um processo judicial por agressão. Estava sem lei, então provocou uma situação em que fosse convocada uma lei que o contivesse e pusesse fim a essa atuação descontrolada. Estava sem continente; a lei precisou ser esse continente. À época, dizia: "E a agressão que eu sofri e que me levou a agredi-la também?". Referia-se não só às agressões físicas como também à falta de vida que percebia e sentia por parte da esposa. Estava em uma posição regredida: agrediu a esposa, mas se via como vítima da situação.

Eu, como analista, fui convocada, contratransferencialmente, a um intenso esforço de pensamento, procurando pensar naquilo que o paciente era incapaz de pensar.

Bollas, em "O desejo borderline" (1965), diz que nesses pacientes fronteiriços o objeto primário, que é constituído no primeiro ano de vida, é experimentado como disruptivo ou como a própria disrupção, sendo, portanto, representado por um tumulto emocional. Os sentimentos são o próprio objeto. Os colapsos do *borderline* criam uma relação tristemente irônica de objeto; apesar de temido, permanece sendo o objeto primário inevitavelmente buscado.

> *O self é excitado pelo outro que é percebido sensorialmente e trazido à transferência por inoculação, na contratransferência do analista, de um crescente e sensacional turbilhão de sentimentos, que unem o self e o outro em uma confusão. Não se trata de uma confusão de pensamentos enquanto tal, mas de uma fusão através da aflição, ambos em conjunção respiratória, unidos pelo coração disparado e pelos picos adrenérgicos. Esse desejo não é originado no núcleo pulsional do self, abrindo caminho em direção a uma vontade genuína; trata-se de emoção evocada por um impacto perturbador. Uma vez despertada, a fúria da força persecutória do self assume vida própria, tornando-se um corpo moldado e sustentado pela fúria. (Bollas, 1965, p. 9)*

E, assim, eu me vi tomada por essa fúria na análise de Remo, nesse estado de suspense e tensão, contraidentificada com ele e tendo de cuidar do manejo técnico que iria utilizar para não ser arremessada para dentro desse furacão. Devia apontar para ele o sentido que esses movimentos tinham em sua vida.

Para Green (1988), estados fronteiriços são organizações duráveis, capazes de evoluir de diferentes modos. E esses estados clínicos são caracterizados pela falta de estruturação e organização. Tais pacientes teriam núcleos psicóticos que seriam chamados de loucura pessoal de cada paciente. Green aponta que o escopo contemporâneo da análise oscila entre estados de normalidade e outros estados em que existe uma tendência para a não discriminação com o objeto, o que chama de regressão fusional e dependência objetal.

> *A técnica da análise nas neuroses é dedutiva, enquanto o analisar-se estados fronteiriços é indutivo, daí sua arriscada natureza.... Entre esses dois extremos (normalidade e regressão fusional) existe uma multiplicidade de mecanismos de defesa contra esta regressão. (Green, 1988, p. 44)*

Green diz, então, que na expressão somática dos conflitos, segundo Pierre Marty, em que ocorre a atuação restrita ao soma e não ao corpo libidinal, e na expulsão via ação, como no caso de meu analisando, ocorre uma cegueira psíquica. O paciente se eclipsa diante de sua realidade psíquica, quer de fontes somáticas de seu impulso, quer de seu ponto de entrada na realidade externa, evitando os processos intermediários de elaboração. Nesses dois casos, o analista tem a impressão de estar fora de contato com a realidade psíquica de seu paciente. Deve realizar uma construção imaginativa disso, quer a partir das profundezas do soma, quer de um nexo de ações sociais que se encontram catexizadas a tal ponto que até eclipsam o mundo interno (Green, 1988, p. 45).

Em alguns momentos, identifiquei Remo entre os mecanismos de expulsão via ação, ou atuação; em outros momentos, eu o classifiquei fazendo uma identificação projetiva maciça (Klein, 1966[1935]). Assim, foi necessário trabalhar na linha da construção imaginativa que Green descreve para, lenta e paulatinamente, possibilitar a criação de sua rede simbólica eclipsada, ou seja, criando condições para que cada vez mais Remo criasse recursos para passar a pensar sobre o que estava acontecendo.

Remo trazia muitos sonhos para as sessões, e esses sonhos foram se transformando ao longo do trabalho analítico. Por meio de seus sonhos, tanto no sono como na vigília, procuramos dar "figurabilidade" para o que não conseguia representar, simbolizar (Botella & Botella, 2007). Esse é mais um aspecto contratransferencial que gostaria de mencionar. Sara e César Botella (2002) chamam figurabilidade o processo regressivo do analista – ou regrediente, segundo os autores. Trata-se de algo semelhante ao trabalho do sonho, que permite que ascenda a uma condição quase alucinatória, possibilitando a emergência de uma figuração por meio de imagens para conteúdos até então não representados. Essa figuração precisa acontecer para que, posteriormente, o analista possa interpretar o que passa a ter representação a partir desse processo.

Vi-me com essa função na análise de Remo, que relatou este sonho:

Remo: Eu estava na casa da minha mãe, e ela estava lá, mas ela era uma figura mesclada com a figura da Valéria. Elas estavam mescladas. E nós estávamos conversando, e ela, ou elas me mandaram embora. E eu pensei, como foram parecidas as duas situações. Quando eu saí da casa da minha mãe eu me senti expulso, apesar de ela não ter me expulsado diretamente, mas eu me senti expulso. E da casa da Valéria também; eu até já queria sair, mas do jeito que aconteceu, eu me senti expulso. E me senti partindo em mil pedacinhos.

Analista: Parece que há um desejo de encontrar um espaço dentro de você, uma "casa interna" mais ampla, onde você possa se sentir aconchegado e de onde não vai mais ser expulso. Há este desejo de encontrar essa casa, mas ao mesmo tempo um medo de não ter recursos para sair da casa da "mãe-esposa" e se partir em mil pedacinhos.

Remo foi fazendo progressos, mas ainda em um movimento de vai e vem. Como na natureza, como as ondas do mar, ia avançando e recuando, mas lentamente ia avançando e se fortalecendo. Wilfred Bion (1991) destacou do movimento que ocorre constantemente: PEP↔PD. Isso ajudou-me a pensar nesse movimento evolutivo de Remo, que incluía tais oscilações. Pensei na transitoriedade, na existência de movimentos dinâmicos, que vão se alternando, em um crescendo de desenvolvimento. Assim, usando todos esses recursos, sentindo na pele, criando imagens, decodificando sensações, dando figuração e utilizando imagens surgidas em minha mente, pude aos poucos criar uma rede simbólica que permitiu que esse analisando transformasse um universo aterrorizante em uma vivência representável.

Referências

Andrade, C. D. de (2012). *As impurezas do branco*. São Paulo: Companhia das Letras.

Bick, E. (1968). The experience of the skin in early object-relations. *International Journal of Psychoanalysis, 49*(2), 484-486.

Bion, W. R. (1991). *As transformações: a mudança do aprender para o crescer* (P. D. Correa, Trad.). Rio de Janeiro: Imago.

Bollas, C. (1965). O desejo borderline. *Percurso, 30*(1), 5-12.

Botella, C., & Botella, S. (2007). *La figurabilité psichique*. Paris: Editions In Press.

Botella, C., & Botella, S. (2002). *Irrepresentável: mais além da representação*. Porto Alegre: Criação Humana.

Cervantes, M. de (2002). *Dom Quixote*. São Paulo: Nova Cultural.

Copolla, F. F. (Diretor). (1979). *Apocalipse now* [filme]. San Francisco: Zootrope Studios.

Freud, S. (1969). Construções em análise. In *Edição standard brasileira das obras psicológicas completas de Sigmund Freud* (Vol. 23, pp. 289-304). Rio de Janeiro: Imago. (Trabalho original publicado em 1937.)

Freud, S. (2010). Estudos sobre a histeria (1893-1895). *Obras completas* (Vol. 2). São Paulo: Companhia das Letras. (Trabalho original publicado em 1893)

Green, A. (1988). *Sobre a loucura pessoal*. Rio de Janeiro: Imago.

Green, A. (2008). *Orientações para uma psicanálise contemporânea: desconhecimento e reconhecimento do inconsciente* (P. C. Sandler, Org.). São Paulo: Imago.

Herrmann, F. (2015). *O que é psicanálise: para iniciantes ou não...* São Paulo: Blucher.

Houaiss, A. & Villar, M. D. de S. (2001). *Dicionário Houaiss da língua portuguesa*. Rio de Janeiro: Objetiva.

Klein, M. (1966). Uma contribuição à psicogênese dos estados maníaco-depressivos. In *Amor, culpa e reparação e outros trabalhos* (Vol. 1, pp. 304-329). Rio de Janeiro: Imago. (Trabalho original publicado em 1935.)

Imunidade, ego corporal e *self*

Marlene Rozenberg

> O ego é a faceta do self *que permite que o processo de vida caminhe, é nele que está a sede da criatividade. O* self *segue num crescendo: Existo, Sou, Eu sou, Eu faço, Eu me diferencio do outro, Eu me relaciono com o outro. Eu sou um cidadão do mundo.*
>
> Donald W. Winnicott

I

Inicio este artigo com uma ilustração clínica.

Um jovem rapaz procura análise depois de ter passado por algumas cirurgias de intestino em função de doença autoimune, distúrbio inflamatório crônico no qual o sistema imunitário fica hiperativo e ataca o sistema digestivo. O que chama minha atenção nesse paciente é sua prolixidade e distanciamento afetivo. Fala em grande velocidade, sem intervalos, durante nossos encontros, e tenho muita dificuldade de acompanhá-lo. Em muitos momentos sinto um entorpecimento, fazendo força para me manter atenta.

Considerando minhas reações contratransferenciais, penso a respeito de seus objetos internos pouco disponíveis, já que a experiência que vivo me parece uma repetição de suas experiências traumáticas. Conta fatos, argumenta, discute consigo mesmo suas ideias, e eu, com dificuldade, encontro pouca abertura para falar.

Dificuldades relacionadas à dependência se revelam como o medo de precisar do outro, já que o outro pode não reconhecer suas necessidades. O objeto não pode ocupar lugar. Com o pouco que consigo falar, observo que no momento em que me dirijo a ele, mesmo de maneira delicada, seus olhos se espantam arregalados, assustados, parecendo que vai receber um ataque; sua expressão é de não saber o que esperar. Como se houvesse uma expectativa de algo violento a invadi-lo.

Seus afetos e sentimentos não aparecem em sua fala, mas por meio de suas expressões faciais. Tem uma agressividade velada que aparece nos fatos distantes que vai contando, discussões e irritações que tem com pessoas. Na análise, parece obedecer a um protocolo: vem porque sabe que precisa em função de seu médico ter dito que sua doença requeria terapia, chega na hora, não falta, é cumpridor de compromissos. Em seu trabalho é bem-sucedido em função de cumprir corretamente seu papel. Mas seus afetos não se manifestam, não fala de suas angústias. Sua obediência superficial esconde revoltas secretas referentes a separações e invasões vividas como perdas de si mesmo. O sofrimento mental aparece em seus sintomas. Vejo um menino frágil e assustado diante de mim e da vida.

Evidencia-se uma forma evacuativa ao se relacionar comigo, defensiva como se precisasse expelir para não se deixar tocar e invadir. Expelindo, procura manter seu interior protegido, sugerindo que tem marcas de intensas instabilidades com o objeto no qual não pode confiar. Suas defesas mostram rigidez e as palavras são usadas para essa proteção. Seu corpo, assim, se transforma no palco de seus dramas pessoais.

André Green (2010[1993]) se refere à analidade primária como pacientes que parecem marcados pelo narcisismo de maneira prevalente, narcisismo que foi assassinado e manteve uma ferida nunca cicatrizada, cuja lesão ameaça abrir-se na menor oportunidade. Qualquer abordagem mais direta provoca uma dor psíquica aguda. Problemas de transtornos dos limites do eu se manifestam, e os pacientes parecem "esfolados vivos". O "narcisismo anal dá a esses sujeitos um eixo interno, verdadeira prótese invisível, que só se mantém pela *erotização inconsciente de toda situação conflituosa atingindo o narcisismo*" (p. 306). Sua defesa obstinada defende seu território e suas propriedades (intestinos) para não perder o que contém e que teria sido destruído a contragosto. "O ódio sela um pacto de fidelidade eterna com o objeto primário" (p. 308).

Em determinada sessão, digo a ele o que observava e começamos, com muita dificuldade, a tentar um diálogo. Procuro abrir espaço para suas emoções e para o medo que sente da invasão externa e interna, medo de não ter mente para aguentar tantos sentimentos, que parecem feri-lo e ferir o outro.

Teve relacionamento difícil com a mãe, pois ela gritava muito, batia nele quando pequeno e transmitia um sentimento de que seu nascimento não era esperado. Não sentia que tinha um lugar. Nunca sabia em que estado iria encontrar a mãe, que era imprevisível e caótica, também com medo de contato e intimidade. Brigavam muito, sua mãe e ele. Não se sentia ouvido, acarinhado pela mãe. Dá a entender que contato físico pouco havia. Seu pai, mais calado e submisso, não se pronunciava.

Desenvolveu uma atitude irritativa e reativa para com os outros. Por meio dessa irritação, repele contatos mais íntimos e afetivos. Transformou-se em uma pessoa reativa, o que sugere marcas de invasões em seu *self*. Suas feridas aparecem em seu intestino com sintomas de dores, o que o leva a cirurgias e a tratamentos sérios para manter sua saúde. Não come carne, pois é contra matar os animais; quando se refere a algum fato em que o corpo está envolvido, sente arrepios. Seu amor, voracidade e agressividade são sentidos como perigosos. Se critica alguém, logo em seguida neutraliza sua raiva com muita culpa, pois acha sempre o outro um coitado. Amor e ódio não se integram.

Esse paciente não vive silêncios, estados de tranquilidade, pausas. Esses estados mais tranquilos parecem conter as ameaças de dispersão e esfacelamento egoico. Sua hiperatividade defensiva excessiva parece ocupar o lugar do *holding* ausente, como uma prótese para uma falta narcísica. Sabemos que a alternância entre estados tranquilos e excitados são integrados pelo ego (Winnicott, 1990b [1988]), entretanto, há insuficiência integrativa nesse paciente.

Penso que esses são dados suficientes para relacionarmos sua forma de ser com seu funcionamento intestinal. Sua semântica afetiva é o intestino. Desenvolveu essa doença autoimune. Não pode integrar sua subjetividade e a trata como se fosse um objeto estranho a si mesmo, não podendo se envolver com o que sente, transformando seus afetos em objetos a serem expelidos e, assim, partes do *self* são expelidas juntamente. A intimidade, dessa forma, é vivida como ameaça. Seu corpo expressa sua necessidade de viver, um reconhecimento e personalização, forma de atrair a dor psicológica de volta ao corpo, já que a doença psicossomática é uma tentativa de recuperar facetas de si mesmo que não se constituíram. No adoecimento psicossomático, está presente a esperança de encontrar o amor materno primário.

Cada órgão do corpo contém uma fantasia específica que implica um modo de ser com o outro. Posso testemunhar um desalojamento da psique no corpo desse jovem. Engolir o leite materno não é só ter um órgão onde a comida é digerida, mas é também a presença do corpo materno que torna o corpo do bebê vivo com presença de si e do outro. O *self* se desenvolve e possibilita o indivíduo estar no mundo em um contínuo devir.

O trabalho de análise nos leva ao caminho de reconsiderar seu corpo, suas sensações, para percorrermos o caminho da elaboração imaginativa de seu corpo (Winnicott, 1990b[1988]), até que seja possível alcançar alguma simbolização e desenvolvimento mental. Para isso, a conquista da confiabilidade no objeto que o acolhe hospitaleiramente é fundamental. Essa confiabilidade está intrinsecamente relacionada às experiências de continuidade de ser nas quais se baseiam as experiências de *self* (Winnicott, 1994c [1970]). Assim, futuramente, pode diferenciar-se do outro. Na relação transferencial, sua comunicação verbal e visual parece ter essa função de criar uma vivência fusional em que a analista não pode se mostrar como objeto separado.

II

Uso essa pequena ilustração para desenvolver a reflexão sobre imunidade, ego corporal e *self*. Qual a diferença entre ego e *self*? E para que nos serve? Formas de conceber o ser humano são importantes para nossa compreensão do desenvolvimento humano e de nossos métodos de trabalho em psicanálise.

Articulo esses conceitos também com a questão da imunidade do ponto de vista psicossomático. Imunidade é um conjunto de defesas e de proteção de elementos invasores traumáticos no organismo e, podemos incluir, na vida pessoal psicossomática de uma pessoa. Quais são os elementos que dão consistência e sanidade mínima para viver diante de um mundo em que as invasões, em menor ou maior grau, estão sempre ocorrendo? Afinal, o que podemos entender como saúde psicossomática? A vida de relações pessoais é, frequentemente, repleta de questões que podem, facilmente, desestabilizar e abater a imunidade e a saúde pessoal.

O ser humano precisa de proteção e cuidados desde que nasce. Como nasce com imaturidade e incapaz de dar conta de si, depende de outro ser humano que dele cuide. As teorias concebidas e desenvolvidas pelos pensadores e psicanalistas são fruto de investigações e observações sobre o que se passa no processo de amadurecimento do ser humano. Desenvolvimento saudável do ser humano se dá em função de acontecimentos em seu processo de maturação que dependem do encontro da singularidade da criança e de seu entorno, para que seu potencial se desenvolva no tempo. Um dos aspectos da maturação envolve a integração psicossomática (Winnicott, 2000a[1949]).

Vida saudável não é vida sem sintomas; ela é caracterizada por medos, conflitos, sentimentos, dúvidas, frustrações e também experiências positivas. O mais importante é que a pessoa sinta que vive sua própria vida com responsabilidade e dignidade, ou seja, que viva seu amadurecimento por meio de experiências de dependência e independência no sentido de alcançar autonomia e singularidade. Saúde é conquista de autenticidade e poder viver no espaço potencial (Winnicott, 1975[1971]), lugar de criatividade para que a pessoa se sinta real e a vida valha a pena.

Sigmund Freud e Donald W. Winnicott usam os termos ego e *self* com conotações diferentes no decorrer do desenvolvimento de suas teorias (Fulgencio, 2014). E entre esses dois autores temos algumas diferenças. Como sabemos, Freud (1989[1923]) atribuiu dois significados ao termo ego, um psicológico, pessoal e descritivo e outro metapsicológico como uma instância do aparelho psíquico (id, ego e superego). Winnicott não concebe inicialmente o ego como instância, mas como pessoa. Afirma que a origem do ego se encontra na necessidade de um ambiente perfeito que o bebê sente no cerne de seu *self*. A necessidade da continuidade da existência do *self* se revela a partir desse ponto. Ego e *self* estão entrelaçados.

Freud (1989[1923]) afirma que o ego não se dá desde o início da vida e que se desenvolve a partir do id; Winnicott (1988b [1962]) aponta que não há id se não existe o ego. O que quer dizer com isso? Quer dizer que, se não há condição de colocar as angústias e as pulsões sob domínio do ego, estas não ganham lugar na vida do bebê. A mãe e o bebê são um só. Id sem ego não ganha significado nenhum para o bebê, pois as pulsões ficam como objetos invasivos externos e estranhos vindos de fora. Sem o ambiente em uma relação de indiferenciação inicial entre eu e não eu, o senso de unidade do ser, o ego, não se desenvolve. Onipotência e criatividade são aí constituintes. O bebê cria o que lhe é apresentado. O ego pode organizar e dar sentido às experiências corporais antes do ser alcançar uma unidade. O id se refere a essas experiências corporais que necessitam ser organizadas, catalogadas. Experiências são diferentes de vivências, que dependem de a subjetividade existir; elas transformam o ser.

Para Winnicott (1988b[1962]), o id não é perdido, seus aspectos são significativos quando estão subordinados ao ego, sob seu domínio. Isso é o que se descreve como experiência. O ego é o aspecto do *self* que tende a se integrar em uma unidade. O ego move as experiências que vão se constituindo no *self*. Ele preexiste ao *self*. A experiência do *self* existe a partir do intelecto, que reúne o ser em uma unidade com um núcleo de si que pode perceber tais experiências por meio de associações e catalogações (bom, mau etc.) O *self*, afirma Gilberto Safra (1999), não se dá como uma organização mental ou de si mesmo, mas como forma do indivíduo organizar--se no tempo, no espaço, no gesto a partir de sua corporeidade.

A força do ego depende do tipo de cuidado que a mãe oferece, o quanto se sentiu amada, por exemplo. Não basta a presença e o encontro físico, e sim a capacidade da mãe de ir ao encontro da singularidade de seu bebê, que possibilite que a esperança seja sentida, já que a criança também é, se tudo corre bem, a esperança de renovação da mãe. O bebê é sentido como um bem da mãe, ganhando assim seu valor. A constituição dessa matriz de indiferenciação dá ao bebê a possibilidade da onipotência e da ilusão. Cria-se a subjetividade. Se isso não ocorre, há rupturas éticas, pois sentir-se significativo é o que dá a base para a dignidade humana. Dignidade depende de imunidade pessoal. O ego é o núcleo organizador do *self*, preexiste ao *self* e ao id. Quando começa a existir o intelecto, o *self* se organiza, estabelece relações. Diante disso, em decorrência de falhas ambientais, podem ocorrer experiências instintivas que não se transformam em experiências egoicas. Ficam alheias ao si mesmo e não alcançam a repressão que só pode acontecer se há experiência. O ego exerce função imunológica para proteger o ser. As agonias impensáveis (Winnicott, 1994a[1963]) surgem quando não há ego passível de experimentá-las, quando ocorre uma ruptura da experiência do ser conduzindo a uma espécie de desaparecimento do ego, um *blackout*. Na somatização que se dá em parte do corpo há uma tentativa de se fazer ouvir, existir.

Freud (1989[1923], pp. 13-83) afirma que o ego é, primeiro e acima de tudo, um ego corporal. E também que o ego é a projeção mental da superfície do corpo. A pele é um órgão fundamental nos contatos iniciais. A pele é o que nos dá uma ideia originária de onde parte o imaginário e está relacionada com a ternura, o que possibilita ao bebê fazer um gesto, tocar o mundo e transformar o mundo a partir do corpo da mãe. Gesto, ação, corporeidade estão interconectados.

É no corpo que se inicia o processo que chamamos simbolização primária (Roussillon, 2012). O corpo do bebê precisa de outro humano, e nesse encontro inicia-se uma comunicação intercorpórea entre a mãe e o bebê. Esse encontro possibilita a experiência de continuidade de ser do bebê, o que o conduz ao avanço para o futuro no seu processo de diferenciação com o outro. A mãe banha o bebê com marcas de sua própria corporeidade, possibilitando que o bebê desenvolva as elaborações imaginativas de seu corpo. Pensar é colocar a experiência sob domínio de um gesto psíquico, como herdeiro de onipotência primária. Dependem delas a constituição das fantasias, que se enraízam nas elaborações imaginativas das funções do corpo.

Com essas experiências, ocorre o processo da personalização, habitação no corpo que gera a integração e liga passado, presente e futuro. As partes do corpo fazem parte de si e não são sentidas como algo externo e estranho. É o ego que promove a personalização. Sentir o corpo ou partes do corpo como estranhos a si mesmo pode acionar o equivalente a doenças autoimunes no psiquismo, que operam suas defesas contra o que é saudável e não reconhecem o próprio mundo subjetivo saudável como sendo seu. Aquilo que é normal nas funções corporais e psíquicas é tomado como patológico pelo sistema de imunidade. Há um combate no corpo e na psique, e as defesas atacam o órgão saudável e a própria subjetividade como se fossem objetos estranhos. Nossa cultura, hoje, tende a patologizar o que é saudável. A própria mente e as experiências emocionais vitais assustam e, muitas vezes, são tratadas como se não devessem existir, atrapalham, e a cura é buscada como uma supressão dessas vivências emocionais.

A fisiologia do corpo, inicialmente, não se diferencia da psicologia. A fisiologia adquire corporeidade por meio das elaborações imaginativas. Elaboração, aqui, é habitação do corpo, apropriação.

E a imaginação é a figuração das sensações que vão sendo tecidas, formando o psíquico. A fisiologia vai se tornando símbolo do corpo e se tornando psicologia se há cuidado materno. Cada órgão do corpo é a matriz que determina a maneira de se relacionar com o outro, assim como cada elemento da corporeidade se figura imageticamente. Qualquer órgão pode se constituir em uma zona erógena e qualquer parte do corpo pode ser uma forma de se relacionar com o objeto; cada faceta da corporeidade se constitui como uma semântica relacional, uma pessoa pode se relacionar como uma boca, um pulmão, intestino, pele, ânus etc.

Assim, vai se desenvolvendo o ego corporal e se dando o nascimento psíquico. As sensações corporais contêm a base para sentir-se amado. A imaginação, portanto, surge do corpo e no corpo e vai se organizando. O calor da presença e dos cuidados é sentido como amor e fator de integração do ego. O *self* vai acordando no corpo. E o bebê, sustentado pelo ego materno, segue em sua marcha para o amadurecimento, apresentando-se em gesto, em busca do que necessita.

Com a presença dos dois corpos, o corpo do bebê se torna morada psíquica de si mesmo, e seu corpo vai se tornando pessoal, singular. A sensorialidade, sensibilidade e confiabilidade são fundamentais e partes integrantes do psiquismo até que cada faceta da corporeidade evolui para os aspectos de si mesmo que chega às zonas erógenas.

A mãe sonha no corpo do bebê, e a empatia possibilita o senso de existir. *Holding*, portanto, é uma forma de amor e de comunicação. É parte fundante do *self*, que é a experiência matriz da continuidade. Tudo o que existe é criado pelo bebê, inclusive seu corpo, e o movimento do bebê se torna ação, gesto. Não há traço psíquico que não seja fruto da experiência psicossomática com alguém. A organização psíquica não é só funcional, a história de cada ser humano está presente em cada faceta sua.

O bebê, nesse estágio tão primitivo, nem percebe que é dependente. Se sente a falta do cuidado, vive-o como uma invasão; o corpo se manifesta e pode desenvolver precoce e exageradamente seu psiquismo como forma de criar sozinho o cuidado que lhe falta. As invasões tornam o bebê reativo e o resultado é que o bebê sofre perda em sua criatividade e singularidade, já que precisa reagir no encontro com o outro (como no exemplo citado). É como se ele precisasse desenvolver funções mentais sem corpo nem vida imaginativa. É com falhas nessas experiências que ocorrem problemas mais ou menos graves de representação e de segurança originária que geram angústias impensáveis, somatizações e psicoses.

A temporalidade, com seu ritmo, é fundamental. Se não há o tempo subjetivo, o indivíduo não tem condições de viver em um tempo compartilhado. E o ritmo é vivido por meio das necessidades corporais. As experiências iniciais de ritmo são fundantes do tempo. Com o *holding*, o bebê vai ganhando experiências de duração, finitude e esperança; a falha da mãe pode ser vivida e a mente vai se desenvolvendo; a previsibilidade de movimentos cíclicos pode ser usada. O conceito de espacialidade ocorre quando o bebê descobre seus contornos corporais pelo contato com o corpo da mãe.

Na clínica, quanto mais regredido é o paciente, mais necessita de presença psicossomática do analista. O *holding*, o *setting* e a receptividade do analista dão um contorno para o corpo do paciente e podem ser os representantes do corpo do analista. Na experiência com o paciente citado, minhas sensações corporais de entorpecimento e inexistência me alertaram a respeito do caminho da investigação a ser realizada, da dissolução de *holding* em sua dinâmica psíquica.

Ser analista é ter uma apreensão psicossomática, é ser afetado pelo outro e, com isso, poder ter um alcance do estado emocional de seu paciente. É uma oportunidade de o paciente viver o que não pôde ser vivido e, por vezes, inclusive, ter experiências de nascimento psíquico. Podem ocorrer vivências transferenciais primitivas, corporais, entre a dupla analítica.

As relações de objeto nascem assim que o bebê tem suas experiências instintivas integradas. Elas possibilitam que o bebê sinta alegria. A busca da satisfação retira o bebê de um estado de não integração e o dirige para a integração que reúne o bebê com seu gesto inicial. A tensão instintiva precisa partir do ser. *Holding* e instintualidade integram o ego. Com essas experiências, o bebê se sentindo mais confiante e seguro, pode destruir o objeto, o que é fundamental para poder amá-lo. O instinto se transforma em desejo, pulsão, quando o objeto é colocado fora de si. Essa destruição faz parte do amadurecimento, está relacionada com o uso do objeto (Winnicott, 1994b[1968]).

Se não há segurança e cuidado, a tensão instintiva parte da ausência de ser, e a própria tensão passa a ser o modo de buscar integração. É assim que podemos pensar as compulsões como busca de integração com uma espécie de idealização dos instintos. Na experiência analítica, podemos testemunhar essas vivências por meio da relação transferencial. Podem ocorrer sobressaltos no corpo e, assim, o paciente fica em estado vigilante ou com preocupações hipocondríacas. Podem ocorrer as angústias impensáveis, quando o ser desaparece.

Segundo Green (2010[1993]), há uma oposição anal como se o paciente precisasse dizer *não* ao objeto. Paradoxalmente, há uma relação fusional em que:

> o sujeito está em comunicação interna e secreta, com
> a ajuda de um discurso interior ininterrupto fora da
> sessão – com um objeto integralmente bom, única
> maneira de suportar as frustrações impostas seja pela
> ausência, seja pelos conflitos engendrados pelo contato
> com este quando ele está presente. (p. 309)

O ego é o que coloca a personalidade em marcha. Ele busca a integração, que é anseio para o bebê. Como afirma Winnicott (2000b[1956]), a construção do ego é silenciosa. Tempo e espaço se integram. Quando isso não acontece, surgem as agonias impensáveis, vividas como um mal eterno. Quando a criança pode já narrar o sofrimento, usar a linguagem, surgem tempo e espaço, ela pode representar. A necessidade de temporalização é anterior ao espaço. O ser humano, sem a temporalização, vive o terror, o sem fim, o para sempre.

Podemos falar de três fatores que contribuem na integração do ego: processo neurológico, relação com a mãe e intensificação das experiências instintivas. Há um encontro entre necessidades e instintos do bebê que permite que ele se sinta um ser. Não se trata de satisfazer os instintos, mas de encontrá-los. Dessa forma, ele vai encontrando o sentido de realidade pela realização e não pela frustração. Quando a mãe alimenta o bebê sem disponibilidade egoica, ela o seduz, e essa sedução pode ser traumática, com invasão ao cerne do *self*. O bebê deve ser visto como alguém que está sempre prestes a ter uma ansiedade impensável, e a comunicação direta intercorpórea com a mãe junto com o manejo dão suporte amoroso ao bebê, favorecendo sua tranquilidade.

As relações objetais são iniciadas pelo ego. Espaço, tempo, corporeidade, gesto em direção ao outro e vida instintiva ganham sentido. No instinto, há uma necessidade que ainda não está sujeita ao ego. Quando começam as relações de objeto, o instinto se dirige ao corpo do outro; a vida é pulsional com anseio pelo outro.

Quando Winnicott (1990a[1958]) usa o termo orgasmo do ego, refere-se ao encontro em que algumas expectativas são realizadas, e é isso que ele denomina fenômenos com uma qualidade estética. A experiência do belo é expansão do próprio eu, experiência de mais ser, êxtase. Gera mais força ao ego. O encontro afetivo é dessa ordem e gera o sentimento de alegria. O orgasmo do ego se dá nas experiências de satisfação, como ouvir uma música, ler um texto, assistir a um filme, encontrar uma pessoa etc. A pessoa cria o que encontra como um pedaço de mundo e nunca pode criar se alguém não ofereceu esse pedaço. O orgasmo de ego é o encontro pelo qual o sujeito transforma a existência do mundo em criação do mundo (Macedo, 1999).

Quanto ao *self*, afirma Winnicott (1994c[1970]):

> *Para mim, o* self *que não é o ego é a pessoa que é eu, que é apenas eu, que possui uma totalidade baseada no processo de maturação. Ao mesmo tempo o* self *tem partes e, na realidade, é constituído destas partes. Elas se aglutinam desde uma direção interior para exterior no curso do funcionamento do processo maturacional, ajudado como deve ser pelo meio ambiente humano que sustenta e maneja e, por uma maneira viva, facilita. O* self *se descobre naturalmente localizado no corpo, mas pode em certas circunstâncias dissociar-se do último, ou este, dele. O* self *se reconhece essencialmente nos olhos e na expressão facial da mãe e no espelho que pode vir a representar o rosto da mãe. (p. 210)*

Self é experiência de si, é o que permite o indivíduo se identificar sem perda de sua individualidade, é o que faz sentido do viver. É pela criatividade primária que a experiência de *self* se dá. Ainda não é um eu, pois este requer já certa capacidade representativa que implica em discriminar eu e não eu, dentro e fora. As experiências de ser si mesmo, *self*, vão se integrando até alcançar o estágio do eu sou (Safra, 1999). A fruição do desenvolvimento do corpo reforça o desenvolvimento do ego, que também reforça o funcionamento do corpo, e o fracasso resulta na incerteza da morada ou conduz à despersonalização já que a morada pode ser perdida. O *self* se cria na experiência da singularidade.

Winnicott (1975[1971]) refere-se à importância de poder viver um estado de amorfia, que implica um estado de relaxamento, para que daí surja o gesto criativo e, assim, o *self* se apresenta e pode acontecer. Faz uma relação da sequência dos estados para que seja possível obter:

- Condições de confiança baseada na experiência.
- Atividade criativa, física e mental, manifestada na brincadeira.
- Somação das experiências formando a base do sentimento de *self*.

São três os aspectos que permitem o alcance do desenvolvimento do self: *holding* que reúne e integra, manejo que personaliza e apresentação de objeto que propicia relações de objetos. Banho sensorial e elaborações imaginativas dão pessoalidade, singularidade ao corpo.

Há uma equivalência entre ego e integração; *self* e continuidade do ser.

A comunicação, que é primordial, faz o indivíduo ser visto como um ser aberto a ela e ao mundo. Há agressividade presente, antes ainda da integração que não é ligada às pulsões; está a serviço da motricidade e não da frustração. É atividade e vitalidade no bebê, anterior ao erótico. E há agressividade ligada ao amor impiedoso que é encontrada, mais tarde, nas relações com o objeto transicional. Sem essa agressividade, a vida e a capacidade amorosa do bebê se empobrecem.

Esse aspecto parece presente na vida emocional do paciente apresentado. Poder repudiar é importante no desenvolvimento. A recusa da mãe pelo repudiar da criança pode levar a defesas narcísicas. Para poder repudiar, o bebê precisa ter um si mesmo, um lugar a partir do qual possa repudiar, precisa estar alojado no corpo. Por exemplo, quando o bebê cospe uma comida, recusa-a pela agressividade e pela musculatura estriada. O paciente citado não teve espaço para viver e elaborar sua agressividade primitiva. A agressividade existe antes das primeiras integrações, ligada ao amor, e contribui para o reconhecimento da existência do mundo externo.

A organização patológica de uma pessoa vai depender do tipo de falha ambiental. Há duas modalidades: distorção do ego, que constitui as bases sobre os mecanismos esquizoides, esquizofrenias, autismo, falsas defesas, despersonalização e distorções do *self*, que levam ao desenvolvimento do falso *self*. As distorções do *self* são mais evoluídas que as do ego. Sobre as distorções do ego, podemos pensar que é o ego que oferece as condições do tropismo[1] no ser, é um saber que não é da ordem do mental nem do psíquico; o ego busca algo de sua necessidade. Se há falhas iniciais, pode perder

---

1 Tropismo é um fenômeno descrito pela biologia. Diz respeito ao movimento que orienta o crescimento dos organismos em razão da ação de estímulos externos, que exercem atração em função das necessidades do ser vivo.

esse tropismo fechando-se em suas sensações e desenvolvendo uma esquizoidia ou autismo. E o amor se torna persecutório. Com relação às distorções do *self*, o indivíduo não perde o tropismo, mas imita seu cuidador e se submete; o movimento psíquico não ocorre a partir de si, é o falso *self*. Esse falso *self* se forma quando a pessoa ainda não adquiriu capacidade de odiar, mas sofreu invasões do ambiente. Uma característica peculiar é a hipertrofia da mente, que tenta suprir a carência materna e com isso manter a continuidade do ser, mesmo de forma artificial. Esse processo faz romper com as sensações e sentimentos e com o corpo. O sentimento é de irrealidade e futilidade. E essa perda de contato com o corpo dificulta que o ego realize as elaborações imaginativas, a pessoa se adapta falsamente e seu movimento não vem de dentro de si, de seu interior. O falso *self* pode se desenvolver em níveis patológicos. O *self* verdadeiro é o que possibilita o indivíduo sentir-se real.

Este é o caminho que eu e meu paciente estamos criando e experimentando no processo analítico.

Referências

Freud, S. (1989). O ego e o id. In *Edição standard brasileira das obras psicológicas completas de Sigmund Freud* (Vol. 19, pp. 23-83). Rio de Janeiro: Imago. (Trabalho original publicado em 1923.)

Fulgencio, L. (2014) Aspectos diferenciais da noção de ego e de self na obra de Winnicott. *Estilos da Clínica, 19*(1), 183-198.

Green, A. (2010). Anexo 4. Analidade primária. In *O trabalho do negativo* (F. Murad, Trad., pp. 306-313). Porto Alegre: Artmed. (Trabalho original publicado em 1993.)

Macedo, H. O. (1999). *Do amor ao pensamento: a psicanálise, a criação da criança e D. W. Winnicott* (M. Seincman, Trad.). São Paulo: Via Lettera.

Roussillon, R. (2012). Conferência aberta proferida no Instituto de Psicologia da USP em reunião científica "A psicanálise e a clínica contemporânea: as relações entre psicanálise e psicoterapia" (Bianca B. Savietto, Transcr., Trad., Ed.). Separata.

Safra, G. (1999). *A face estética do self: teoria e clínica*. São Paulo: Unimarco.

Winnicott, D. W. (1975). O Brincar: a atividade criativa e a busca do self. In *O brincar e a realidade* (pp. 79-93). Rio de Janeiro, Imago. (Trabalho original publicado em 1971.)

Winnicott, D. W. (1988a). Distorções do ego em termos de falso e verdadeiro self. In *O ambiente e o processo de maturação* (pp. 128-139). Porto Alegre: Artes Médicas. (Trabalho original publicado em 1960.)

Winnicott, D. W. (1988b). A integração do ego no desenvolvimento da criança. In *O ambiente e os processos de maturação* (pp. 55-61). Porto Alegre: Artes Médicas. (Trabalho original publicado em 1962.)

Winnicott, D. W. (1989). Conceito de individuo saudável. In *Tudo começa em casa* (pp. 17-30). São Paulo: Martins Fontes. (Trabalho original publicado em 1967.)

Winnicott, D. W. (1990a). A capacidade para estar só. In *O ambiente e os processos de maturação: estudos sobre a teoria do desenvolvimento emocional* (I. C. S. Ortiz, Trad., pp. 31-37). Porto Alegre: Artes Médicas. (Trabalho original publicado em 1958.)

Winnicott, D. W. (1990b). *Natureza humana* (D. L. Bogomoletz, Trad.). Rio de Janeiro: Imago. (Trabalho original publicado em 1988.)

Winnicott, D. W. (1994a). O medo do colapso. In *Explorações psicanalíticas* (pp. 70-76). Porto Alegre: Artes Médicas. (Trabalho original publicado em 1963.)

Winnicott, D. W. (1994b). O uso de um objeto. In *Explorações psicanalíticas* (pp. 170-191). Porto Alegre: Artes Médicas. (Trabalho original publicado em 1968.)

Winnicott, D. W. (1994c). As bases para o *self* no corpo. In *Explorações psicanalíticas* (pp. 203-218). Porto Alegre: Artes Médicas. (Trabalho original publicado em 1970.)

Winnicott, D. W. (2000a). A mente e sua relação com o psicossoma. In *Da pediatria à psicanálise: obras escolhidas* (D. Bogomoletz, Trad., pp. 332-346). Rio de Janeiro: Imago. (Trabalho original publicado em 1949.)

Winnicott, D. W. (2000b). A preocupação materna primária. In *Da pediatria à psicanálise: obras escolhidas*. (D. Bogomoletz, Trad., pp. 399-405). Rio de Janeiro: Imago. (Trabalho original publicado em 1956.)

Para um lugar no espaço transicional: um exercício de diálogo intertextual

Milton Della Nina
João Augusto Frayze-Pereira

Prólogo

Este artigo teve origem em dois trabalhos apresentados em reunião científica compartilhada na Sociedade Brasileira de Psicanálise de São Paulo (SBPSP): o primeiro denominado "Clínica da compulsão, corporeidade e campo de representação" (Della Nina, 2009) e o segundo que consistiu em um "Comentário" sobre o anterior (Frayze-Pereira, 2009). O primeiro texto assumiu a forma de uma investigação clínico-conceitual, que oferecia diferentes perspectivas de leitura, como foi assinalado no comentário. Entre tais perspectivas, o segundo texto privilegiou aquela que define o "lugar do analista", considerando os exemplos clínicos apresentados. Além disso, o "Comentário" aproximou a reflexão realizada no primeiro trabalho da filosofia de Maurice Merleau-Ponty com relação ao papel da "presença do analista" e até mesmo da própria "corporeidade" como componentes do momento instaurador da percepção mútua e reflexiva da existência da dupla psicanalítica.

Do encontro realizado entre nós – autor e comentador, mas, antes disso, dois psicanalistas interessados na constituição de formas estéticas implicadas na experiência clínica – surgiu a ideia de apresentarmos essa interlocução como uma proposta de diálogo intertextual. Assim, o presente artigo foi organizado de maneira a serem expostos, sem muitas modificações, os dois textos inicialmente elaborados. Porém, com base na fertilização que o encontro de ambos promoveu em cada um de nós, fomos levados a complementá-los com um breve terceiro texto, concentrado na importância da transicionalidade sob a ótica do papel do analista. É dessa maneira que entendemos seu lugar, incluindo nele sua corporeidade.

Ao final do artigo, acrescentamos a bibliografia original de cada um dos dois textos (partes I e II), assim como as referências relativas ao diálogo intertextual (parte III).

I. *Clínica da compulsão, corporeidade e campo da representação*

> *Até que ponto o que se passa no tratamento emerge da repetição do antigo e até que ponto diz respeito, não ao repetido, mas inversamente ao que jamais foi vivido.*
>
> Serge Viderman[1]

Introdução

Em um trabalho apresentado por André Green no XLI Congresso Internacional de Psicanálise, em Santiago (Chile), em 1998, destaco o seguinte trecho:

---
1 Citado por Green, 2008[2002], p. 71.

É preciso livrar-se de muitos preconceitos para compreender que o que leva um sujeito à análise, em todos os casos, provém menos de uma preocupação em curar-se, que de uma necessidade compulsiva de refazer sua história para o prosseguimento de sua vida, história que ele não conhece e nem sabe como quer, e, recriando-a, torná-la diferente, arriscando-se neste caminho a pagar os custos da ficção que deseja ver realizada. (Green, 1998, citado por Schaffa, 1999, p. 658)

Neste texto, chama a atenção a expressão "necessidade compulsiva", uma vez que a busca de nova história a ser psiquicamente vivida seria algo que na clínica psicanalítica se pode assumir naturalmente como seu propósito inconsciente. Atribuo o uso dessas palavras à intenção do autor de destacar a relação com a essência da pulsão, em seu caráter compulsivo sempre na procura de descarga, ainda que na situação analítica isso seja potencialmente possível de ser realizado pela religação das representações inconscientes.

Entretanto, o caráter de obrigatoriedade que os termos instituem contrasta com a questão da busca da cura, particularmente diante de organizações não neuróticas com que o psicanalista vem se deparando e se interessando na atualidade, como os transtornos psicossomáticos. Nessas situações clínicas, o mais evidente à observação é o caráter de repetição com que os clientes afetados parecem buscar a "cura". Assim, nesses casos, a compulsividade pode também se ligar ao próprio caráter de presença evidente da manifestação somática ou, ainda como é possível pensar, da presença evidente do corpo. Se na situação clínica de uma análise dita padrão a "corporeidade" não parece ser tão presente a ponto de influenciar ostensivamente a percepção e impressão do analista, tal não parece ser o caso em algumas outras situações clínicas, ainda que de base psicanalítica. Refiro-me às psicoterapias ou mesmo a análise de organizações não neuróticas. Como podemos, então, estabelecer uma relação compreensível entre a compulsividade da repetição que o corpo nessas situações parece manter e a compulsividade possível no sentido de renovação significativa e historicamente inserida? Ainda, a que campo de transferência-contratransferência predisporia?

Uma breve reflexão nesse sentido, baseada na clínica, é o propósito deste texto. A seguir, descrevo três situações clínicas como substrato, já publicadas em textos, cujos autores gentilmente me autorizaram a transcrever.

A primeira situação clínica tem como título "Encenação e imaginação em sessão".

> *O clima que se instalou desde o primeiro encontro analítico era intenso, carregado de muita angústia e um peso tal que levava o analista [a] ver-se colado à poltrona. Roberto tinha uma excessiva urgência para falar que desafiava a instauração de uma cena sustentada na linguagem. A urgência podia ser reconhecida pelo analista como fruto de uma necessidade imperiosa de assegurar a sua continuidade psíquica e, por meio desta, alicerçar sua identidade. Fora criada então uma possibilidade de ali estar, diante de um outro investido simbolicamente do poder de reconhecimento de sua singularidade. Falava de suas mais íntimas angústias, e, ao fazê-lo captava o olhar e a atenção do analista, parecendo dirigi-lo para um ponto: poder ser único e sexuado. (Canelas Neto & Schaffa, 2005, p. 3)*

Mais adiante, em seu texto, o analista descreve o comportamento e a interação frequente com seu paciente:

> *Na maior parte das sessões desde o início da análise, há um ano e meio, Roberto quase nunca fica deitado no divã. Deambula de um lado para o outro dentro da sala de análise, falando com paixão, num estilo épico e dramático, parecendo imerso na cena ali destinada ao analista ali presente. Às vezes, para à frente do analista, em pé, e pergunta alguma coisa, fixando nele seu olhar, afoito na expectativa de receber seu olhar, suas palavras. A pressão imperiosa dessa demanda, na atualidade da situação, leva o analista, afundado em sua poltrona, a perguntar-se: "Mas, quem sou eu aqui nesta cena para Roberto? O que represento dentro desse teatro vivo?".* (Canelas Neto & Schaffa, 2005, p. 5)

Sabemos que José Martins Canelas Neto, o psicanalista autor dessas linhas, tem se preocupado em investigar na clínica a relação entre linguagem e desenvolvimento da subjetividade, bem como, no sentido técnico da psicanálise, as aberturas para a condição de capacitação associativa. Esse seu impressivo contato analítico foi descrito inicialmente em 2004 em reunião científica da SBPSP, em trabalho intitulado "A urgência e o poder da fala dentro da análise e a construção da subjetividade – reflexões a partir de um caso". Posteriormente foi publicado, com outro título, com coautoria de Sandra Lorenzon Schaffa; o relato que transcrevi é dos dois autores.

Percebemos, conforme ali se declara, ter desenvolvido a noção de que a captura da atenção pela forte intensidade de expressão verbal e, inclusive, corporal, com presentificação da imagem, teria colocado o analista "fechado no interior de uma formação alucinatória de desejo". Dessa forma, se sentiria impedido de permanecer na "capacidade de trânsito associativo da escuta", ainda que a situação também seja reveladora da importância da necessidade de reconhecimento dessa singularidade. Segundo esse enfoque, dispunha-se assim para o analista a questão fundamental de como solicitar à "intervenção analítica uma abertura de espaço de representação, uma brecha para encontrar este olhar de uma atenção singular".

Considero esse exemplo clínico expressão de impulsividade em análise e das dificuldades que podem se oferecer para o analista quando ela se impõe, influenciando sua corporeidade, como nos é descrito na atitude contratransferencial de "ficar colado à poltrona". Aqui, a presença do corpo parece ainda dificultar a *formação de um espaço imaginário*, perseguido concretamente pelo paciente e necessário ao analista para estar em seu estado sonhante.

Apresento agora a segunda situação clínica: "A sessão e o ato".

> *No entanto, quando por outro lado, me apresentei tolerante em relação a sua impaciência para com a esposa e apontei sua enorme intolerância em relação consigo mesmo, Paulo passou ao ato, representando, através de uma encenação concreta durante a sessão, seu movimento autopunitivo que acontecia anteriormente através de seus pensamentos. Seu corpo passou a ser o terreno de suas agressões e descontentamentos para consigo mesmo. Tornou-se extremamente agitado na cadeira, passando em seguida a se morder, se machucar e a bater a cabeça na parede. Diante desta situação fui convidada a tomar uma atitude mais ativa, deixando de apenas apontar ou interpretar tal*

situação para interpor-me mais concretamente entre a parte do corpo do paciente a ser agredida e a outra parte que lhe agredia, formando assim uma barreira de proteção. Deste modo, o interditei, dizendo que ele não poderia se machucar durante a sessão. É interessante notar que, de fato, quando eu colocava, por exemplo, a minha mão entre sua testa e a parede, ele deixava de se machucar naquele local, buscando outra parte do corpo para ser agredida. Estava claro que sua agressão era autodirigida e bastante insistente, tornando-se, através desta proteção externa, paulatinamente menos intensa e mais breve até desaparecer. Podemos notar aqui o quanto o limite opera e Paulo se organiza. Na transferência, aceita a presença do outro como algo que limita e isola sua própria agressividade, uma experiência de outra natureza da que experimentou durante sua infância, onde pode ser acolhido sem necessitar ser excluído, isolado, internado e medicado, forma sempre recorrida para conter sua agressividade. (Freire, 2008)

Estas linhas foram colhidas de um relatório oficial sobre pesquisa temática em psicoterapia psicanalítica de pacientes com transtorno *borderline*. Sua autora é psicanalista de formação e investigadora no referido projeto. Sabemos, como é próprio nos casos-limite, que a transferência é de instalação precoce e intensa, apresentando-se de forma indiferenciada e regredida. Assume assim a compulsão à repetição caráter de automatismo, obstáculo ao surgimento do novo, levando frequentemente ao impedimento de interpretações verbais, como refere Green (2008[2002], p. 109).

Creio, entretanto, que o gesto espontâneo da analista, quase um reflexo determinado por emoções e identificações com o cuidar da dor, em si mesma e no outro, leva-a a se interpor com o próprio corpo, sua mão, separando a superfície sensível do paciente daquela do inanimado (parede) e humanizando o contato. Poderíamos dizer, mesmo, que isso se passa como se fora verdadeiro *ato interpretativo*, que se antepõe ao "ato-sintoma", termo caracterizado por Joyce McDougall (1983[1978]), do paciente. Acredito ter surgido aqui, quase que somente em ações, o protótipo do contato analítico, com formação de um intervalo continente entre a pura descarga impulsiva e a possibilidade de futura representação ideativa, esta última ainda somente sob a forma emocional e afetiva expressa pela corporeidade. A atitude da analista teria, possivelmente, funcionado como "realização simbólica", conforme conceito utilizado por Madame Sechehaye em seu trabalho clínico e também citado por Donald W. Winnicott em seus trabalhos sobre objetos transicionais, em que nos lembra do exemplo da hóstia sagrada para os católicos (Winnicott, 1975b[1971], p. 19).

A seguir, destaco a terceira situação clínica, intitulada "A sessão, a conversa e a dor".

> *Neste dia, compareceram à sessão: Maria Clara, Ivana, Marina e Magnólia.*
>
> *Maria Clara, em tom de angústia misturado com vergonha e indignação, começa a falar: "Sabe aquela tomografia da cabeça que fiz e que tinha uns círculos a caneta, marcando alguma coisa? Pois então, eu até tinha me esquecido do exame, passei no neurologista e ele me falou que eram dois bichos que tenho na cabeça. E eu não consigo parar de pensar nisso! Minha dor de cabeça aumentou e o médico falou que é uma doença que dá em porco e que eu peguei porque comi alguma verdura mal lavada! Mas eu sempre lavei di-*

reitinho minhas verduras, nunca comi nada sujo! Não consigo dormir de imaginar que tenho esses bichos na minha cabeça! Eu falei pro neurologista que queria tirar logo eles de dentro de mim e ele falou que não precisava porque já estavam mortos! Fiquei mais chocada ainda! Além de tudo, eles estão mortos?!" – pergunta, consternada.

As demais pessoas se mobilizam com o relato e começam a perguntar a Maria Clara e ao analista se era a doença da "canjiquinha do porco". A angústia de habitar dentro de si outros seres, além do mais seres mortos, trouxe à tona uma temática por demais pertinente ao grupo, o que explicava aquele estado de aflição grupal que sobreveio. Entretanto, surgem para o analista dois caminhos possíveis de trabalho:

Pela via do conceito representacional, enquanto uma metáfora para os enlutamentos por vezes congelados; ou pela via dos afetos, ao acolher essa angústia fomentada pelo relato do contato com o neurologista e o diagnóstico mal esclarecido a sua paciente. Para isso, nesse segundo caminho, elegendo como perspectiva o concreto dessa experiência em sua dimensão humana.

O analista decide pela segunda via. A concretude do relato da vivência de Maria Clara, bem como a fragilidade egoica do grupo, naquele momento mais evidente através de Maria Clara, fez o analista pensar que haveria um caminho de acolhimento do impacto das forças pulsionais, para em um momento posterior entrarem no trabalho propriamente elaborativo, quando então o *grupo chegasse ao centro da questão da dor das perdas e do desamparo, subjacente na fala de Maria Clara. Segue o analista:*

"Todos nós, humanos, temos bichos, bactérias, dentro de nós; por exemplo: no nosso intestino, que inclusive nos ajudam na nossa digestão. Fazem parte de nossa flora intestinal; em nossa pele também... E o médico neurologista falou em cisticercose?"

Maria Clara diz que sim. Marina vai se lembrando e descrevendo o ciclo da parasitose e, em seguida, fala que seu cunhado tem o mesmo problema e que não lhe causa nada. Maria Clara alivia-se visivelmente e segue dizendo que o neurologista aumentou o seu antidepressivo para tratar de sua dor de cabeça, mas que ela teme que seu intestino fique preso. Ivana fala que poderia tomar iogurte que ajudaria a restabelecer o trânsito intestinal e dá uma receita de coalhada caseira. Eis que Marina então, embalada numa lembrança prazerosa do sabor da coalhada, exclama de olhos fechados: "Hum!!!". Lembra em seguida que, quando era criança, achava bonito ver o preparo do biju de mandioca. Maria Clara, Magnólia e Ivana também haviam participado de tal preparo na infância. Ivana exclama: "Era lindo!". Começam a descrever os passos desde a colheita da mandioca, o descascamento, a ralação, a secagem, o preparo todo até concluir com a tostadura, finalizando o produto. Discutem alguns detalhes dos procedimentos, as semelhanças e diferenças de um lugar para outro. Maria Clara, diferentemente de Ivana e

Marina, diz que não tem boas recordações disso e Magnólia concorda com ela.

O analista aponta o fato de estas serem recordações de uma atividade compartilhada por todas, ainda que despertassem emoções diferentes: uma parte se mostrava satisfeita com a lembrança e a outra parte do grupo, pelo contrário, tinha más recordações dessa vivência. Fica nítida a participação distinta delas nessa atividade: Ivana e Maria que se mostravam satisfeitas naquele momento, assistiram de fora este preparo. Eram crianças e se entretinham, entre uma brincadeira e outra, com o feitio do biju, com seu aroma e com seu sabor. Porém, para Maria Clara e Magnólia, aquele significava mais um trabalho árduo do qual saíam com as mãos sujas e machucadas, não tinham registro mnêmico do cheiro e em poucas oportunidades puderam experimentar o biju que era reservado a seus patrões. O analista encerra a sessão: "Um leite azedo pode ser estragado e indigesto, mas também uma deliciosa coalhada caseira". (Almeida Prado, 2007)

Este terceiro fragmento, cujo autor é psiquiatra, psicanalista e investigador de transtornos psicossomáticos, faz parte de trabalho apresentado durante o III Simpósio Internacional de Educação Médica, Psicanálise e Psicologia da Saúde, em São Paulo, realizado em julho de 2007. Refere-se ao atendimento grupal de pessoas, consideradas somatizadoras, com queixas de dor crônica. No dia da sessão estiveram ausentes os homens do grupo.

Na sua introdução, o autor destaca:

> *Outro condicionante fundamental é que tais indivíduos se dispuseram a esse tipo de análise em frequência semanal. Digo isso pela importância que o desejo, entre eles o de cura, assume no processo psicanalítico. (Almeida Prado, 2007)*

Fica evidente como a opção de intervenção assumida pelo analista favoreceu a *ampliação do discurso associativo* das pessoas integrantes do grupo. Sabemos que a técnica da abordagem grupal, sob um enfoque psicanalítico baseado em Wilfred Bion, favorece a transferência cruzada diminuindo a projeção exclusiva sobre o analista e a pressão da impulsividade por vezes existente nas situações grupais. Por outro lado, o efeito afetivo das intervenções também pode ser intensamente ampliado pela ressonância grupal. Assim, enquanto na situação analítica clássica a relativa "invisibilidade" do analista, já suposta, favorece o ambiente de necessária reflexão, com continência afetiva, no grupo *a presença do analista* não pode ser evitada, demandando para desenvolvimento dessa continência que sua própria impulsividade seja reconhecida na contratransferência e, assim, refletida.

Considero importante ter-se em conta como a reiterada menção ao estado do corpo pelos clientes e as imagens que usam para falar dele podem indicar traços de uma atividade compulsiva e repetitiva que o analista regularmente enfrenta em sua atividade com tais grupos. Portanto, aqui a presença do corpo é inevitável. Destaca-se nessa situação também a escolha do analista, deixando de seguir uma linha interpretativa e optando por um aprofundamento das imagens que se apresentavam ao grupo no discurso da cliente porta-voz dele.

Algumas reflexões conceituais sobre representabilidade nas situações clínicas

Comparando os fragmentos clínicos enfocados, exemplificadores de três destinos configurados pela impulsividade – *alucinação* (Roberto), *atuação* (Paulo) e *somatização* (Maria Clara) –, encontrei em Green (2008[2002]) excelente qualificação desses fenômenos sob a designação de "transbordamentos do inconsciente". Em interessante reflexão, o autor nos esclarece que, em sua opinião, nos estados limites ou organizações não neuróticas haveria deficiência do que denomina "formações intermediárias", as quais estabeleceriam relação entre o funcionamento primário e secundário do psiquismo. Ficariam, assim, impedidos de alcançar seu desenvolvimento em plena relação objetal e dentro de sua própria subjetividade.

Para Green (2008[2002]), a alucinação seria a condição que mais se aproxima de um funcionamento "eficaz" da mente, já que não admite pura descarga "para fora", como na atuação, ou "para dentro", como na somatização. Assim, Roberto seria o melhor paciente a oferecer ao analista oportunidade de se aproximar de um sensível campo de representação.

Na situação da atuação, presença pura da pulsão transformada em ação, como nos mostra regressivamente o comportamento autoagressivo de Paulo, encontramo-nos no limite da possibilidade de representabilidade, já que sua transformação em linguagem demanda mais da expressividade afetiva mediada pelo outro que normalmente a própria empatia permite por vezes alcançar. Fica claro que o resgate dessa expressividade, enquanto representabilidade para si mesmo, só se faz pela presença do outro.

No caso de Maria Clara as representações possíveis de se estabelecerem frente aos movimentos de sua própria "impulsividade" ou capacidade pulsional, no que foi por McDougall denominado de "teatro do corpo" (1983[1978]), o fazem por meio de imagens que usam o real biológico para dar andamento em sua expressão, ainda que inicialmente de forma compulsiva e repetitiva. Tendo em vista como o campo da representação médica, fundamentado apenas nas imagens do real biológico, é favorecedora de um desvio circular nessa tentativa de representabilidade, não é de se estranhar a frequente adesão dos somatizadores a esse meio ambiente (hospitalar).

Portanto, em qualquer das três situações, mas em especial para os transtornos psicossomáticos, diante do imenso espaço a ser desenvolvido pelo movimento psíquico e seu trajeto desde as moções pulsionais, vai se oferecer como problemática para o analista a questão da construção de um campo de representação suficientemente eficiente para a subjetividade e a relação objetal.

Contratransferência e "corporeidade" na situação analítica

Em trabalho comparativo entre ideias de Green e Fabio Herrmann sobre a transformação do campo de representação, Schaffa (1999) observa que em Green "a representação é a própria expressão do psíquico". Por outro lado, em recente trabalho desse autor, encontramos também referência a uma conhecida expressão sua, em que, ao comentar o desenvolvimento dos processos afetivos desde as mais antigas relações com o outro, dispõe que em suas origens o processo afetivo pode ser como uma "antecipação do encontro do corpo do sujeito com outro corpo" (o corpo do outro, imaginário ou presente). Entende, assim, o psiquismo "como a relação entre dois corpos dos quais um está ausente" (Green, 2008[2002], p. 167). Anteriormente, chega a considerar "todo o psiquismo como formação intermediária entre o soma e o pensamento" (p. 161) e assinala que "certa debilidade de elaboração representativa e uma falência das possibilidades de contenção que a caracterizam" abrem "a porta para regressões anteriores às representações: a alucinatória, a somatização e a atuação" (pp. 134-135).

Como reflexão clínica, proponho aqui a questão da posição do analista, frente a essas situações em que a representabilidade ainda deve ganhar uma construção e essa forte presença do corpo ("corporeidade"), mormente nos transtornos psicossomáticos, se oferece ainda ao analista como outra via de percepção, sob a forma de ato, imagem ou afetação.

Creio que o estudo da contratransferência nos oferece uma via de investigação privilegiada para entender os caminhos possíveis dessa construção. Em uma das descrições da via alucinatória, de Roberto, o autor nos descreve a afetação nele causada. Nos dois outros exemplos, a convivência com os autores permitiu investigação suplementar por meio do diálogo com eles.

Na encenação alucinatória com Roberto, o analista sentia-se "afundado e preso" à poltrona, como se seu próprio corpo não pudesse deixar de se fazer presente, carregando assim, como penso, o peso da relação ainda não possível de ser imaginada ("corpo ausente") com o corpo expresso alucinatória e impulsivamente por seu analisando. Necessariamente despertado em sua percepção, pelo olhar e atenção, capturado pela mobilidade e encenação do seu cliente, somente quando se dispõe imaginariamente como outro corpo presente, "contracenando" imaginariamente com ele em sua própria mente, é que lhe surgem indagações, indícios do psíquico. Constrói-se desse modo a ausência do corpo real, espaço possível para outro nível de representabilidade, não mais exclusivamente alucinatória, mas agora imaginativa e representacional.

Diante da agressividade de Paulo, surge em sua analista um gesto espontâneo, fruto talvez de seu verdadeiro *self*, capaz de se instaurar como moção pulsional de cuidados, em possível fusão imaginária com o corpo em sofrimento de seu paciente. Assim, não defende apenas o corpo dele como também seu próprio regressivamente. O gesto de cuidado é captado pela mente de Paulo e, como por identificação primária, pode readquirir existência novamente e percepção de si mesmo, distinção entre o eu e o não eu. Parte-se, na existência de um corpo que, em seu movimento em direção a outro, institui psicanaliticamente um espaço necessário entre ambos. Abre-se o possível campo de representabilidade, inicialmente de si mesmo.

Finalmente, frente ao transtorno psicossomático propriamente dito, aqui sob a forma de somatizações, a descrição da evolução de Maria Clara no grupo nos mostra um trajeto do corpo isolado e autisticamente representado ao corpo imaginário e compartilhado na relação com o imaginário grupal. Creio que aqui a intenção do analista, não negando a existência de corpos e de sua necessidade de expressão, distanciando-se da necessidade quase compulsiva de logo transformá-los em simbolizações, permitiu que o grupo se mantivesse no imaginário o suficiente para que transformassem o terror do desconhecido em relações imaginativas vivenciais de prazer e dor, também ligadas ao passado e ao presente, campo representativo em seu "assoalho sensorial" (Grotstein, citado por Ogden, 1996, p. 355), base para futuras transformações.

À guisa de conclusão

A existência de uma necessidade impulsiva, ligada à expressão das moções pulsionais, e que pode se manifestar como uma impulsividade presente no campo analítico por meio da corporeidade, ainda que repetitiva, não deve ser confundida com a verdadeira compulsão à repetição presente nas manifestações de ordem mórbida. Os "transbordamentos do inconsciente", como os denominou Green (2008[2002]), podem ser reconhecidos pelo analista e, por meio da *atenção e da capacidade de continência, inclusive contratransferencial*, pode-se determinar uma direção que permita sua transformação em verdadeira imaginação e campo de representação no vínculo. Entretanto, enquanto está em busca ansiosa de estabelecer simbolizações, o analista pode agir por vezes sem respeitar o tempo do processo, ultrapassando a capacidade atual do analisando de efetuar sua própria transformação representativa.

Como vimos, seja em análise, seja nas psicoterapias de base psicanalítica, considerada a demanda presente em cada momento do campo da transferência-contratransferência, mais arcaica ou elaborada, torna-se *possível ao analista, com gesto espontâneo ou colaboração imaginativa, facilitar gradativamente ao analisando a instauração, ou construção, das bases de um campo de representação*. A presença viva do que denominei aqui *corporeidade* não pode ser negada, já que se constitui na *matriz afetiva do que, a caminho da simbolização, passa da transformação da moção pulsional ao representacional possível para a dupla*.

II. Comentário: o lugar do analista

O texto "Clínica da compulsão, corporeidade e campo da representação", transcrito anteriormente, é bastante complexo, e o comentário elaborado tem especificamente o propósito de explicitar essa complexidade que é, ao mesmo tempo, psicanalítica e filosófica.

Qual é o objetivo desse trabalho? Com base em algumas situações clínicas que envolvem o corpo, Milton Della Nina (2009) tem o propósito de fazer uma reflexão sobre como seria possível

> estabelecer uma relação compreensível entre a compulsividade da repetição que o corpo nessas [situações clí-

nicas apresentadas] parece manter e a compulsividade possível no sentido de renovação significativa e historicamente inserida.

E, ainda, "a que campo de transferência-contratransferência predisporia?". Em poucas palavras, a questão é como conciliar repetição e renovação.

Baseada em sólida experiência clínica do autor, evidente no próprio modo como encaminha-se a reflexão teórico-clínica realizada, a matéria que dá suporte ao trabalho é constituída por três fragmentos clínicos que envolvem pacientes e analistas diferentes. Se os pacientes são apresentados como tendo algo em comum (essencialmente a questão da corporeidade na sessão), os analistas distinguem-se possivelmente pelos referenciais teóricos pressupostos.

Nas três situações clínicas, os pacientes são configurados pela impulsividade por intermédio da qual se verificam fenômenos como alucinação, atuação e somatização que Green (2008[2002]), citado no trabalho, denomina "transbordamentos do inconsciente". E, no entanto, o trabalho não se dedica a fazer uma reflexão sobre esses fenômenos, mas volta-se para uma problemática que me parece central: a questão do lugar do analista junto aos chamados pacientes difíceis. Essa questão do lugar do analista fica colocada, desde o princípio, já nas duas citações com as quais é aberto o trabalho: a epígrafe de Serge Viderman e a frase de Green.

A epígrafe diz o seguinte: "Até que ponto o que se passa no tratamento emerge da repetição do antigo e até que ponto diz respeito, não ao repetido, mas inversamente ao que jamais foi vivido" (Viderman, citado por Green, 2008[2002], p. 71). E a passagem de Green diz:

É preciso livrar-se de muitos preconceitos para compreender que o que leva um sujeito à análise, em todos os casos, provém menos de uma preocupação em curar-se, que de uma necessidade compulsiva de refazer sua história para o prosseguimento de sua vida, história que ele não conhece e nem sabe como quer, e, recriando-a, torná-la diferente, arriscando-se neste caminho a pagar os custos da ficção que deseja ver realizada. (Green, 1998, citado por Schaffa, 1999, p. 658, destaque nosso)

Essas citações envolvem uma concepção de transferência que aponta para a criação do novo como saída psíquica e não para a repetição do antigo, isto é, para a patologia expressa na compulsão à repetição. E esse aspecto não só reforça a centralidade da questão do lugar do psicanalista no trabalho como ainda implica uma redefinição desse lugar no processo analítico, isto é, não mais interpretar e elucidar, mas vivenciar e compartilhar. Ou seja, como observou Orestes Forlenza Neto (2008), na palestra que fez no XVII Encontro Latino-americano sobre o Pensamento de D. W. Winnicott: Ressonâncias, esse lugar é definido por certa simetria da relação entre paciente e analista. Nesse caso, o fundamental é a sobrevivência do analista e não sua capacidade de interpretar a transferência.

Forlenza Neto vai mais longe, sempre com Winnicott, ao ressaltar que, em vez de perguntar se o que o paciente manifesta é analisável ou não, cabe ao analista se indagar se é possível ou não embarcar na difícil viagem que o paciente propõe rumo ao encontro com o informe. E, dependendo do paciente, pode-se dizer que há mais de um lugar a ser ocupado pelo analista. Por exemplo, em se tratando de um paciente neurótico, o analista pode ocupar o lugar do intérprete de conteúdos. Mas há certos pacientes que requerem que o analista ocupe *o lugar daquele que cuida do continente e não dos conteúdos*. Nesse caso, a ênfase se desloca para o enquadre, pois para esses pacientes o passado não chega a ser revivido no presente mediante a transferência, mas é o próprio presente. Nessa medida, não cabe interpretar a transferência, mas cuidar daquilo que é vivenciado pela primeira vez com o analista, oferecendo ao paciente os cuidados necessários a seu desenvolvimento. E é evidente que Forlenza Neto pressupõe com essas ideias a teoria do amadurecimento pessoal de Winnicott, mas, ainda, a ideia do lugar do analista como lugar do paradoxo, que é também uma ideia winnicottiana (Frayze-Pereira, 2008).

A sustentação de tal lugar é difícil, pois exige defesas flexíveis e profunda sensibilidade clínica, como fica bem ilustrado nas situações clínicas apresentadas, sobretudo a terceira situação que "com a opção de intervenção assumida pelo analista favoreceu a *ampliação do discurso associativo* das pessoas integrantes do grupo" (Della Nina, 2009). Recorrendo ao teatro como metáfora, podemos dizer que nesta terceira situação clínica intitulada "A sessão, a conversa e a dor", temos um analista *conversador* que se conduz como um diretor de cena, considerando dois caminhos possíveis para o trabalho e optando por um deles. Em contrapartida, nas duas situações clínicas anteriores, os lugares ocupados pelos analistas, em meu entender, aproximam-se, no primeiro caso, do lugar do *espectador* sob o impacto da encenação imaginária realizada pelo paciente, e, no segundo caso, mais próximo do lugar do *coadjuvante* que interage e contém o paciente. São formas de ocupação de um lugar possível junto aos pacientes que, da primeira situação à terceira, se aproximam em uma gradação de intensidades do lugar paradoxal que exige a metaforização do *holding* materno e da lei paterna, que ao mesmo tempo inclui um não-lugar, que exige do analista ser e não ser, estar dentro e fora, presente e ausente. É um lugar que se define por um "entre dois", que liga e discrimina ao mesmo tempo, ou, em linguagem fenomenológica, designado *lugar da ambiguidade*.

Ora, cabe lembrar, que no referencial fenomenológico-existencial o ser que ocupa lugar não é espírito, alma ou consciência, mas um corpo. E o corpo é um ser essencialmente ambíguo. Por um lado, sendo um corpo situado, não é um ser que sobrevoa o mundo; por outro lado, também não é propriamente "matéria intersticial, tecido conjuntivo". Segundo Maurice Merleau-Ponty (1964), ele é "sensível para si". Quer dizer, se o corpo pelo qual estou no mundo é uma parte do mundo, um fragmento de sua carne, como tal ele é uma variação extraordinária, cujo paradoxo constitutivo está em todo o visível: assim como é concomitantemente sensível e aquele que sente, um cubo de madeira reúne simultaneamente aspectos incompossíveis, superfícies de uma profundidade inesgotável, desde que o visível total está sempre atrás, ou depois, ou entre os aspectos que dele se veem. Assim, é da natureza do corpo e da coisa, sensíveis, ofertarem-se e esconderem-se. Ambos são opacos e sempre inacabados. Nesse sentido, são emblemas de um ser que se define pela opacidade e pela profundidade, ser de latência e apresentação de certa ausência, isto é, enquanto visível e invisível (Frayze-Pereira, 1984).

No pensamento de Merleau-Ponty, pensamento estético que se elabora entre os anos 1940 e 1960, encontra-se uma análise do corpo como corpo reflexivo, isto é, o corpo que simultaneamente é sujeito e objeto, um sensível também capaz de sentir, que utiliza suas próprias partes como simbólica geral do mundo e pelo qual podemos frequentar esse mundo e encontrar nele uma significação. Então, a partir daí, pode-se falar de uma "natureza enigmática" do corpo, que transfere para o mundo sensível o sentido imanente que nasce nele em contato com as coisas e nos faz assistir ao "milagre da expressão". Desse modo, "não é ao objeto físico que o corpo é comparável, mas à obra de arte" (Merleau-Ponty, 1945, p. 176, tradução nossa). Mais concretamente, continua o filósofo:

> *num quadro como numa peça musical a ideia não pode ser comunicada senão pela exposição das cores e dos sons. A análise da obra de Cézanne, se não vi seus quadros, deixa-me a escolha entre vários Cézanne possíveis, e é a percepção dos quadros que me dá o único Cézanne existente, é nela que as análises adquirem seu sentido pleno. (p. 176, tradução nossa)*

Quer dizer: uma pintura é um indivíduo, isto é, um ser no qual não é possível distinguir a expressão daquilo que exprime, cujo sentido só é acessível mediante o contato direto com o sensível. É exatamente nessa medida que o corpo é comparável à obra de arte, isto é, um ser reflexivo que permite a pregnância das experiências auditivas, táteis e visuais, fundando a unidade antepredicativa do mundo percebido que, por sua vez, serve de referência às representações, à expressão verbal e à significação intelectual. Bom, nesse momento, não é possível desenvolver mais essa concepção de corpo, que é fecunda para pensar a relação entre corporeidade e representação, mas apenas para dar uma ideia da complexidade da questão, transcrevo um trecho do livro *L'oeil et l'esprit*, no qual Merleau-Ponty (1964) diz:

> *Eis o enigma: meu corpo é simultaneamente vidente e visível. Ele, que olha todas as coisas, também pode olhar-se e reconhecer, então, naquilo que vê o "outro lado" de seu poder vidente. Ele se vê vendo, se toca tocando, é visível e sensível para si mesmo. É um si, não por transparência, como o pensamento que pensa tudo*

assimilando-o, constituindo-o, transformando-o em pensamento – mas um si por confusão, inerência daquele que vê naquilo que vê, daquele que toca naquilo que toca, do sentiente no sentido. . . . Visível e móvel, meu corpo está no número das coisas, é uma delas: preso no tecido do mundo e sua coesão é a de uma coisa. Mas porque vê e se move, mantém as coisas em círculo ao seu redor: elas são um anexo ou um prolongamento dele mesmo, estão incrustadas em sua carne, fazem parte de sua definição plena e o mundo é feito do próprio estofo do corpo. Esses deslocamentos, essas antinomias são maneiras diversas de dizer que a visão é tomada ou se faz do meio das coisas, lá onde um visível se põe a ver, torna-se visível para si e pela visão de todas as coisas, lá onde, qual a água mãe no cristal, a indivisão do sentiente e do sentido persiste. (pp. 18-20, tradução nossa)

Quer dizer, segundo essa concepção, o corpo é reflexivo. E essa reflexão que realiza tem implicações epistemológicas inesperadas, pois é preciso rejeitar os preconceitos seculares que colocam o corpo no mundo e o vidente no corpo ou, inversamente, o mundo e o corpo no vidente como se estivessem contidos em uma caixa. Afinal, se o corpo é reflexivo, onde colocar o limite do corpo e do mundo? Onde colocar no corpo o vidente, já que evidentemente no corpo há apenas "trevas repletas de órgãos", isto é, ainda o visível? O mundo visto não está "em" meu corpo e meu corpo não está "no" mundo visível em última instância. Em suma, a ambígua experiência do corpo consigo mesmo revela o embaralhamento da distinção sujeito-objeto, embaralhamento que também se verifica na relação do corpo com as coisas e com os outros (Frayze-Pereira, 1984).

Em suma, o pensamento de Merleau-Ponty é muito sofisticado e sua contribuição para pensar essa questão da corporeidade e da representação, como apresentada pelo também complexo trabalho que suscitou este comentário (Della Nina, 2009), é bastante grande, inclusive para pensar a questão do corpo presente-ausente do analista na sessão e a questão do "psiquismo como relação entre dois corpos dos quais um está ausente" (Green, 2008[2002]). Mais radical porque focado na experiência antes da cisão sujeito-objeto, Merleau-Ponty pensa que na relação entre dois não se trata de um estar presente e o outro ausente como dois fatos positivos, uma vez que a dimensão da ausência é constitutiva do corpo na relação com ele mesmo e, por extensão, na relação com uma coisa ou com outro corpo, seja ele do paciente, seja ele do analista. É essa ambiguidade essencial que subjaz ao fato de a construção de um campo de representação suficientemente eficiente para a subjetividade e a relação objetal dependerem do lugar ocupado pelo analista na sessão com seu paciente.

A maneira filosófica de Merleau-Ponty pensar o corpo e o mundo pode estar na base das conclusões do trabalho que motivou este comentário, quando, justamente, propõe-se à reflexão:

> *a questão da posição do analista, frente a essas situações em que a representabilidade ainda deve ganhar uma construção e essa forte presença do corpo ("corporeidade"), mormente nos transtornos psicossomáticos, se oferece ainda ao analista como outra via de percepção, sob a forma de ato, imagem ou afetação.* (Della Nina, 2009)

Ou, então, no final do trabalho, quando destaca:

seja em análise, seja nas psicoterapias de base psicanalítica, considerada a demanda presente em cada momento do campo da transferência-contratransferência, mais arcaica ou elaborada, torna-se possível ao analista, com gesto espontâneo ou colaboração imaginativa, facilitar gradativamente ao analisando a instauração, ou construção, das bases de um campo de representação. A presença viva do que denominei aqui corporeidade não pode ser negada, já que se constitui na matriz afetiva do que, a caminho da simbolização, passa da transformação da moção pulsional ao representacional possível para a dupla. (Della Nina, 2009)

Deriva daí certa concepção do fazer analítico que, em um trabalho anterior intitulado "Re-desenhando com Winnicott: a interpretação encarnada", Della Nina (2007) ressalta:

no âmbito clínico, entende Winnicott que a presença do analista representa um fenômeno transicional, já que simultaneamente é representante do princípio de realidade, mantendo assim as condições externas do setting, mas também um objeto subjetivo para o paciente. Nesse ambiente favorecedor de área potencial de ilusão é que o fazer do analista inclui e fundamenta a intervenção interpretativa. (p. 160)

Muitos outros aspectos poderiam ser comentados com base em um trabalho tão complexo como esse, mas a questão da posição ou do lugar do analista foi a que mais chamou a atenção, impondo-se como central.

III. Um diálogo intertextual: para um lugar no espaço transicional

No comentário que acabamos de transcrever, assinala-se a forma complexa que o primeiro texto adquire ao admitir diferentes vértices de leitura. E a perspectiva escolhida pelo comentário é a que configura o "lugar do analista", o qual, em uma concepção winnicottiana, está voltado não exclusivamente para o "interpretar e elucidar" os conteúdos das falas do paciente, mas para o "vivenciar e compartilhar" certos sentidos presentes nessas falas, no decorrer do processo analítico.

Nessa medida, o comentário lembra a posição de Forlenza Neto (2008) que, admitindo ainda ser possível no tratamento do neurótico a interpretação de conteúdos, não a considera exequível naquelas situações psicanalíticas em que a organização psíquica não alcançou esse nível de registro. Nessas condições, nas vivências alucinatória, de atuação ou somatização, descritas no primeiro texto, torna-se mais importante a função continente, voltando-se a atenção analítica para as condições em que evolui o enquadre. Assim, o analista dá sustentabilidade à evolução mental do analisando, na condição de se colocar em um lugar, não exclusivamente interno ou externo, mas compartilhando esse paradoxal espaço denominado por Winnicott *espaço transicional*. Nessa acepção, é lógico e aceitável que se destaque a presença do analista como um fenômeno transicional (Della Nina, 2007).

De fato, em harmonia com nossos pontos de vista aqui dialogados e transcritos, cabe lembrar um texto de Benilton Bezerra Jr. (2007), em que se pode ler:

> *O papel do analista seria o de criar um campo de interação empática com o paciente, um ambiente de comu-*

nicação não necessariamente verbal, eficaz na produção de uma experiência de confiança e do sentimento de sentir-se real, indispensáveis para que o self possa prescindir de mecanismos defensivos mais primitivos e retomar um funcionamento mais espontâneo. (p. 41)

Esse autor, ao nomear tal proposta como "dimensão de cuidado", parece também mostrar um caminho por intermédio do qual o lugar do analista se encaminha para que a dupla possa vir a reconhecer o "*pathos*, a experiência de sofrimento não discursivamente organizada" (Bezerra Jr., 2007, p. 44). Como podemos identificar nas três vivências descritas no primeiro texto, são possíveis diferentes configurações desse trajeto, colocando-se o analista em papéis que, no cenário da situação potencialmente psicanalítica, sempre atendem a essa importância do cuidado e da atenção.

No âmbito da experiência estética, delineada e reconhecida como tal, além do suporte teórico-clínico encontrado em Winnicott, o comentário recorre à filosofia de Merleau-Ponty, que nos permite entender como o caótico, evidente nos exemplos clínicos, pode ser caracterizado como "transbordamentos do inconsciente" (Green, 2008[2002]). Tais situações podem ser encontradas nas caracterizações das respectivas duplas, em formas afetivas, reconhecíveis por meio da metáfora teatral.

Além disso, dada a importância que o corpo adquire, tanto na filosofia de Merleau-Ponty como nas ideias de Winnicott sobre sua práxis analítica, justifica-se a utilização, no primeiro texto, da noção de "corporeidade" e a importância do vértice que instaura naquelas condições clínicas. Para Winnicott, segundo o que nos lembra Ana Lila Lejarraga (2008), levando em consideração o corpo, pode não haver diferença entre o ser humano e o animal do ponto de vista da institualidade. No entanto, no tocante à elaboração imaginativa das funções corporais, estamos diante de "uma operação exclusivamente humana" (p. 182, nota). Sabemos que o conceito de personalização, operação emocional primitiva, por meio da qual a psique habita o corpo, segundo Winnicott, refere-se a um processo que não se esgota na infância e dinamicamente se mantém durante toda a vida, oscilando em suas configurações. Assim, é preciso considerar desde as experiências constituintes e mantenedoras do *self*, sendo parte do que se chamou na primeira parte deste artigo de "corporeidade".

Com efeito, estamos de comum acordo que deve ser ressaltada a importância de se considerar o papel coestruturante da corporeidade do analista, sobretudo em certas condições clínicas. Quer dizer, a presença e o lugar do analista podem implicar uma atenção à existência e à percepção dessa corporeidade, especialmente naquelas condições em que o caráter mais regressivo da expressão inconsciente determina para a dupla um espaço potencial em estado nascente. Pensamos, em particular, naquelas situações em que o psicanalista não apenas precisa sobreviver à necessidade (cruel) que o paciente pode ter dele como também precisa estar presente para acolher, o que é um gesto de doação de si. A capacidade do analista de se deixar usar como um objeto ao acolher um gesto espontâneo torna-se fundamental para sua sobrevivência do ponto de vista do paciente e para a experiência de separação entre o eu e o não eu.

Nesse caso, a presença corporal do analista e sua consequente percepção por parte do paciente são fundamentais no decorrer do processo analítico. Trata-se de uma presença reflexiva, no sentido em que o corpo é reflexivo, conforme se afirmou no comentário, segundo Merleau-Ponty, que favorece a emergência de uma situação que pode vir a ser análoga ao lugar em que se vive – um espaço intermediário, uma terceira área da experiência, uma região transicional –, cujo aspecto principal é a ambiguidade, isto é, a dimensão do "entre dois", nem objeto, nem sujeito, mas ambos. Refere-se a certo tipo de experiência, anterior à cisão sujeito-objeto, que diz respeito ao corpo na relação com ele mesmo e, por extensão, na relação com uma coisa ou com outro corpo, seja o corpo do paciente, seja o do próprio analista. E é essa ambiguidade essencial que subjaz à construção de um campo de representação suficientemente bom, para o desenvolvimento da relação objetal, tendo em vista o lugar ocupado pelo analista na sessão com seu paciente.

Nesses termos, inspirados em Winnicott (1975a[1971], p. 151), podemos comparar o lugar do analista ao espaço ocupado pela mãe-ambiente, cuja presença corporal – ambígua, porém estável – facilita para o bebê a criação e o desenvolvimento de um vínculo de confiança necessário ao brincar/viver criativamente. Analogamente, para o paciente, o lugar do analista é o lugar da ambiguidade do qual se instaura a experiência que possibilita ao próprio paciente articular a realidade psíquica interior e a realidade compartilhada exterior, experiência necessária ao desenvolvimento pessoal em contato com o ambiente. É o que se espera acontecer não apenas no decorrer de uma análise como também ao longo da vida.

Referências

Almeida Prado, R. (2007). *A experiência subjetiva da dor na contemporaneidade: da subjetividade da dor a dor da subjetivação* [Trabalho apresentado em mesa redonda]. III Simpósio de Educação Médica, Psicanálise e Psicologia da Saúde, Tecnologia e Humanidades, São Paulo.

Bezerra Jr., B. (2007). Winnicott e Merleau-Ponty: o continuum da experiência subjetiva. In B. Bezerra, Jr., & F. Ortega (Org.),

Winnicott e seus interlocutores (pp. 35-65). Rio de Janeiro: Relume Dumará.

Canelas Neto, J. M., & Schaffa, S. L. (2005). A urgência e o poder da fala dentro da análise: trauma e construção da subjetividade. *Revista Percurso, 34,* 2-12.

Della Nina, M. (2007). Re-desenhando com Winnicott: a interpretação encarnada. *Jornal de Psicanálise, 40*(73), 157-166.

Della Nina, M. (2009). *Clínica da compulsão, corporeidade e campo de representação* [Trabalho apresentado em reunião científica]. Sociedade Brasileira de Psicanálise de São Paulo, São Paulo.

Forlenza Neto, O. (2008). *Sobre o lugar do analista* [Trabalho apresentado em congresso]. XVII Encontro Latino-americano sobre o Pensamento de D. W. Winnicott: Ressonâncias, São Paulo.

Frayze-Pereira, J. A. (1984). *A tentação do ambíguo: sobre a coisa sensível e o objetivismo científico.* São Paulo: Ática.

Frayze-Pereira, J. A. (2008). *Comentários à palestra "Sobre o lugar do analista" de Orestes Forlenza Neto.* XVII Encontro Latino--americano sobre o Pensamento de D. W. Winnicott: Ressonâncias, São Paulo.

Frayze-Pereira, J. A. (2009). *Comentários ao trabalho "Clínica da compulsão, corporeidade e campo de representação", de Milton Della Nina* [Trabalho apresentado em reunião científica]. Sociedade Brasileira de Psicanálise de São Paulo, São Paulo.

Freire, C. C. (2008). *Relatório FAPESP sobre pesquisa temática: psicoterapia de pacientes borderline.* São Paulo: Centro de Assistência e Pesquisa em Psicoterapia do Departamento de Psiquiatria da Universidade Federal de São Paulo (Unifesp).

Green, A. (2008). *Orientações para uma psicanálise contemporânea: desconhecimento e reconhecimento do inconsciente*

(A. M. R. Rivarola et al., Trad.). Rio de Janeiro: Imago. São Paulo: SBPSP. (Trabalho original publicado em 2002. Título original: *Idées directrices pour une psychanalyse contemporaine. Meconnaissance et reconnaissance de l'inconscient.*)

Lejarraga, A. L. (2008). Reflexões sobre a noção winnicottiana de necessidades egoicas. In A. Melgaço, J. Outeiral, & N. Armony (Orgs.), *Winnicott-Seminários cariocas* (pp. 179-192). Rio de Janeiro: Revinter.

McDougall, J. (1983). *Em defesa de uma certa anormalidade.* Porto Alegre: Artes Médicas. (Trabalho original publicado em 1978.)

Merleau-Ponty, M. (1945). *Phénoménologie de la perception.* Paris: Gallimard.

Merleau-Ponty, M. (1964). *L'oeil et l'esprit.* Paris: Gallimard.

Ogden, T. H. (1996). Sobre o conceito de uma posição autística--contígua. *Revista Brasileira de Psicanálise, 30*(2), 341-364.

Schaffa, S. L. (1999). Sobre a essência curativa do trabalho interpretativo: comentário à "Sobre a discriminação e a indiscriminação afeto-representação", de André Green. *Revista Brasileira de Psicanálise, 33*(4), 651-660.

Winnicott, D. W. (1975a). O lugar em que vivemos. In D. W. Winnicott, *O brincar e a realidade* (J. O. A. Abreu, & V. Nobre, trads., pp. 145-152). Rio de Janeiro: Imago. (Trabalho original publicado em 1971.)

Winnicott, D. W. (1975b). Objetos transicionais e fenômenos transicionais. In D. W. Winnicott, *O brincar e a realidade* (J. O. A. Abreu, & V. Nobre, Trads., pp. 13-44). Rio de Janeiro: Imago. (Trabalho original publicado em 1971.)

Dor psíquica, dor corporal: de onde vem e para onde vai a dor?

Victoria Regina Béjar

Pretendo, neste texto, compartilhar minha experiência clínica com pessoas acometidas de dor corporal crônica e as peculiaridades observadas em seu modo de funcionamento psíquico. Abordo as situações nas quais há cronificação da dor corporal, mesmo após o tratamento efetivo da causa geradora do quadro álgico, assim como quadros de dores corporais que se instalam sem uma patologia prévia que a justifique. Espero que nosso diálogo nos proporcione acréscimos para lidar com o cotidiano de nossa clínica psicanalítica privada e também em hospitais e ambulatórios de saúde.

Falar sobre dor é sempre um grande desafio, o qual atravessou o percurso da maioria dos escritos freudianos. Sigmund Freud dedicou-se à dor desde os primórdios de seus escritos. É possível observar em seu trabalho sua atração pela dor, quando da descoberta da ação analgésica da morfina.

Em "Esquema geral", no "Projeto para uma psicologia científica" (1969a[1895]), descreveu-a como o "mais imperativo de todos os processos", que rompe com todos os dispositivos de proteção do aparelho neurológico e deixa "facilitações permanentes atrás de si, como se o aparelho psíquico tivesse sido atingido por um raio" (p. 409). A dor é o resultado do aumento quantitativo das excitações no interior do aparelho psíquico e adquire qualidade ao surgir como afeto, quando diante da percepção do estímulo doloroso. Resulta da solução de continuidade ou ruptura do limite corporal ou do ego. Desse modo, a "dor passa por todas as vias de descarga" e o "aparelho nervoso tem a mais decidida propensão a fugir da dor" (p. 409). Para lidar com a dor, a energia é concentrada no território doloroso e todos os demais sistemas psíquicos se empobrecem, levando a paralisia ou diminuição extensa de toda atividade psíquica.

Para Freud, toda excitação sensorial, inclusive proveniente dos órgãos dos sentidos, tende a se transformar em dor à medida que o estímulo aumenta. Opõe a experiência de dor à vivência de satisfação e, assim, introduz a dualidade dor-prazer/desprazer que modifica para a dualidade prazer/desprazer quando conclui que o regente da vida psíquica era o prazer. Posteriormente, quando se dá conta do "mais além do princípio do prazer" (1969d[1920]), chega à dualidade pulsional: pulsão de vida e pulsão de morte.

Em 1915, definiu a dor como pseudopulsão, em função de ambas possuírem mecanismos de ação semelhante: agirem como uma força constante (1969b[1915]). Em 1920, reviu o lugar da dor, que também pode funcionar como fonte de prazer. Até que, em 1926, no adendo C de "Inibições, sintomas e ansiedade" (1969g[1926]), Freud utilizou para a dor psíquica o mesmo modelo da dor corporal. Não se trata de uma metáfora, mas de uma analogia. A dor psíquica deriva da perda do ser amado e, como a dor corporal, *atrai para si toda a energia do organismo*. Na dor, o objeto não pode ser reencontrado por meio da representação. Onde existe dor é o objeto ausente, perdido, que está presente, é o objeto presente que está ausente. "Assim, a dor é a reação própria à perda do objeto", declarou Freud (1969g[1926], p. 195) em sua obra.

O fenômeno "dor" ressurge não segundo os processos de rememoração (de representação) ou de reminiscência (do traumatismo), mas por revivescência de uma primeira experiência de perda de um objeto ainda não constituído.

Principalmente em nossos consultórios nos defrontamos com intensas dores psíquicas difíceis de serem expressas por meio de sintomas emocionais, que, muitas vezes, surgem como expressões corporais e comportamentais da dor psíquica. Vale salientar que as dores corporais possuem ampla gama de significados. Podem se apresentar em organizações neuróticas, nas quais lidamos com o corpo pulsional, erotizado, cujas dores têm uma diversidade de significados e funções que devem ser contextualizadas na tessitura singular de cada um. Podem surgir também como um sintoma corporal nas organizações não neuróticas e, frequentemente, funcionar como um fator de manutenção de um mínimo de organização do aparelho psíquico, diante das angústias primitivas, traumáticas e catastróficas que ameaçam implodir o aparelho psíquico.

Vale relembrar que o corpo, do ponto de vista psicanalítico, é libidinizado, erotizado, sob regime do funcionamento pulsional. Já o funcionamento fisiológico do corpo é somático. É isso que observamos nas organizações não neuróticas, nas quais o corpo não foi suficientemente erotizado, a força libidinal do ego é frágil em razão da constituição falha do narcisismo primário. O corpo somático apresenta funcionamento predominantemente fisiológico, e seus sintomas não são portadores de significado inconscientes reprimidos e recalcados como acontece nas neuroses. A dor como somatização é ausente de sentido e de significados.

A dor tem a função de alerta para algum perigo que ameaça nossa estrutura corporal. Segundo um aforismo atribuído ao médico francês René Leriche, "a saúde é o silêncio dos órgãos". Para Freud, há no adoecer a conscientização do funcionamento do órgão, quando emite sinais dolorosos; "é na ocasião das enfermidades dolorosas que talvez seja o modo de adquirir um novo conhecimento de seus órgãos e a representação do seu próprio corpo" (1969e[1924], p. 40). Portanto, a dor é evento que acompanha todo tipo de desconfigurações somáticas, daí sua função sinalizadora.

Nesse mesmo trabalho, Freud descreve os vínculos entre o corpo com cada uma das instâncias psíquicas: ego, id e superego. O ego sofre o evento somático como evento vindo do exterior e não como um processo interno. O ego fica exposto ao sadismo do superego. Se o id é, antes de tudo, somático, compreendemos que o ego em certas condições pode tratar suas funções somáticas como um segundo mundo exterior, como o faz habitualmente com o id.

Na somatização há um tipo peculiar de projeção na qual a autodestruição, liberada pelo estado de desmescla ou defusão pulsional, pode se projetar externa ou internamente e se fixar em um fragmento somático, passando a constituí-lo como um novo objeto. Esse novo objeto, a somatização, é portador dos valores superegoicos em virtude da reunião do sadismo no órgão doente, mas também é portador de potencialidades da reintrincação erótica, particularmente sadomasoquista, concebido por Pierre Marty (1995[1968]) como reorganização psicossomática. Entretanto, tudo isso não nos permite ainda compreender a questão da eleição do órgão.

O patomasoquismo, ou masoquismo da doença, pode ser compreendido como um investimento masoquista do órgão doente, presente nas regressões ou desorganizações da estrutura somatopsíquica. Como decifrar e compreender a instalação de dores corporais que se tornam crônicas na ausência de condições patológicas pregressas que as justifiquem? Justamente nos interessam os casos nos quais a dor se instala e permanece, podendo por si mesma levar à total incapacidade do sujeito. Estamos lidando sem dúvida com a dor viva como uma tentativa de criar, tecer a construção do narcisismo primário falho ou, dito de outra forma, constituir o masoquismo primário erógeno.

Enfim, temos de criar "robustez psíquica", segundo Marilia Aisenstein (2018), para viver, tolerar e lidar com dores psíquicas de qualquer intensidade. Mas e quando isso não é possível?

O analista desafiado pelo enigma da dor

Meu contato com o estudo da dor corporal denominada psicogênica se deu quando participava do grupo de dor da clínica neurológica da Universidade de São Paulo (USP) e fui incumbida de desenvolver um projeto de pesquisa psicanalítica sobre a síndrome fibromiálgica. Descrevo mais pormenorizadamente esse início na introdução do livro *Dor psíquica, dor corporal* (2017). Quando ocorriam as reuniões entre os analistas que atendiam essas pessoas dolorosas, observávamos que as experiências clínicas eram muito semelhantes. O contato com essas pacientes se dava de um modo peculiar, e foi possível observar o que poderíamos quase considerar como um perfil de funcionamento emocional semelhante; entretanto, havia dificuldade para estabelecer correlações teórico--clínicas satisfatórias que suprissem a prática clínica dos analistas.

A síndrome fibromiálgica diz respeito a um tipo de dor crônica generalizada que apresenta a peculiaridade de ser difusa, isto é, de se manifestar em regiões alternadas do corpo. Após a leitura dos trabalhos de Aisenstein e da oportunidade de conhecê-la pessoalmente, estabelecemos forte vínculo afetivo. Além dos trabalhos já publicados, paciente e generosa, ela nos enviava artigos com sua própria experiência com fibromialgias, bem como outros trabalhos da sua extensa escrita a respeito da clínica psicanalítica, que privilegia os leitores ávidos por compreensão e elaboração da clínica psicanalítica contemporânea.

Era evidente que a técnica e a abordagem da psicanálise clássica funcionavam mal com as pacientes do grupo. Não conseguiam falar espontaneamente de si mesmas, mas inundavam as sessões com repetidas histórias dramáticas e traumáticas. Eram refratárias às observações interpretativas analíticas; era evidente que não faziam sentido nem as estimulavam a pensar. Viviam em um casulo doloroso que nos remetia a uma paralisação, encapsulamento, ou uma provável defesa autística. Dei-me conta de que não se tratava dos funcionamentos psíquicos conhecidos como neuróticos ou psicóticos nem perversões. Foi na psicossomática psicanalítica da Escola de Paris (França) que encontramos ricos subsídios que nos permitiram desenvolver uma intervenção analítica próspera.

Tivemos, assim, acesso a estabelecer correlações teórico-clínicas que construíram um pano de fundo para abordar analiticamente as pacientes dolorosas. Passamos então a observar nessas mulheres um modo peculiar de levar a vida que permitia cogitar um funcionamento operatório. A possessividade quanto a limpeza, ordem e necessidade de dar conta de todas as tarefas diárias parecia um comportamento autocalmante. Suas falas repetitivas recheadas de lembranças traumáticas da infância estavam a serviço de encobrir traumas anteriores não representados, mas em busca de encontrar significados. Um quadro depressivo ansioso transbordava, fruto da provável ruptura do dique da depressão essencial, sem sintomas psíquicos produtivos característicos, como as autoacusações e os maus-tratos, mas quem sabe substituídos pelas dores corporais difusas.

Aisenstein corroborou as mudanças técnicas necessárias para atender pacientes pobres de vocabulário afetivo, cuja decorrência é a deficiente capacidade de simbolização: olhos nos olhos, evitação de silêncios, perguntas simples para estimular conversas que permitiam injetar libido no relacionamento analítico e trocas afetivas passavam a dar vazão à construção da rede representacional necessária para criar elementos para pensar seus sofrimentos.

Além do Instituto de Psicossomática Pierre Marty (Ipso), do qual é membro e didata, Aisenstein valoriza as contribuições de Benno Rosenberg sobre o masoquismo apresentadas em seu livro *Masoquismo mortífero e masoquismo guardião da vida* (2003). Enfatiza também as contribuições de André Green (2008) sobre "o negativo" e a "função desobjetalizante" (p. 151). Além disso, associa com maestria a rede conceitual da psicanálise atual, lançando enfoques singulares. Ela nos abre muitas portas, satisfazendo nossa curiosidade clínica, o que nos permite desabrochar nos meandros da fenomenologia do funcionamento psíquico de maneira especial com a dinâmica dos funcionamentos somáticos.

Da última vez que tivemos oportunidade de nos encontrar, em uma supervisão clínica na Sociedade Brasileira de Psicologia de São Paulo (SBPSP), em 2018, à época do evento que deu ensejo a este livro, Aisenstein desfez estigmas psicanalíticos sobre o masoquismo e o instinto de morte. Enfatizou a importância da constituição do masoquismo erógeno primário (Freud, 1969f[1924]) para o desenvolvimento de um psiquismo bem constituído. Sua visão a respeito do conceito de instinto de morte é abrangente e não está ligada somente à destrutividade, quando a pulsão se encontra desintrincada. Descreveu os aspectos construtivos da pulsão de morte intrincada. Uma de suas características vitais é a possibilidade de dividir, separar as partes, para tornar possível escolher situações, ter foco e obter elementos para pensar. Destacou ainda a importância da organização do masoquismo erógeno primário na posterior robustez do psiquismo adulto para lidar com a dor psíquica, para desenvolver a capacidade de experimentar frustrações e de sua função como "guardião da vida psíquica", função que o "princípio do prazer" perdeu após Freud entender o mais além (Freud, 1969d[1920]).

O masoquismo erógeno primário é um dos mais precoces aspectos que funcionam como um dos alicerces da construção do psiquismo. A total dependência do bebê exige que haja um adulto que vai cuidar dele, alimentá-lo, mas tem uma função muito mais ampla, que é promover e acolher seu desenvolvimento por meio da experiência emocional da relação mãe/bebê. Apoiado nas modulações realizadas pelo psiquismo materno, as mamadas vão instituir o ritmo do tempo, seus intervalos são a condição de espera, que, além de propiciar que a fome do bebê o leve a buscar o peito, o faz reviver a experiência de satisfação que é realizada por meio da satisfação alucinatória carregada de desejo. Sem uma dose mínima de masoquismo, como o bebê suportaria a espera do peito e sua privação? A relação mãe/bebê é dual para a mãe, mas única para o bebê: ela durante longo tempo será seu prolongamento. A "mãe suficientemente boa" de Donald W. Winnicott (1978[1956]) é aquela que sabe se aproximar e se distanciar, instituindo também a noção do outro. É nessa fase que as pulsões de vida e de morte se intrincam. No corpo a corpo da mãe com seu bebê, as palavras que diz e que traduzem as aflições e angústias, seu tom de voz, seu toque, seu colo fazem parte do investimento narcísico e da proteção contra o excesso dos estímulos aos quais o bebê se encontra submetido.

Quando Freud aceitou que o masoquismo – fato clínico – leva ao fracasso sua concepção estritamente econômica do princípio do prazer, fez uma revisão sobre este último, que levou à reabilitação da excitação. A tensão de excitação, ainda que dolorosa, contém prazer. Daí surge a ideia subversiva segundo a qual o prazer masoquista da dor se torna – depois do problema econômico do masoquismo (1969f[1924]) e da segunda teoria das pulsões (1969d[1920]) de Freud – o próprio modelo do prazer. A dor em si permanece enigmática por levar sempre a dupla valia do prazer e do seu mais além.

Paradoxos da sobrevivência psíquica

Para Freud, o ego tem à sua disposição três modalidades de solução para se proteger da pulsão de morte: o masoquismo, a projeção e a utilização da pulsão de morte nos processos de vida. A solução masoquista repousa na neutralização das pulsões de morte pela ação das pulsões de vida. A solução projetiva repousa no deslocamento para o exterior, sobre o objeto, das pulsões de morte que se tornam pulsões agressivas ou de destruição. A utilização da pulsão de morte nos processos vivos repousa em sua intricação masoquista às pulsões de vida e em sua participação na tendência geral em direção à complexidade conduzida pela corrente de Eros.

Entretanto, devemos encarar as demais maneiras com as quais o ego pode se proteger contra os perigos da destrutividade interna, quando construído sobre as bases de um narcisismo frágil e ferido. Encontramo-nos aqui no *limite* das soluções psíquicas, e o sujeito nesse ponto se despoja, se quer continuar vivo, e não há outra escolha senão utilizar de forma totalmente inconsciente suas funções biológicas para encontrar o sentido de uma evolução em direção à complexidade de seu funcionamento pulsional. O meio mais radical do ego se defender dos efeitos de um traumatismo desorganizador é a utilização da pulsão de morte com fins paraexcitantes.

Em 2013, Claude Smadja, outro expoente do Instituto de Psicossomática Pierre Marty (Ipso), esteve no Rio de Janeiro em um simpósio promovido por um grupo de colegas que faziam formação no instituto. Já o conhecia de muito estudar seu denso livro *La vida operatoria: estudios psicoanalíticos* (2005), por meio do qual pudemos fazer profundas imersões nas contribuições dessa escola a respeito das peculiaridades do funcionamento emocional no adoecimento corporal. A partir daquele momento, também passei a participar de um grupo em São Paulo que se propôs a realizar formação no instituto de Paris. Em uma das oportunidades de estar em Paris para um curso intensivo, tive em determinado momento a oportunidade de fazer parte de um grupo privilegiado que foi recebido por Smadja e sua esposa em sua residência; entre deliciosos canapês e vinhos, ele expôs suas últimas conjecturas. Vale salientar o quanto é admirável o pensamento organizado, didático e inteligente de Smadja, que dá prosseguimento e aprofundamento às investigações sobre os meandros das somatizações, iniciadas por Marty e colegas. Nessa ocasião, Smadja falou de suas ideias a respeito da dinâmica da *somatização* como um trabalho, em analogia aos trabalhos do luto e da melancolia, descritos por Freud em "Luto e melancolia" (1969c[1917]).

Em 2013, publicou na *Revue Française de Psychosomatique* o artigo "Deuil, mélancolie et somatisation". Esses três trabalhos (luto, melancolia e somatização) seriam alternativas empregadas por organizações emocionais de diferentes estágios da capacidade de mentalização diante da perda de um ser amado ou de algo equivalente, altamente investido afetivamente, ou seja, aparecem quando o ser humano precisa lidar com a dor psíquica violenta que explode de modo traumático e que leva ao desligamento pulsional e à desorganização da estrutura somatopsíquica.

Vale fazer uma pausa no texto para descrever brevemente em que consistem as desorganizações: podem ser benignas e passageiras, denominadas regressões que se reorganizam, e silenciosas e profundas, que desorganizam toda a estrutura somatopsíquica, mantendo-a desligada, separada, e levando aos quadros crônicos e incapacitantes. A desorganização é desencadeada pelo fator traumático que leva ao desligamento das pulsões de vida e de morte e esta, uma vez livre, emprega toda sua destrutividade para manter e aumentar a desintrincação pulsional. A desorganização se inicia no psiquismo de modo muitas vezes imperceptível, negado, cindido; em razão da impossibilidade de ser lidado na esfera psíquica, transborda e se aloja no corpo.

O que chamou minha atenção foi a proposta de Smadja de que o ego emprega estratégias com a finalidade de manter a organização da vida psíquica a qualquer custo, ou seja, "estratégias de sobrevivência" para lidar com as dores psíquicas insuportáveis. Tais estratégias de sobrevivência do ego podem se apresentar como mecanismos defensivos psíquicos ou corporais. Quando os trabalhos se dão no nível psíquico, assistimos ao luto e à melancolia; se estão no somático, observamos as somatizações.

Essas estratégias dependem da qualidade da estrutura emocional, diretamente relacionada à capacidade de mentalização ou simbolização. Uma situação vivenciada na vida real atual como traumática remete às matrizes traumáticas precoces e suas revivências, sem representação ou irrepresentáveis, que estão alojadas no corpo e onde podem se mostrar. As matrizes traumáticas são feridas narcísicas mantidas abertas, altamente dolorosas que comprometem o desenvolvimento da capacidade de mentalização ou simbolização. Portanto, quanto piores são as condições emocionais proporcionadas ao bebê nos períodos iniciais de formação da estrutura emocional, maior é o comprometimento da estrutura egoica com matrizes traumáticas e, consequentemente, mais comprometida é a mentalização.

Com base nos trabalhos do luto e da melancolia, propõe-se a inclusão do trabalho de somatização como uma das estratégias de sobrevivência diante da dor psíquica insuportável em razão da perda do objeto amado. A estratégia do trabalho de somatização é anular onde a dor se aloja, o aparelho psíquico, e isolar a dor por meio da anulação e da negativação do aparelho psíquico. Nessas circunstâncias, a elaboração psíquica é excluída. Na ausência da mente, o corpo se oferece como um novo objeto, a fim de manter uma mínima organização que permite a sobrevivência psíquica, mesmo à custa da perda da vida por uma patologia grave.

Estratégias do ego para lidar com a dor psíquica diante da perda do ser amado

Quando há perda de alguém muito amado ou de algo que tenha equivalente valor, é necessária a reorganização egoica diante da violência da dor psíquica, que, na maioria das vezes, adquire conotações traumáticas. Quando há capacidade de mentalização consistente, assistimos ao trabalho do luto, realizado em nível consciente. A função do trabalho do luto é o necessário desligamento libidinal daquilo que foi perdido pela pessoa que fica. Basicamente, o luto se dá por meio da construção de identificações com a pessoa perdida, que é substituída por representações que se instalam no ego. O indivíduo passa então a desenvolver vínculos com as representações internas, lembranças e memórias do sujeito. O trabalho do luto se completa quando a pessoa enlutada percebe que a condição para voltar a viver é deixar para trás, soltar e permitir ir o que foi perdido. Essa é uma solução narcísica, segundo Smadja (2013). A relação é predominantemente objetal e a perda é consciente.

Existem dois obstáculos importantes da organização psíquica do sujeito que impedem a instalação do luto: a fragilidade da organização narcísica e a violência do sadismo. Quando o relacionamento afetivo com o objeto perdido é excessivamente ambivalente, o amor e o ódio se tornam inconciliáveis e há instalação do trabalho da melancolia. A relação é predominantemente narcísica.

Diferentemente do enlutado, o melancólico não sabe o que perdeu, a perda é inconsciente, não se sabe o que foi levado de si mesmo por quem partiu. Trata-se da identificação narcísica. Nesse caso, os ataques de amor e ódio, a ambivalência afetiva, não permitem estabelecer o processo de identificação com o que foi perdido; o que ocorre é a regressão à fase oral anterior ou canibalesca, já denominada melancólica. Ao contrário do que se observa no luto, no melancólico o rebaixamento da autoestima é extraordinário e evidencia a pobreza de investimentos de pulsões de vida no ego, que se exprime pelas autocríticas e injúrias dirigidas contra si mesmo, cortejo de manifestações masoquistas. O objeto perdido é canibalisticamente incorporado ao ego que, por sua vez, passa a se tornar o novo objeto alvo dos ataques sádicos do superego. Como descreveu Freud (1969c[1917]), é a sombra do objeto que recai sobre o ego. Assim, o conflito ambivalente em relação ao objeto se instala entre o ego e uma instância crítica sádica que o maltrata. O masoquismo moral se incumbe de gerar o sentimento de culpa necessário às articulações masoquistas.

Essa é a configuração do trabalho da melancolia, orquestrado pelo funcionamento sadomasoquista, graças ao qual é possível iniciar a reintrincação pulsional, por meio do prazer masoquista derivado da dor. O prazer masoquista derivado da dor fornece a energia necessária às pulsões de vida para estabelecer gradativamente o reintrincamento das pulsões de vida e de morte e, com isso, deter o processo de desorganização. O ego devidamente abastecido consegue projetar seu sadismo sobre a realidade externa e, assim, livra-se dos horrores do próprio superego sádico. Para Smadja (2013), a solução melancólica é masoquista.

Mas e se a organização psíquica não tem força suficiente para dar conta de lidar com a violenta dor psíquica da perda por vias psíquicas? E se o luto ou a melancolia falham? Nesse caso, com quais instrumentos o ego vai lidar com essa violenta dor psíquica? O trabalho de somatização entra em cena.

Trabalho de somatização

A somatização é a única solução disponível encontrada pelo ego, quando o aparelho psíquico se paralisa diante de um fator traumático e não consegue se organizar para enfrentar a dor com recursos psíquicos. Estabelece-se então o trabalho de somatização. Este tem em comum com a melancolia o rebaixamento da libido narcísica egoica, acrescido também da perda da libido objetal.

> Assim, após a perda de objeto, os dois processos, o da melancolia e o da somatização, são inaugurados, do ponto de vista pulsional, pelo movimento de regressão intranarcísica. Recentemente, descrevi essa modalidade de regressão no interior do eu, desde o polo libidinal, até o de autoconservação. Esta regressão constitui a reação de urgência da parte do eu em seguida à perda de objeto de amor. Mas, ao mesmo tempo, abre caminho à desorganização mais profunda mantida pela

autodestruição. (Smadja, 2013, p. 21, tradução de Ana Maria Baccari Kuhn)

A partir desse movimento comum de regressão intranarcísica – que consiste no deslocamento da energia erótica do polo sexual para o polo de autoconservação –, privando o ego do investimento narcísico. Os trabalhos da melancolia e o da somatização conhecem diferentes destinos. Como foi observado anteriormente, o êxito da melancolia reside na criação de um novo objeto interno, sob a forma da identificação canibalesca do eu com o objeto perdido. Essa identificação repousa no sistema de fixação-regressão constituída da segunda fase oral canibalística da libido. É esse movimento de regressão libidinal que permite ao trabalho da melancolia uma reorganização sob a forma sadomasoquista. Porém, quando a desorganização psíquica não alcança a reorganização na base de componentes eróticos, isto é, nos trabalhos do luto e da melancolia, só lhe resta a solução da somatização.

No entanto, é importante rever a expressão "trabalho de somatização". Vimos que, com base nas descrições de Marty (1995[1968]), o processo de somatização é marcado, ao longo de sua evolução, pelo selo do negativo mantido pelas pulsões de morte que desintrincadas se tornam destrutivas. Então, qual é a justificava de chamar esse movimento exclusivamente negativo de trabalho? Se nos colocarmos do ponto de vista da dor, penso que encontramos pertinente explicação, segundo a qual o eu evita a dor da perda de um objeto, deixando de lado o aparelho de experimentar a dor. É a solução final, quando nenhum outro recurso libidinal permite outros meios de defesa contra a dor psíquica insuportável. É uma solução que leva à automutilação psíquica. Assim, o eu pode lucrar ativamente e, em função de um fim, a evitação da dor, instalar o processo de desobjetalização, como "último recurso de sobrevivência".

Desse ponto de vista, parece justificável falar em trabalho de somatização. É em outro nível que o ego constitui um novo objeto, a fim de deter momentaneamente ou de estabilizar o movimento de desorganização psíquica: o corpo se oferece a novas possibilidades de reobjetalização, como sucedâneo do objeto psíquico.

Assim, o trabalho de somatização é descrito em dois tempos: o tempo destruidor ou o trabalho do negativo e o tempo erótico ou o tempo de cura. No primeiro movimento, todas as sensações de desprazer que afetam o ego entranham imediatamente uma corrente hostil, raivosa, de agressão ou destruição. Os afetos de dor e angústia intensa mobilizam particularmente as pulsões de destruição. Diante da ameaça de uma ferida narcísica, que reativa frequentemente as antigas feridas, segundo Freud, existem três alternativas: projeção da destrutividade para fora, intrincação masoquista e opção autocalmante, ou seja, o uso da pulsão de morte a fim de anular a excitação. Portanto, há o desvio da pulsão de morte graças a sua função antiexcitação. O que orienta o ego em direção à opção masoquista, projetiva ou autocalmante é a quantidade de investimentos eróticos do ego. Se suficiente, o ego é orientado para a solução masoquista de vida completada pela solução projetiva. Se a quantidade dos investimentos eróticos é insuficiente, a escolha defensiva se orienta para a solução autocalmante completada pela solução masoquista mortífera.

Resumindo: no primeiro tempo dessa solução, o trabalho do negativo repousa particularmente na utilização da pulsão de morte, movido por sua ação antiexcitatória. Isso significa que o trabalho da pulsão de morte é aberto no curso do processo de desobjetalização e tem como objetivo a redução do montante de excitações traumáticas, isto é, o montante da dor.

Graças à utilização da pulsão de morte, a quantidade de excitações traumáticas é reduzida e, consequentemente, o ego pode dispor de maior disponibilidade da libido. Agora é do destino da libido que vai depender a significação da somatização. Assim, a somatização passa a ser representada como um objeto de projeção, análogo às formações delirantes dos psicóticos. Portanto, a somatização resulta da projeção da pulsão de destruição que impregna o órgão doente de valor superegoico e da projeção das pulsões de vida que o estabelece como um neo-objeto.

Referências

Aisenstein, M. (2004a). Doloroso enigma, enigma da dor. *Revista de Psicanálise da SPPA, 11*(1), 35-49. (Trabalho original publicado em *L'énigme du masochisme*. Paris: PUF, 2001.)

Aisenstein, M. (2004b). A psicossomática como corrente essencial da psicanálise. *Revista de Psicanálise da SPPA, 11*(2), 225-236.

Aisenstein, M. (2014). Brève discussion du texte: "Le modèle pulsionnel de la psychosomatique". *Revue Française de Psychosomatique, 45*(1), 31-40.

Aisenstein, M. (Abril de 2018). *O masoquismo na clínica* [Seminário temático]. Neuropsicanálise, Psicossomática e Imunidade, Sociedade Brasileira de Psicanálise de São Paulo (SBPSP).

Béjar, V. R. (Org.). (2017). *Dor psíquica, dor corporal: uma abordagem multidisciplinar*. São Paulo: Blucher.

Freud, S. (1969a). Projeto para uma psicologia científica. In *Edição standard brasileira das obras psicológicas completas de Sigmund Freud* (Vol. 1, pp. 381-531). Rio de Janeiro: Imago. (Trabalho original publicado em 1895.)

Freud, S. (1969b). Os instintos e suas vicissitudes. In *Edição standard brasileira das obras psicológicas completas de Sigmund*

Freud (Vol. 14, pp. 129-162). Rio de Janeiro: Imago. (Trabalho original publicado em 1915.)

Freud, S. (1969c). Luto e melancolia. In *Edição standard brasileira das obras psicológicas completas de Sigmund Freud* (Vol. 14, pp. 271-293). Rio de Janeiro: Imago. (Trabalho original publicado em 1917.)

Freud, S. (1969d). Além do princípio do prazer. In *Edição standard brasileira das obras psicológicas completas de Sigmund Freud* (Vol. 18, pp. 17-85). Rio de Janeiro: Imago. (Trabalho original publicado em 1920.)

Freud, S. (1969e). O ego e o id. In *Edição standard brasileira das obras psicológicas completas de Sigmund Freud* (Vol. 19, pp. 25-83). Rio de Janeiro: Imago. (Trabalho original publicado em 1924.)

Freud, S. (1969f). O problema econômico do masoquismo. In *Edição standard brasileira das obras psicológicas completas de Sigmund Freud* (Vol. 19, pp. 199-224). Rio de Janeiro: Imago. (Trabalho original publicado em 1924.)

Freud, S. (1969g). Inibições, sintomas e ansiedade. In *Edição standard brasileira das obras psicológicas completas de Sigmund Freud* (Vol. 20, pp. 95-201). Rio de Janeiro: Imago. (Trabalho original publicado em 1926.)

Green, A. (2008). Processo de desobjetalização. In *Orientações para uma psicanálise contemporânea* (pp. 151-152). São Paulo: Imago.

Marty, P. (1995) Las desorganizaciones progressivas. In *El orden psicosomatico* (pp. 9-69). Valencia: Editorial Promolibro. (Trabalho original publicado em 1968.)

Rosenberg, B. (2003). *Masoquismo mortífero e masoquismo guardião da vida*. São Paulo: Escuta.

Smadja, C. (2005). *La vida operatoria: estudios psicoanalíticos*. Madrid: Biblioteca Nueva.

Smadja, C. (2013). Deuil, mélancolie et somatisation. *Revue Française de Psychosomatique*, 44(2), pp. 7-24.

Smadja, C. (2014). Le modèle pulsionnel de la psychosomatique. *Revue Française de Psychosomatique*, 45(1), pp. 11-30.

Smadja, C. (2015). Introduction à la notion de régression intra--narcissique. *Revue Française de Psychosomatique*, 47(1), 141-149.

Winnicott, D. (1978). Preocupação materna primária. In *Textos selecionados: da pediatria à psicanálise*. Rio de Janeiro: Francisco Alves. (Trabalho original publicado em 1956.)

O corpo sensível e a lógica da vida: neuropsicanálise

Yusaku Soussumi

Antes de iniciar minha argumentação, quero fazer alguns esclarecimentos que reputo importantes para o leitor se situar em relação à linha de raciocínio que pretendo apresentar.

Como membro fundador da Sociedade Internacional de Neuropsicanálise, venho acompanhando com vivo interesse o desenvolvimento da neuropsicanálise e a repercussão desse movimento na psicanálise, em especial nas instituições psicanalíticas e nos institutos de formação e, particularmente, no pensar de seus membros. Como membro da Sociedade Brasileira de Psicanálise de São Paulo (SBPSP), ocupei a posição de ser seu representante no movimento neuropsicanalítico em seus primórdios, sofrendo as vicissitudes e as consequências de trazer à discussão, de forma ousada, a questão da relação entre neurologia e psicanálise, retomando os primórdios da criação da psicanálise.

Desde logo, esclareço que os caminhos por mim trilhados em meu desenvolvimento nem sempre foram congruentes com aqueles das instituições a que me filiei, o que atribuo à minha forma peculiar de me situar entre as diferentes fontes de referência com base nas quais fui construindo meu conhecimento, na fronteira e um pouco além de todas elas, aí incluídas as evidências empíricas que recolhi no trabalho clínico como médico, terapeuta corporal e psicanalista, e que me levaram ao entendimento de que paradigmas devem ser sempre metamórficos e flexíveis e estar em dinâmico movimento de construção. Esses paradigmas, sempre impermanentes e em conformação mutante, construídos baseados na observação empírica, na reflexão teórica e na tensão entre ambas, permitiram-me pensar o ser vivo e o homem, e o humano entre ambos, como unidades viventes integradas a um todo maior, também impermanente, tão vivo quanto e com ressonância sobre meu fazer e meu pensar psicanalítico e neuropsicanalítico.

Isso posto, vamos às nossas considerações.

Pouca gente se dá conta de que, quando o assunto é o ser vivo, qualquer que seja a deriva em questão, existe uma lógica de funcionamento desse organismo no meio em que está inserido que lhe é inescapável por questões de sobrevivência. O corpo de todo ser vivo, seja ele altamente complexo, como o corpo humano, seja ele mais simples, como um organismo unicelular, seja ele o cosmos à nossa volta, tão vivo como cada um de nós, realiza o tempo todo, por intermédio de mecanismos especificamente desenvolvidos para isso, sofisticados ou rudimentares, dependendo do patamar da escala evolutiva, processos de autorregulação corporal destinados a garantir a vida daquele organismo dentro de certos parâmetros, relativamente elásticos, para além dos quais a sobrevivência fica seriamente ameaçada.

Essa é a lógica do vivente, aqui entendido *lato sensu*. Trata-se de uma lógica plural, que envolve vários níveis de operação. Em primeiro lugar, é uma lógica feita de regulação do organismo do vivente em relação às mudanças internas nele provocadas pelo próprio meio interno ou pelas alterações do meio externo em que está inserido; de adaptação do organismo às condições sempre impermanentes do meio, que se autorregula em relação a esse ser vivo e a todos os demais que acolhe em seu seio; de evolução desse organismo no sentido da transformação e da mudança operadas em função da autorregulação e da adaptação. A cada autorregulação, o vivente se transforma, por isso se diz que o vivente está sempre *em devir*, ou melhor ainda, *em advir*. Nesse sentido, o vivente está sempre estabelecendo relações, comunicando-se de alguma forma, à medida que interage com o meio ambiente e se autorregula como resultado de sua relação com o meio; que interage com os demais seres à sua volta, adaptando-se; e que se comunica consigo mesmo, quando evolui e se dá conta da transformação por que passou seu meio interno para regular-se e adaptar-se e, assim, manter-se vivo.

Na verdade, antes de percorrer o caminho em direção à sobrevivência, o vivente em primeiro lugar se comunica consigo mesmo porque se dá conta, ou sente (já que o dar-se conta pode representar um estado de consciência que os afetos nem sempre permitem alcançar), que vivencia um estado que o incomoda, que o atrapalha, que produz desconforto. Sente também, por isso mesmo, que alguma coisa precisa ser feita para que retome seu estado anterior, sem desconforto, que reputa "natural", podendo seguir vivendo sem nenhuma pendência que o fustigue a ponto de dirigir sua atenção o tempo todo para o fato de que, internamente, dentro de si, há alguma coisa "pegando", que precisa ser resolvida ou aliviada.

Já aqui se apresentam questões importantes a serem investigadas e que possivelmente permitem elucidar o funcionamento do vivente: o que é esse sentir que alguma coisa "não vai bem"? Como é essa mensagem que o vivente recebe de seu meio interno, que decodifica em algum lugar de seu corpo como um desprazer, um desconforto, e que precisa ser eliminado para que possa seguir vivendo "bem", ou melhor, sem desconforto? Entendemos neste momento que são os afetos de que falava Sigmund Freud, como sensores do corpo, que advertem o ser de que alguma coisa afetou esse corpo, alguma coisa mudou para ele sentir o que está sentindo e que, portanto, alguma medida precisa ser tomada para que possa eliminar o desconforto e retornar ao estado anterior, em que nada o perturbava e que imagina ser seu estado "natural". Cabe igualmente perguntar: se eu sinto, se me dou conta de alguma coisa, ainda que seja de um desprazer, de um desconforto, é porque tenho uma consciência, e uma consciência do que é também a ausência de desconforto, a ausência de desprazer?

Então, quando se fala de afetos, é evidente que está aí implícita a ideia de algum tipo de consciência que me permite identificar o sentir e o desprazer ou a ausência do desprazer intrinsecamente presentes nesse sentir. Tal sentir remete a um tipo de consciência bastante particular, diretamente relacionada ao corpo e aos estados corporais, cambiantes, impermanentes, que essa consciência permite apreender pelos afetos. Os afetos, que nos advertem de que há alguma coisa errada com nosso corpo que precisa ser modificada, pertencem a uma ordem de consciência eminentemente corporal, ligada ao instinto de sobrevivência e aos mecanismos primordiais de preservação da vida.

Claro, trata-se, já aqui, de uma consciência de ordem diferente daquela à qual estamos acostumados e que diz respeito à consciência de ser consciente. Esta representa uma conquista evolutiva que emergiu da primeira consciência eminentemente corporal, isto é, essa segunda consciência, já estruturada no nível do cognitivo, do pensar e do dar-se conta. Permite uma apreensão diferente do que se passa com o próprio corpo e uma resposta também diferente às pressões exercidas pelo meio sobre o ser, uma resposta que, como veremos, pode ser pensada e escolhida como a melhor opção a ser dada, não mais uma resposta automática.

Encontramo-nos aqui, sem dúvida alguma, diante de questão atual e que, de nosso ponto de vista, elucida perfeitamente o caminho trilhado pela evolução na deriva animal que veio desembocar no homem: a discriminação fundamental entre dois tipos de consciência presentes no ser vivo, cada uma delas decisiva para atender aos propósitos da sobrevivência em determinado momento de sua história. Uma, a mais primordial, refere-se a essa consciência primeira, da ordem do sentir, da ordem dos afetos, ligada diretamente ao corpo e ao sentir, que permite apreender o estado desse corpo; a outra diz respeito a essa consciência de ser consciente, que emerge da primeira e se expressa no nível psíquico. No caso do ser humano, à medida que se desenvolve e suas estruturas amadurecem, essa consciência do corpo acaba se tornando inconsciente, rebaixada ao nível do inconsciente, embora presente e atuante o tempo todo, porque fica sobrepujada pela consciência de ser consciente, a consciência que se forma no nível da cognição, relacionada à emergência do psíquico, e que ultrapassa o nível da sensação, formando-se mais tardiamente no ser humano, baseada nessa consciência primeira.

De meu ponto de vista, ao falar do inconsciente e aproximá-lo do id consciente, Mark Solms (2013) refere-se a essa característica fundamental: o id é a estrutura responsável por toda a história de vida do ser vivo, produto de uma estrutura chamada consciente nos momentos primitivos, identificada à sensibilidade que orienta o ser no meio para sobreviver. Assim, o id é consciente nesse sentido, mas, no caso do ser humano, tornar-se-á inconsciente em termos da apreensão que a consciência de ser consciente, tal qual a identificamos hoje, permite ter.

O ser vivo é produto dessa consciência primordial. Se, naquele momento, o corpo não tivesse sido consciente dos desafios e das ameaças que o espreitavam, não teria sobrevivido. É essa consciência primária, traduzida por tal sensibilidade que permite ao corpo se deixar afetar e responder com uma reação primária aos estímulos que o atingem, que faz com que possa fugir ao ataque ou se orientar para buscar alimento. Se o ser não tivesse tido essa consciência, não teria sobrevivido e não teria alcançado outro nível de evolução, que lhe permitiria, inclusive, ser dotado de um inconsciente em determinado nível e de uma consciência em outro nível. Com a própria evolução, com o desenvolvimento do ser e a complexificação de suas estruturas e funções, a consciência vai se aperfeiçoando, de forma a tornar necessário um tipo de consciência de outra natureza, que não se confunde com a consciência dos momentos primordiais, embora tenha emergido dela.

Em determinados níveis da cadeia evolutiva, essa consciência não precisa ser consciente no nível da cognição, de um entendimento que passa pela racionalidade e permite ao ser se dar conta do que se passa consigo. Basta, assim, que essa estrutura funcione de forma automática, para que possa *automaticamente* responder às demandas que lhe são apresentadas na relação com o meio.

(Cabe aqui um parêntese: estamos nos referindo ao fato de o ser nascer para o meio e vir pré-programado para enfrentar os desafios que encontrará nesse meio, tal qual acontece com o bebê humano, que, ao nascer, está pré-programado para encontrar a mãe, de quem dependerá sua sobrevivência em sentido amplo nos momentos precoces, já inserido no meio humano e social.)

No entanto, o processo evolutivo, ajustado às demandas da sobrevivência e da ampliação da adaptação, caminha justamente em uma direção em que passa a ser fundamental que o que era inconsciente se transforme em consciente para ser possível alcançar outros níveis mais aperfeiçoados de funcionamento do ser. O processo evolutivo caminha para promover uma forma de sobrevivência muito mais sofisticada, muito mais eficaz e mais segura;

como resultado, seres mais desenvolvidos, capazes de ações muito mais complexas, podem surgir, operando-se em primeiro lugar no aprimoramento dos mecanismos básicos de sobrevivência do ser no meio.

Trata-se aí, no caso da consciência primordial, dos momentos precoces do ser humano, do que se convencionou chamar de processo primário, em que o organismo como um todo está centrado na restauração do equilíbrio do meio interno, com a utilização tão somente das estruturas internas do corpo, vasomotoras e viscerais, para a preservação da condição chamada vida, quando uma alteração mais profunda ou mais persistente pode ser fatal ou deixar sequelas para o futuro. Que inteligência é essa, qual é sua natureza e como captamos a mensagem que ela emite?

Voltamos a antigas questões claramente formuladas pelo menos desde a Década do Cérebro, isto é, os anos 1990, mas que já constavam da agenda de reflexão de filósofos e pensadores no mínimo desde os gregos antigos, interessados em desvendar de que materialidade (ou imaterialidade) se constitui o humano. De todas, a questão que persiste sem nenhuma explicação é: o que é a consciência? Àquela altura, essa era a pergunta fundamental. Hoje, evoluímos nesse entendimento em direção a um questionamento de outra ordem: temos mesmo uma única consciência, uma só e mesma consciência? Se é assim, o que dizer dessa consciência que se forma desde tempos primordiais e que permite a cada ser identificar que foi afetado em função de mudanças de seu meio interno e responder a elas? É evidente que tal consciência é de natureza intrinsecamente diferente da consciência de ser consciente, que nos permite inclusive compreender que precisamos de ajuda. Mas a que fins serve cada uma delas? Que função desempenham em primeiro lugar?

Talvez seja o caso, neste momento, de nos remetermos aos primeiros seres vivos que surgiram sobre a face da Terra para entender essa consciência eminentemente corporal, decisiva nos primeiros momentos da vida para os propósitos da sobrevivência e a partir da qual se pode falar em uma mente primitiva. Estamos aqui retomando a mesma linha de argumentação que desenvolvemos em nosso artigo "Ego primitivo, mente primitiva" (Soussumi, 2018).

Em relação aos seres vivos primordiais, importa considerar que eram indivíduos dotados de uma característica peculiar: a característica de serem corpos sensíveis, capazes de reagir a determinadas situações, dotados de uma qualidade de irritabilidade ou sensibilidade, justamente pelo fato de se constituírem vivos, evidenciando um processo evolutivo no âmbito da química. Devemos lembrar que, de substâncias inorgânicas, abundantes na superfície da Terra, submetidas a radiação de diversa ordem, por ensaio e erro, depois de milhões de anos, surgem substâncias orgânicas que se combinam em determinada configuração complexa a ponto de, de repente, surgir um conglomerado cercado por uma membrana, que o separa do meio externo. Mais tarde se vê que a função dessa membrana é decisiva para os propósitos de sobrevivência da célula: é o centro inteligente desse conglomerado. O curioso também é que esse conglomerado tem a característica de ser irritável, ou sensível, de reagir às situações do meio externo e às perturbações de ordem interna, provenientes de alterações de seu próprio meio interno.

Esse organismo formado por esse conglomerado tem determinada estrutura e organização ainda bastante rudimentares, que seguem uma dinâmica própria, mas suficiente para lhe permitir dar-se conta de que houve uma alteração, uma modificação em seu meio interno, que ele sente como ameaça e que, de fato, o ameaça em sua configuração de ser vivo; quando o próprio meio interno se altera por razões intrínsecas ao próprio corpo ou o faz por influência de modificações processadas no meio externo, além dos contornos da membrana. As alterações percebidas vão permitir a esse ser adotar determinadas ações com o objetivo de eliminar o desprazer ou o desconforto, o que possibilitará àquele conglomerado retornar ao equilíbrio perdido, segundo determinados parâmetros, para que possa seguir existindo.

Essa é a inteligência do corpo, do corpo vivo, do corpo sensível: aquele desprazer, em maior ou menor grau, captado muitas vezes como ameaça significa exatamente um desequilíbrio do meio interno do organismo e, por isso, o ser, guiado pelo instinto de sobrevivência, busca eliminá-lo, excluindo com isso a situação de perigo. Em outras palavras, existe nesse conglomerado uma inteligência que lhe é intrínseca, que está em permanente estado de alerta, que se comunica com o organismo no âmbito da sensibilidade diante de alguma ameaça, afetando-o, a indicar-lhe a necessidade de retornar ao estado de equilíbrio; tal inteligência pode ser identificada com o instinto de sobrevivência. Todo ser vivo nasce com dois instintos fundamentais: o instinto de sobrevivência e o instinto de perpetuação da espécie – quem não se lembra das primeiras aulas de biologia na escola?

A sensibilidade que capta as alterações promovidas no próprio corpo, seja pelo ambiente externo, seja pelo ambiente interno, vai constituir os afetos. Tais afetos, como sensores do corpo, ao captar as alterações que ameaçam a condição chamada vida, acionam os recursos necessários para devolver a situação de equilíbrio ideal para a sobrevivência, eliminando todo desequilíbrio e ameaça que pode levar à destruição do ser. Esse é o mecanismo primordial e decisivo para a preservação da experiência da vida, guiada sempre pelo instinto de sobrevivência. Toda vez que existir vida, sabe-se que existe uma força, um impulso por trás a conduzi-la na melhor direção para que essa experiência não se perca. Esse mecanismo de preservação da vida funciona na medida em que, diante da ameaça representada pelo desequilíbrio do meio interno, é possível restaurar suas condições ideais dentro de certos parâmetros para seguir vivendo, acionando-se os recursos necessários, ainda que de uma forma totalmente inconsciente. No entanto, se os recursos são acionados de forma inconsciente, é preciso chamar a atenção para o fato de que existe uma consciência relacionada à sensibilidade do ser que permitiu captar as mudanças que ocorreram e, com base nessa captação, fazer alguma coisa para retornar ao equilíbrio. Sem essa captação, sem essa apreensão, não haveria como fazer face às mudanças e realizar a homeostase, evidenciando-se assim a presença de um tipo de consciência que leva à ação, ainda que de forma automática, para preservar a vida.

Nessa perspectiva, podemos dizer que o surgimento do ser vivo sobre a face da Terra ocorre sob a égide da consciência, uma consciência ligada ao corpo, diferente da consciência em nível cognitivo, mas atenta para o que interessa apreender para que a vida não se perca. Por isso mesmo, essa consciência se traduz em uma forma de sensibilidade que permite que esse corpo sinta as alterações, seja afetado por elas, decodifique-as como um desprazer ou ameaça e faça alguma coisa para eliminá-las. A eliminação do desprazer significa que o equilíbrio foi restaurado e que não existe mais ameaça à condição chamada vida.

Os fenômenos que nesse momento são conscientes, no sentido de terem sido percebidos, e a percepção que gera conhecimento são fenômenos que de alguma forma ficam registrados em uma memória, visto que vão servir no futuro para que, quando ocorrer uma situação semelhante de alteração ou desequilíbrio, o organismo já tenha recursos prontos de resposta, inclusive para poder construir recursos mais sofisticados com base nos já disponíveis. Lembremos que a vida se constrói sempre na base da repetição e inovação; esse é o movimento da vida em seu processo de evolução na Terra. Da mesma forma, o corpo de todo ser vivo obedece a uma lógica, a lógica do vivente: promover a regulação corporal toda vez que o equilíbrio do meio interno se romper, com a consequente transformação daquele ser para a adaptação e consequente evolução.

Assim, a memória é fundamental para que possamos perpetuar um conhecimento, porque, tendo a possibilidade de repetir essa experiência que deu certo do jeito que ocorreu, o ser vai poder utilizar essa experiência prévia, passada, como conhecimento para poder sobreviver e buscar, a partir daí, outras formas mais aperfeiçoadas de resposta para as situações que se apresentam, baseadas naquelas que já existiam dentro dele, recolhidas na memória.

Todo processo evolutivo, todo processo de mutação, se dá em cima de uma memória de algo que já foi conquistado no momento anterior. O conhecimento alcançado no passado é utilizado no presente e se projeta para o futuro por meio de modificações no seu conteúdo, no que já existia e estava assegurado.

Nos indivíduos que conseguiram optar por uma ação que deu certo para a sobrevivência, essa ação vai ficar gravada na memória. O ser vai repeti-la e transmiti-la para as gerações seguintes, projetando-a para o futuro, de modo que, a partir dessa ação bem-sucedida, possa fazer outra ação, transformando a primeira, e testá-la na experiência. Por isso se diz que todo processo de aperfeiçoamento e desenvolvimento do ser vivo se faz por um processo de *bricolage*, ou seja, repetição e inovação: sempre existe alguma coisa que deu certo, em cima da qual o ser vai construir algo novo que modifica o já estabelecido, de modo a aperfeiçoá-lo, e assim por diante. O que surge como novo passa a predominar sobre o já estabelecido que, até então, era dominante, mas que fica subordinado a partir de agora a algo que é mais eficaz e eficiente para a sobrevivência.

O que é importante considerar nesse processo é a presença de uma consciência que se afeta, percebe e registra; essa sensibilidade que capta o afeto, responde a esse afeto e o registra na memória como uma vivência, não como a lembrança de um acontecimento que ocorreu. O que fica registrado na memória é lembrado em termos de um comportamento automático, que vai ser repetido *automaticamente* quando um estímulo semelhante atingir o ser, levando-o *automaticamente* a dar a resposta que está ali em seu registro de memória, sem necessidade de utilização da memória lembrança, que o levaria a desenvolver todo um tipo de arrazoado consigo mesmo: "Na outra ocasião, fiz assim, subi dois metros, desci dez centímetros e achei água!". Essa memória se expressa como um comportamento automático; só muito mais tarde o ser humano vai utilizar a racionalidade para escolher a ação que julga mais adequada a ser adotada.

Temos, então, fundamentalmente, uma memória inconsciente, a memória procedural, assim nomeada pela neurociência, ligada mais às questões que envolvem o movimento, a musculatura e o corpo que propriamente relacionada a aspectos da experiência que ocorrem em nível psíquico, e que se distingue da memória lembrança, a chamada memória declarativa. É por isso que situações traumáticas ficam registradas nessa memória procedural, que é uma memória inconsciente. A situação em si não pode ser lembrada pelo sujeito, porque não ficou registrada na memória declarativa, inclusive porque, dependendo da idade, sendo um trauma precoce, as estruturas da memória declarativa nem se desenvolveram ainda, mas pode-se dizer que o indivíduo sofre as consequências emocionais do acontecimento. A vivência emocional fica marcada no corpo e volta em alguma outra situação no futuro, assim como o terror, a ansiedade, o medo, aspectos que foram vivenciados naquela situação precoce, reaparecem no presente. Além disso, tratando-se de trauma, os aspectos afetivo-emocionais emergem com tal força que roubam a cena, digamos assim, em relação ao acontecimento propriamente dito. Nesse momento, começa a se formar a noção de algo que se chama inconsciente. Apesar de esses aspectos existirem na memória, ela não é consciente no sentido de o sujeito poder rememorar o acontecimento ou a situação em si, o que não impede que aspectos emocionais da vivência, os afetos que experimentou naquela oportunidade, retornem, expressando-se no comportamento atual do sujeito.

O próprio inconsciente é algo que surgiu dessa evolução do ser vivo, do fato de o ser vivo em seus primórdios ter essa consciência com base na qual se guia automaticamente no meio em que está inserido; tal consciência é identificada a essa sensibilidade e é fundamental para os desafios da sobrevivência que enfrenta o tempo todo, a cada momento. Assim, é preciso distinguir a consciência de ser consciente, de ter noção do que se passa consigo próprio, de ter esse conhecimento baseado no qual eu desenvolvo um raciocínio e opto por uma ação, e essa consciência mais primordial, em que estão registradas as experiências precoces da vida e que garantiram a sobrevivência naquele momento, expressada por comportamentos automáticos que eu adoto no presente, muitas vezes sem conhecer a motivação nem o porquê, comportamentos que eu repito automaticamente sem me dar conta de que os estou repetindo.

Como já enfatizamos, na base do processo evolutivo está entranhada a lógica do vivente, basicamente uma lógica centrada na comunicação, que precisa ser cumprida para que a experiência da vida não se perca.

Na discussão sobre o trauma, o papel dessa lógica e a necessidade de cumpri-la avultam fundamentais: o trauma emerge justamente no momento em que as pressões do meio sobre o ser vão se fazendo presentes e persistentes a tal ponto que o organismo se vê, por algum motivo, impossibilitado de dar a resposta adequada às pressões, de fazer a autorregulação de forma conveniente, a tempo e a hora. O trauma acontece diante de uma situação de desafio imposta pelo meio ao organismo, diante da qual o organismo precisa dar uma resposta adequada em termos de regulação corporal e falha, a ponto de esse organismo perecer ou ficar seriamente comprometido do ponto de vista de seu funcionamento, em função de uma demanda corporal que, não atendida no momento certo, deixou cicatrizes nesse corpo, comprometendo definitivamente seu desenvolvimento futuro. Existe um limite para o organismo suportar o desequilíbrio de seu meio interno, limite esse que é próprio de cada organismo, varia de indivíduo para indivíduo em função de suas peculiaridades, de suas características constitucionais. Além desse limite, as consequências podem ser intensas e profundas e podem significar o desaparecimento do ser no meio.

No entanto, como o trauma se inscreve diretamente no contexto da lógica do vivente, a todo momento podem ocorrer pequenos traumas na dinâmica de autorregulação do ser, de maior ou menor envergadura, microtraumas, talvez, que não chegam a deixar sequelas, a comprometer o funcionamento corporal ou o desenvolvimento futuro. O trauma acompanha a vida do ser vivo. Faz parte da vida dele estar sujeito a traumas de diversas ordens, de diversas naturezas, o tempo todo, porque essa é justamente a condição que permite a esse organismo criar recursos para enfrentar as situações ameaçadoras do meio, fortalecendo-se no sentido de rapidamente responder de modo adequado e se adaptar para sobreviver em um meio com características menos rígidas, menos fixas.

Um organismo que, durante seu ciclo de vida, é poupado do enfrentamento das situações ameaçadoras do meio seguramente tem menos condições de rapidamente responder às mudanças e adaptar-se, porque não exercitou a flexibilidade e a criatividade nas respostas, de modo que sua capacidade de sobrevivência está decisivamente condicionada a um meio fixo, minimamente impermanente.

O que importa considerar a respeito do trauma é que estamos sempre no contexto da lógica do vivente, regulação corporal, adaptação e evolução, que é implacável e não tem como não se processar, sob pena de o ser desaparecer no meio. Ademais, a memória da vivência traumática fica gravada no corpo, na memória procedural e, como toda memória inconsciente, retorna com todo o cortejo de vivências afetivas que lhe deram origem. Considerada a lógica do vivente, os aperfeiçoamentos ou as variações adaptativas que ocorreram no ser vivo em evolução, de nosso ponto de vista, teriam de ser feitos primordialmente no sistema de autorregulação.

Assim, se entendemos o psiquismo como uma emergência do corpo para a realização da autorregulação em níveis mais sofisticados, para que a sobrevivência fique assegurada de forma mais efetiva, repetimos, não se pode falar em domínio do psíquico sobre o corpo, mas em trabalho integrado corpo/psíquico com vistas à sobrevivência, ou seja, o trauma situado no evolver da própria vida, na dinâmica do acoplamento ser e meio para a sobrevivência. Essa é a grande questão. Mas outra questão, tão importante quanto, não pode ser desconsiderada. Para a constituição do humano foi decisivo o desenvolvimento do aparelho fonador e a emergência da linguagem, visto que esta permitiu, além do acoplamento sensório-motor com o ambiente, o acoplamento entre os indivíduos da espécie para a coordenação de uma ação, instalando-se a partir daí, para os humanos, por meio da comunicação, uma capacidade de expansão sem precedentes na história de qualquer espécie terrestre.

Por meio da linguagem e da comunicação, além de um meio natural, que é dado pela natureza, cria-se a cultura – fruto do acoplamento entre os indivíduos para a coordenação de uma ação –, um meio humano e social, cuja influência é decisiva na constituição do *distintivamente humano* desse ser humano dotado de um corpo também humano, porque também essa estrutura biológica está submetida aos influxos decisivos da linguagem e do meio humano que ela permitiu construir.

Temos, então, uma deriva animal peculiar, específica, única, distinta: o ser humano e um corpo humano, uma vez que a biologia e a cultura estão tão intimamente imbricadas na construção desse ser, submetido a mecanismos de retroalimentação permanente entre o que acontece no corpo e sofre influência do mundo humano e o que acontece no meio por força da atuação desse corpo já humano, que não é mais possível falar em domínio do biológico e domínio da cultura, mas sim em domínio do humano prevalentemente.

Assim, a designação ser humano e corpo humano elucida com muita propriedade o caminho particular, próprio e único que essa espécie *Homo* tomou na deriva animal, visto que o indivíduo da espécie não é mais apenas um ser, ele é novidade ontológica, porque é ser humano, da mesma forma que o corpo de que é dotado se situa além de todos os demais organismos, de todos os sistemas biológicos, por relacionar-se na perspectiva do acoplamento sensório-motor com um meio natural e um meio humano e social, em função dos quais precisa fazer sua autorregulação, adaptação e evolução.

A física quântica já nos mostrou e comprovou que temos uma forma estreita, limitada, de apreender o real e que é impossível entender esse real com base em preceitos da mecânica e da física clássicas, real que se apresenta aos nossos olhos construído primordialmente por nossos sentidos. Quando estamos no domínio da emergência, os padrões de apreensão dos fenômenos nada têm que ver com a lógica que rege os fenômenos mais básicos que deram origem ao emergente. Toda vez que se alcança um nível crítico de complexidade em determinado fenômeno, alteram-se os paradigmas para sua apreensão: irredutibilidade, imprevisibilidade, inexplicabilidade, novidade ontológica, associada a certo grau de holismo em termos do funcionamento integrado do sistema, que explica as propriedades peculiares do fenômeno emergente não encontráveis no fenômeno que lhe deu origem.

Esse mesmo raciocínio pode ser aplicado à emergência do psiquismo humano, se pensamos em termos das pressões evolutivas, representadas pelas situações desafiantes do meio que se apresentaram aos organismos e que atuaram sobre eles ao longo de milhões e milhões de anos para que aperfeiçoassem seus recursos de sobrevivência e adaptação para se tornar mais e mais aptos no meio. Dessa forma, vamos entender que aquela sensibilidade primordial de que era dotado o ser vivo mais simples, identificada por Freud como certa irritabilidade que lhe permitia reagir às mudanças do entorno e dar-se conta da necessidade de mudança e adaptação para a sobrevivência, era já uma protoconsciência, para a qual os afetos desempenhavam papel decisivo e fundamental. Eram eles, os sensores do corpo, que permitiam essa "consciência" rudimentar, grosseira, pouco discriminada, dos estados corporais para que a autorregulação pudesse acontecer; sempre uma "consciência" orientada para a sobrevivência.

O psiquismo humano representa o ápice dessa capacidade de autorregulação corporal, possibilitando inclusive ao organismo introduzir elementos de fora desse corpo para auxiliá-lo na função da sobrevivência, como a alimentação – vide os alimentos funcionais, a roupa, os medicamentos, toda a tecnologia especificamente desenvolvida na medicina para auxiliar os diagnósticos etc. Tudo isso porque essa instância, que emerge do próprio corpo como uma propriedade que esse corpo, em sua inteligência para a sobrevivência, pôde criar, foi dotada da condição de "descolar-se do corpo", por assim dizer, e olhar sobre ele, olhar para si mesma, dando-se conta do que o corpo necessita e, assim, agir para mantê-lo vivo.

Portanto, quando falamos do psiquismo humano, estamos falando de uma emergência do corpo, que depende dele, do organismo, para funcionar, porque é parte integrante dele e atua sobre ele de forma autônoma e retroativa, da mesma forma que o corpo atua sobre o psiquismo, em um mecanismo de *feedback* e *feedforward*, em que não se pode falar em quem comanda ou é comandado nem na soberania do psíquico sobre o corpo e a vida do indivíduo. Trata-se, antes, de mecanismos integrados de funcionamento que formam um todo orgânico que precisa auto-organizar, autorreparar e autoproduzir a todo momento a condição chamada vida, tendo o instinto de sobrevivência como impulso dominante na economia do funcionamento corporal, que se assenta fundamentalmente no tripé afetos, conhecimento e autorregulação para adaptação e evolução.

Enquanto se entender o psíquico como o domínio soberano da vida do indivíduo, desvinculado do processo evolutivo, desvinculado do corpo e autônomo em seu funcionamento, com todos os preconceitos em relação ao corpo que essa dicotomia carrega, evidentemente teremos uma psicossomática e uma neuropsicanálise míopes em seu entendimento do vivo e, por extensão, do humano, com sérios prejuízos ao desempenho de suas funções primordiais, amputadas em suas possibilidades de poder contribuir com a psicanálise para a elucidação das mazelas que acometem essa deriva animal tão peculiar, o ser humano.

Referências

Badenoch, B. (2017). *The heart of trauma: healing the embodied brain in the context of relationships*. New York: W. W. Norton.

Berger, P., & Luckmann, T. (1974). *A construção social da realidade: tratado de sociologia do conhecimento*. Petrópolis, RJ: Vozes.

Berthoz, A. (2009). *La simplexité*. Paris: Odile Jacob.

Changeux, J.-P. (1986). *L'homme neuronal*. Paris: PUF.

Damásio, A. R. (1994). *Descartes's error*. New York: Grosset/Putnam.

Damásio, A. R. (2000). *The feeling of what happens: body and emotion in the making of consciousness*. New York: Harvest Book.

Damásio, A. R. (2001). *O sentimento de si*. Lisboa: Publicações Europa-América.

Damásio, A. R. (2003). *Looking for Spinoza: joy, sorrow and the feeling brain*. New York: Harcourt.

Damásio, A. R. (2011). *E o cérebro criou o homem*. São Paulo: Companhia das Letras.

Damásio, A. R. et al. (Eds.). (2001). *Unity of knowledge: the convergence of natural and human science*. New York: The New York Academy of Sciences.

Deacon, T. W. (2012). *Incomplete nature: how mind emerge from matter*. New York: W. W. Norton.

Edelmann, G. (2004). *Wider than the sky: the phenomenal gift of consciousness*. New Haven: Yale University Press.

Freud, S. (1976a). Projeto para uma psicologia científica. In *Edição standard brasileira das obras psicológicas completas de Sigmund*

Freud (Vol. 1, pp. 169-244). Rio de Janeiro: Imago. (Trabalho original publicado em 1895.)

Freud, S. (1976b). Interpretação dos sonhos. In *Edição standard brasileira das obras psicológicas completas de Sigmund Freud* (Vol. 5, pp. 1-228). Rio de Janeiro: Imago. (Trabalho original publicado em 1900.)

Freud, S. (1976c). Formulação sobre os dois princípios do funcionamento mental. In *Edição standard brasileira das obras psicológicas completas de Sigmund Freud* (Vol. 12, pp. 133-139). Rio de Janeiro: Imago. (Trabalho original publicado em 1911.)

Freud, S. (1976d). Artigos sobre metapsicologia. In *Edição standard brasileira das obras psicológicas completas de Sigmund Freud* (Vol. 14, pp. 123-293). Rio de Janeiro: Imago. (Trabalho original publicado em 1915.)

Freud, S. (1976e). Instintos e suas vicissitudes. In *Edição standard brasileira das obras psicológicas completas de Sigmund Freud* (Vol. 14, pp. 129-162). Rio de Janeiro: Imago. (Trabalho original publicado em 1915.)

Freud, S. (1976f). Inibição, sintomas e angústia. In *Edição standard brasileira das obras psicológicas completas de Sigmund Freud* (Vol. 20, pp. 47-109). Rio de Janeiro: Imago. (Trabalho original publicado em 1926.)

Freud, S. (2010). História de uma neurose infantil ("O homem dos lobos"), Além do princípio do prazer e outros textos (1917-1920). *Obras completas* (Vol. 14, pp.13-160; pp. 161-239). São Paulo: Companhia das Letras. (Trabalho original publicado em 1920.)

Hadot, P. (2014). *Exercícios espirituais e filosofia antiga*. São Paulo: É Realizações.

Jablonka, E., & Lamb, M. J. (1995). *Epigenetic inheritance and evolution*. Oxford/New York: Oxford University Press.

Jablonka, E., & Lamb, M. J. (2010). *A evolução em quatro dimensões: DNA, comportamento e a história da vida*. São Paulo: Companhia das Letras.

Jackson, J. H. (1998). *Evolution and dissolution of the nervous system*. Bristol: Thoemmes Press.

Kandel, E. (2006). *In search of memory: the emergence of a new science of mind*. New York: W. W. Norton.

Kandel, E. (2018). *The disordered mind: what unusual brains tell us about ourselves*. New York: Farrar, Straus and Giroux.

Kauffmann, S. (1995). *At home in the universe: the search for laws of self-organization and complexity*. New York: Oxford University Press.

Kauffmann, S. (2003). *Investigaciones: complejidad, autoorganización y nuevas leyes para una biología general*. Barcelona: Tusquets.

Kersten, F. (2016). *Space, time and other: a study in the method and limits of transcendental phenomenology*. Bucharest: Zeta Books.

Lazlo, E. (2007). *Science and the Akashic field: an integral theory of everything*. Rochester: Inner Tradition.

Le Doux, J. (2002). *O cérebro emocional: os misteriosos alicerces da vida emocional*. Rio de Janeiro: Objetiva.

McKinney, M. (Ed.) (1998). *Heterochrony in evolution: a multidisciplinary approach*. New York: Plenum Press.

Miller, J. H., & Page, S. E. (2007). *Complex adaptive systems: an introduction to computational models of social life*. Princeton: Princeton University Press.

Morowitz, H. J. (2001). *The emergence of everything: how the world became complex*. Oxford: Oxford University Press.

Nicolescu, B. (2003). *Manifesto da transdisciplinaridade*. São Paulo: Triom.

Nicolescu, B. (2012). *O que é a realidade? Reflexões em torno da obra de Stéphane Lupasco*. São Paulo: Triom.

Panksepp, J. (1998). *Affective neuroscience: the foundations of human and animal emotions*. New York: Oxford University Press.

Panksepp, J. (2005). Affective consciousness: core emotional feelings in animals and humans. *Cognition and Consciousness*, *14*(1), 30-80.

Panksepp, J. (2010). *The archaeology of mind: neuroevolutionary origins of human emotions*. New York: W. W. Norton & Company.

Panksepp, J., & Davis, K. L. (2018). *The emotional foundations of personality: a neurobiological and evolutionary approach*. New York: W. W. Norton & Company.

Pribram, K., & Gill, M. (1976). *Freud's Project re-assessed: preface to contemporary cognitive theory and neuropsychology*. New York: Basic Books.

Sheldrake, R. (2009). *Morphic resonance: the nature of formative causation*. Rochester: Park Street Press.

Singer, W. et al. (2010). *Dynamic coordination in the brain: from neurons to mind*. Cambridge: MIT Press.

Solms, M. (2013). The conscious Id. *Neuropsychoanalysis*, *15*(1), 5-19.

Solms, M., & Ellis, G. (2017). *Beyond evolutionary psychology: how and why neuropsychological modules arise*. Cambridge: Cambridge University Press.

Solms, M., & Turnbull, O. (2010). *The brain and the inner world: an introduction to the neuroscience of the subjective experience.* [S.l.]: Other Press Professional.

Soussumi, Y. (2011). *Paradigmas metamórficos: desvelando a natureza dionisíaca do real.* São Paulo: Casa do Psicólogo.

Soussumi, Y. (2018). *Ego primitivo, mente primitiva.* Artigo não publicado.

Trocmé-Fabre, H. (2009). *A linguagem do vivente: uma voz, uma via adormecida?.* São Paulo: Triom.

Varela, F., & Maturana, H. (2001). *A árvore do conhecimento: as bases biológicas da compreensão humana.* São Paulo: Palas Athena.

Wilson, E. O. (1998). *Consilience: the unity of knowledge.* New York: Knopf.

Sobre os autores

Ana Maria Andrade Azevedo – Analista de crianças e adolescentes. Membro efetivo, didata e docente da Sociedade Brasileira de Psicanálise de São Paulo (SBPSP). Ex-presidente da SBPSP; ex-vice-presidente da International Psychoanalytical Association (IPA).

Antonio Sapienza – Médico psicanalista. Membro efetivo da Sociedade Brasileira de Psicanálise de São Paulo (SBPSP), da Federação Brasileira de Psicanálise (Febrapsi), da Federação Psicanalítica da América Latina (Fepal) e da International Psychoanalytical Association (IPA). Analista didata do Instituto Durval Marcondes da SBPSP. Conferencista em diversos centros de psicanálise do Brasil e em congressos nacionais e internacionais, como os de Buenos Aires (Argentina) e Roma (Itália). Autor de artigos publicados em diferentes revistas de psicanálise, como a *Revista Brasileira de Psicanálise* e a *Revista Alter*. Também é autor do livro *Reflexões teórico-clínicas em psicanálise*, publicado pela Editora Blucher (2016).

Cândida Sé Holovko – Psicóloga e psicanalista. Membro efetivo da Sociedade Brasileira de Psicanálise de São Paulo (SBPSP) e da International Psychoanalytical Association (IPA). Membro associado do Institut de Psychosomatique Pierre Marty (Ipso), em Paris (França). Membro da COWAP (Committee on Women and Psychoanalysis) no Brasil. Coordenadora do grupo de estudos Psicossomática Psicanalítica da Escola de Paris na SBPSP. Organizadora dos livros *Parentalidades y género: su incidencia en la subjetividad* (Buenos Aires: Letra Viva, 2016), *Changing sexualities and parental functions in the twenty-first century* (Londres: Karnac, 2017) e *Sexualidades e gênero: desafios da psicanálise* (São Paulo: Editora Blucher, 2017). Autora de textos sobre feminilidade, masculinidade, violência sexual e psicossomática psicanalítica publicados em revistas e livros nacionais e internacionais.

Diva Aparecida Cilurzo Neto – Psicóloga, psicanalista e psicopedagoga. Membro efetivo da Sociedade Brasileira de Psicanálise de São Paulo (SBPSP), da Federação Brasileira de Psicanálise (Febrapsi), da Federação Psicanalítica da América Latina (Fepal) e da International Psychoanalytical Association (IPA). Membro dos grupos de estudo da SBPSP "Investigação das expressões corporais da dor psíquica: dor crônica e psicossomática psicanalítica" e "Clínica de 0 a 3: intervenções e relações iniciais pais/bebê/criança pequena". Apresenta trabalhos sobre psicanálise e psicossomática psicanalítica em congressos nacionais e internacionais e possui publicações em revistas e livros especializados.

Eliana Rache – Psicanalista e membro efetivo e didata da Sociedade Brasileira de Psicanálise de São Paulo (SBPSP). Analista de crianças e adolescentes da International Psychoanalytical Association (IPA). Coordenadora do grupo de estudos de psicossomática psicanalítica da Escola de Paris na SBPSP. Doutora em psicologia clínica pela Pontifícia Universidade Católica de São Paulo (PUC-SP). Autora dos livros *Travessia do corporal para o simbólico corporal* (2015) e *Roussillon na América Latina*, publicado em parceria com Bernardo Tanis (2018). Possui diversos artigos publicados em revistas nacionais e internacionais.

Eliana Riberti Nazareth – Psicóloga e psicanalista. Membro efetivo da Sociedade Brasileira de Psicanálise de São Paulo (SBPSP), da Federação Brasileira de Psicanálise (Febrapsi), da Federação Psicanalítica da América Latina (Fepal) e da International Psychoanalytical Association (IPA). Docente do Instituto Durval Marcondes da SBPSP. Mestre em psicologia clínica pela Pontifícia Universidade Católica de São Paulo (PUC-SP). Membro da International Neuropsychoanalysis Society. Coordenadora do grupo de estudos Relações corpo e mente da SBPSP. Coordenadora de atendimento a famílias e casais e de psicossomática psicanalítica do centro de atendimento da SBPSP. Apresenta trabalhos sobre psicanálise e psicossomática psicanalítica em congressos nacionais e internacionais e possui publicações em revistas e livros especializados. Autora do livro *Mediação: o conflito e a solução* (São Paulo: Arte Pau-Brasil, 2007).

Ilana Granatovicz Reuben – Médica psiquiatra e psicanalista. Membro associado da Sociedade Brasileira de Psicanálise de São Paulo (SBPSP). Especializada em psiquiatria clínica pela Faculdade de Ciências Médicas da Santa Casa de Misericórdia de São Paulo e em psicologia e psicoterapia psicanalítica pelo Instituto Sedes Sapientiae. Atende em consultório como psiquiatra e psicanalista.

João Augusto Frayze-Pereira – Psicanalista, membro efetivo e analista didata da Sociedade Brasileira de Psicanálise de São Paulo (SBPSP), na qual também é docente, e da International Psychoanalytical Association (IPA). É professor livre docente do Instituto de Psicologia da Universidade de São Paulo (IPUSP) e do Programa de Pós-Graduação Interunidades em Estética e História da Arte da USP. É também editor da revista *Ide: psicanálise e cultura*, publicação da SBPSP, e autor de livros sobre estética e artigos sobre estética, arte e clínica psicanalítica.

Maria Beatriz Simões Rouco – Psicóloga pela Pontifícia Universidade Católica de São Paulo (PUC-SP) e psicanalista, membro associado da Sociedade Brasileira de Psicanálise de São Paulo (SBPSP) e da International Psychoanalytic Association (IPA). Mestre em Psicologia Experimental pelo Instituto de Psicologia da Universidade de São Paulo (IPUSP). Foi professora da PUC, da Universidade Metodista de São Paulo e das Faculdades Metropolitanas Unidas (FMU). Trabalha em consultório particular desde 1980. Apresenta seus trabalhos em congressos nacionais e internacionais e tem vários artigos publicados em revistas de psicanálise.

Marilia Aisenstein – Membro efetivo e didata da Société Psychanalytique de Paris (França) e da Hellenic Psychoanalytical Society (Grécia). Foi presidente da Société Psychanalytique de Paris e membro formador do Institut de Psychosomatique Pierre Marty (Ipso). Cofundadora e editora da *Revue Française de Psychosomatique* e ex-redatora da *Revue Française de Psychanalyse*. Presidente do comitê de gestão do Centre de Consultation et de Traitement Psychanalytique (CCTP) da Société Psychanalytique de Paris. *Chair* do comitê do novo grupo da International Psychoanalytical Association (IPA). Ex-representante europeia no conselho da IPA.

Trabalha em consultório particular e apresenta seminários nas sociedades de Paris e de Atenas. *Co-chair* da Conférence des peuples de langue française (CPLF). Escreveu livros e publicou em revistas internacionais cerca de 150 trabalhos sobre psicossomática, hipocondria e transferência em vários idiomas, como francês, grego, inglês, alemão, espanhol e português.

Mark Solms – Neuropsicólogo e psicanalista. Atualmente ocupa a cadeira de neuropsicologia na Universidade da Cidade do Cabo e no Hospital Groote Schuur (Departamentos de Psicologia e Neurologia), na África do Sul. Presidente da Associação Psicanalítica da África do Sul. Presidente de pesquisa e fundador da International Psychoanalytical Association (IPA). Ao lado de Ed Nersessian, editor fundador da revista *Neuropsychoanalysis*. Diretor do The Arnold Pfeffer Center for Neuropsychoanalysis do New York Psychoanalytic Institute (Estados Unidos). Diretor da Fundação de Neuropsicanálise em Nova York. Administrador do Fundo de Neuropsicanálise em Londres (Inglaterra) e diretor do Fundo de Neuropsicanálise na Cidade do Cabo (África do Sul). Principal educador do curso online gratuito "What is a Mind?", na plataforma FutureLearn (https://www.futurelearn.com/).

Marlene Rozenberg – Psicóloga formada pela Universidade de São Paulo (USP). Membro efetivo e analista didata da Sociedade Brasileira de Psicanálise de São Paulo (SBPSP). Coordenadora de seminários clínicos e teóricos no Instituto Durval Marcondes da SBPSP.

Milton Della Nina – É psicanalista didata da Sociedade Brasileira de Psicanálise de São Paulo (SBPSP) e *full member* da

International Psychoanalitical Association (IPA). Médico graduado pela Faculdade de Medicina da Universidade de São Paulo (FMUSP), com especialização em Psicoterapia de Orientação Psicanalítica pelo Instituto Sedes Sapientiae e em Psicanálise pelo Instituto de Psicanálise Durval Marcondes da SBPSP, do qual é membro docente.

Plinio Montagna – Médico psiquiatra. Mestre em psiquiatria e ex--docente da Faculdade de Medicina da Universidade de São Paulo (FMUSP). Possui pós-graduação em psiquiatria na University of London (Inglaterra). Psicanalista didata, docente e ex-presidente da Sociedade Brasileira de Psicanálise de São Paulo (SBPSP) e da Federação Brasileira de Psicanálise (Febrapsi). Ex-editor da *Revista Brasileira de Psicanálise*. Na International Psychoanalytical Association (IPA) foi membro da mesa diretora e hoje é presidente do Comitê de Psicanálise e Lei. Docente da Euro-Latin American Psychosomatic School (Eulaps). Perito do Tribunal de Justiça de São Paulo. Publicou diversos capítulos de livros, artigos e se apresenta em palestras no Brasil e no exterior. Editor do livro *Dimensões* (São Paulo: SBPSP, 2012).

Victoria Regina Béjar – Médica psiquiatra e psicanalista. Membro efetivo da Sociedade Brasileira de Psicanálise de São Paulo (SBPSP), da Federação Brasileira de Psicanálise (Febrapsi), da Federação Psicanalítica da América Latina (Fepal) e da International Psychoanalytical Association (IPA). Docente do Instituto Durval Marcondes da SBPSP. Membro da Associação Brasileira de Psiquiatria (ABP). Coordenadora do grupo de estudos e investigação da SBPSP "Expressões corporais da dor psíquica: dor crônica e psicossomática psicanalítica". Coordenadora do grupo de psicossomática psicanalítica do centro de atendimento da SBPSP.

Psicanalista e psiquiatra do grupo multidisciplinar de dor da clínica neurológica do Hospital das Clínicas da Faculdade de Medicina da Universidade de São Paulo (FMUSP). Apresenta trabalhos sobre psicanálise, dor e psicossomática psicanalítica em congressos nacionais e internacionais. Tem publicações em revistas e livros especializados. Organizadora do livro *Dor psíquica, dor corporal: uma abordagem multidisciplinar* (São Paulo: Blucher, 2017).

Yusaku Soussumi – Membro efetivo da Sociedade Brasileira de Psicanálise de São Paulo (SBPSP). Membro filiado da Sociedade Psicanalítica do Recife (PE). Membro honorário da Sociedade Psicanalítica de Campo Grande (MS). Diretor científico do Núcleo Psicanalítico de Aracaju (SE). Membro fundador da Sociedade Internacional de Neuropsicanálise.